南北朝武将列伝

南朝編

亀田俊和 *kameda toshitaka*
生駒孝臣 *ikoma takaomi* 編

戎光祥出版

はしがき

南北朝〜室町時代がブームであると言われて久しい。近年、同時代の政治史を扱う本が多数刊行されている。幸運なことに、その中には不肖筆者の著書も何冊か混じっており、戎光祥出版からは『高一族と南北朝内乱─室町幕府草創の立役者─』（二〇一六年）および『征夷大将軍・護良親王』（二〇一七年）の二冊を刊行させていただいた。その他、書籍にとどまらず、各地の博物館で南北朝時代関連の特別展示が開催されることもしばしばである。

ブームの進展にともなって、研究者たちが分担し、当該期の人物を簡潔に紹介する「列伝」の刊行も相次いでいる。これも戎光祥出版からは、榎原雅治・清水克行編『室町幕府将軍列伝』（二〇一七年）、久水俊和・石原比伊呂編『室町・戦国天皇列伝』（二〇二〇年）が刊行されている。筆者も日本史史料編集会監修・平野明夫編『室町幕府全将軍・管領列伝』（星海社、二〇一八年）において、高師直・高師世・仁木頼章の項目を担当した。さらに別の時代に目を向ければ、日本史史料研究会監修・細川重男編『鎌倉将軍・執権・連署列伝』（吉川弘文館、二〇一五年）が記憶に新しい。

右に列挙した列伝は、タイトルからもうかがえるとおり、天皇や将軍・執事・管領あるいは執権・連署に限定したものであり、その他の武将は漏れている。だが南北朝時代は、将軍・執事・管領以外にも魅力的な武将が非常に多い。当該期の守護クラスの武将を網羅的に列挙して解説した類書としては、今谷明・藤枝文忠編『室町幕府守護職家事典〈上巻〉〈下巻〉』（新人物往来社、一九八八年）があるが、辞書的な性格の書物で、「読んで楽しむ」とはやや趣旨が異なる。また、刊行時期が古くて現在では入手困難で、以降の研究の進展によって付け加えるべき知見も多い。

そこで、南北朝時代の武将を南朝・北朝問わずに紹介する企画が持ち上がり、南朝編は筆者と生駒孝臣氏が編者を務めることとなった。それが本書である。

筆者は執筆者としても、北畠顕家を担当した。この場を借りて、筆者の顕家に対する想いを少し述べてみたい。筆者は、一応顕家の権限に関する学術論文を一本出している(「陸奥将軍府恩賞充行制度の研究」〈拙著『室町幕府管領施行システムの研究』思文閣出版、二〇一三年、初出二〇一一年〉)。顕家が発給した恩賞充行の袖判下文を美しいと感じるが、それ以上に彼が筆者の故郷である東北地方を統治した点に惹かれる。一般的に中世の史料が極度に少ない同地方にあって、顕家関連の文書はかなり豊富で異彩を放つ。数百年前の故郷を真剣に統治した権力機構が存在した点において、筆者は顕家に強い思い入れを持っている。顕家論文の刊行が東日本大震災の発生とちょうど重なったことは単なる偶然であるが、筆者の中ではささやかながらも故郷に対する応援のつもりであった。

今後、本書の姉妹編として北朝編も刊行される予定である。筆者はこちらも編者を務めるが、よろしければ二冊ご購入いただき、気軽に楽しく読める座右の書としていただけると大変ありがたい次第である。

二〇二〇年十二月

亀田俊和

目次

第二部　西国武将編

凡　例

一、本書では、後醍醐天皇による鎌倉幕府の倒幕から明徳三年（一三九二）の南北朝合一まで、後醍醐天皇方・南朝方として戦った武将三十一人を取り上げ、各武将の事蹟や個性、そして彼らは何のために戦っていたのかをまとめた。なお、本書では護良親王や宗良親王といった親王、千種忠顕などの公家についても、自ら合戦に身を投じていることから武将として立項した。

一、「第一部　東国武将編」「第二部　西国武将編」の二部構成とし、第一部では主に東国で活躍した武将を、第二部では主に西国で活躍した武将を掲載した。

一、人名や歴史用語には適宜ルビを振った。読み方については、各種辞典類を参照したが、歴史上の用語、とりわけ人名の読み方は定まっていない場合も多く、ルビで示した読み方が確定的なものというわけではない。また、執筆者ごとに読み方が違う場合もあり、各項目のルビについては、各執筆者の見解を尊重したことをお断りしておきたい。

一、用語についても、それ自体が論点となりうるため、執筆者間で統一をしていない。

一、掲載写真のうち、クレジットを示していないものについては、戎光祥出版編集部撮影のものである。

第一部　東国武将編

南部師行――陸奥将軍府で重用された八戸家当主

南部《なんぶ》氏と聞けば、江戸時代に岩手県中部から青森県下北半島《しもきたはんとう》までの広大な領地を治めた一族として知る方もいるだろう。その出自は、甲斐国《かいのくに》南部郷（山梨県南巨摩郡南部町）を本拠地とした一族にはじまる。このうち、甲斐から奥州に移り根付いた一族が奥州南部氏と呼ばれる。奥州南部氏のはじまりは、これまでの通説では鎌倉時代まで遡り、奥州合戦に参戦した褒美として源頼朝《みなもとのよりとも》より糠部《ぬかのぶ》を与えられた南部光行《みつゆき》が祖とされていた。領地となった糠部は、一から九の戸《へ》と、東西南北の門《かど》、一つの郷という特殊な区画で整備された地域で、一つの戸は他地域の郡に匹敵し、糠部は一国に相当する広さだった。詳しくは後述する。

この糠部を領地とした南部氏は、のちに複数の一族に分かれる。そのうち江戸時代まで残った一族は二家だけであった。一つは、光行の嫡子実光《さねみつ》にはじまる一族で、三戸《さんのへ》（青森県南部町・三戸町）を本拠地としたため三戸南部家（以降、三戸家）と呼ばれた。江戸時代には本拠地を盛岡《もりおか》（盛岡市）に移し、盛岡藩の藩主家となった。もう一つは、実光の弟波木井実長《はきいさねなが》にはじまる一族で、八戸《はちのへ》（青森県八戸市）を

奥州の雄・南部氏

本拠としたため八戸南部家（または、根城《ねじょう》という城を本拠地としたため根城南部家。以降、八戸家）と呼ばれた。江戸時代には三戸家の家臣となり、領地替えの命により遠野《とおの》（岩手県遠野市）を本拠地とし、盛岡藩の家老を勤めた。以上が、江戸時代に編さんされた系図等による家伝である。

今回紹介する南部師行《もろゆき》は、八戸家の当主であるが、実は近年の研究により八戸家の系図に創作があったことが判明している。その部分は、祖とされていた実長とのつながりである。そのため、まずは出自について、史実としてすでに否定されている南部光行の糠部拝領（いわゆる光行伝説）にも触れながらみていきたい。

南部師行銅像　青森県八戸市・八戸市博物館

師行の出自

師行は、実光の孫政行《まさゆき》の次男として生まれる。父政行は甲斐国南部領の領主であった。南部氏は代々甲斐国に所領を持っており、当然、祖とする光行も甲斐国の領主であった。そのため光行が戦功により糠部を拝領し、根付いたという伝説には齟齬が生じ、光行伝説は否定される。これを示すのが、建治元年（一二七五）に京都の六《ろく》条八幡宮《じょうはちまんぐう》（若宮《わかみや》八幡宮・京都市東山区）造営の際に、全国の御家人から徴収する造営料《ぞうえいりょう》を記した資料である。このうち甲斐国の項に、「南部三郎入道跡《さぶろうにゅうどうあと》」とあり、南部（三郎）光行が甲斐国御家人であったことが記されている。同時に陸奥《むつ》国の項には、南部一族の名前は記されておらず、建治元年の時点では南部氏が陸奥国に領地を持っていなかったことがわかる。これにより、光行伝説は否定されることになったのである。確実な資料に拠る限り、南部氏と奥州の関わりがみえてくるのは、鎌倉時代末期からである。

さて、師行の出自に戻ろう。南部郷の領主政行の次男であった師行であるが、江戸時代に作成された伝記類では、同族で甲斐国波木井郷（山梨県南巨摩郡身延町）を本領とした波木井実長にはじまる波木井南部家（以降、波木井家）の婿養子となり、後に奥州に派遣されて根付き、八戸家となっていったとしている。しかし近年、これが江戸時代に創作されたことを示す資料が見つかった。それは、身延山久遠寺《みのぶさんくおんじ》（同身延町）に所蔵されている「身延文庫」に収められたもので、江戸時代に遠野に移った八戸家からの照会に、久遠寺が回答した資料である。このとき八戸家は、実長と光行の続柄や、甲斐国での実長の痕跡、波木井家の来歴や家紋などについて聞き、さらに波木井家の系図や、古文書の写しを入手している。

なぜ久遠寺に照会をかけたかというと、久遠寺のある身延山は、もともと波木井家の領地であったからである。実長は日蓮《にちれん》に帰依し身延山を寄進《きしん》、日蓮はそこに久遠寺を建立したのである。以降、波木井家は代々日蓮宗を厚く信仰していた。八戸家は遠野に移った後、日蓮宗の信仰を篤くしていく。そのなかで、同じ名字の人物が本山創建に関わっており、資料が残っていることを知ったのかもしれない。

そうして、本来ならば子孫である家に伝わっていなければならない情報を久遠寺から入手することによって、八戸家があたかも波木井家の流れを汲んでいるかのように系図を創作したと思われる。

甲斐南部郷の領主の系統をあえて別の系統に創作した理由は、信仰していた日蓮宗本山の創建に関わった人物を祖とすることが可能であり、それは信仰心から考えれば誉であったためと考えられる。同時に、当時盛岡藩主家であった三戸家と、家臣であった八戸家の祖となる人物が同じであり、甲斐国においては領主の系譜であり主家の家格を上回っていた八戸家は、家格の違いを明確にするため、あえて祖となる人物を同じ実光ではなく弟の実長に変更し、八戸家が格下であることを明示できるように忖度した結果と考えられる。

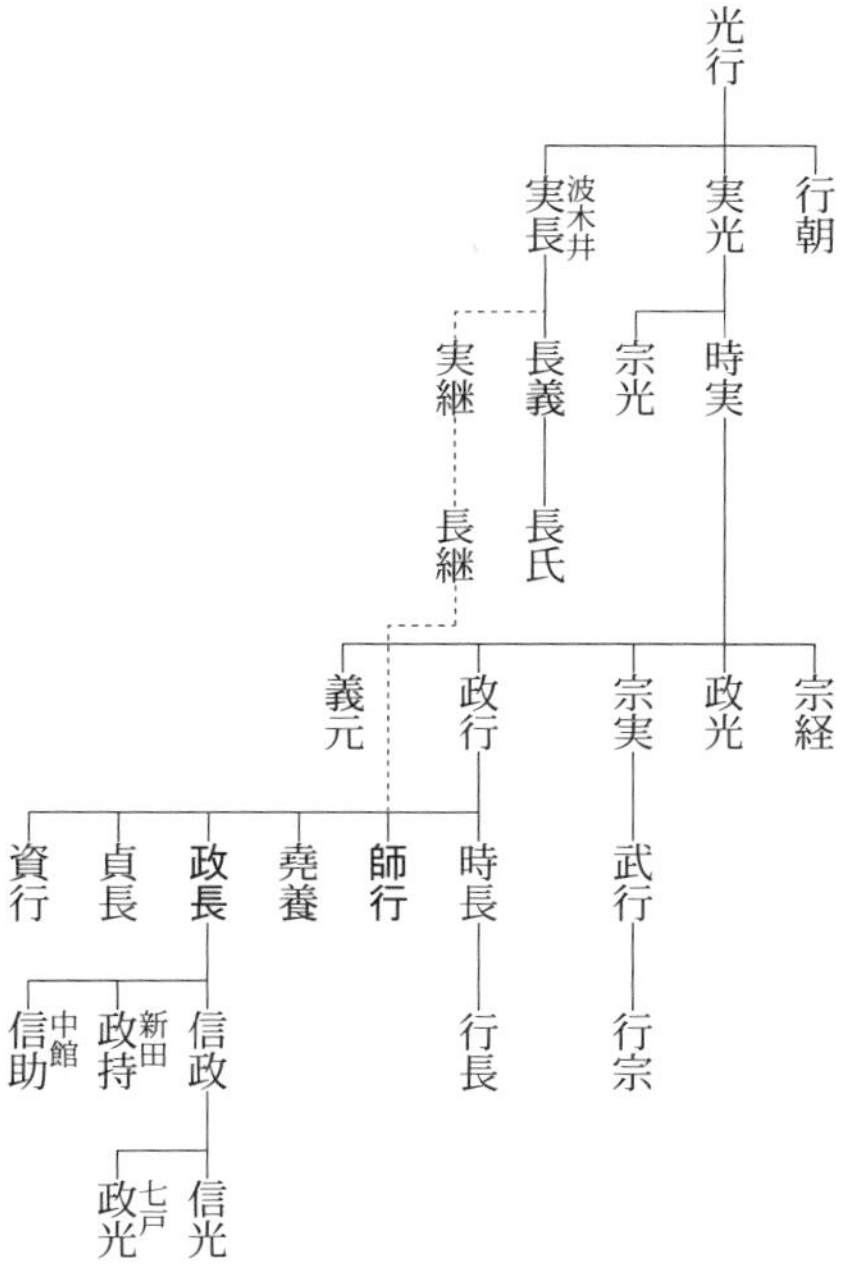

南部氏略系図

　そのため、断片的に残されていた

記録に登場する南部を名乗るが由緒不明の人物をもとに初代実長から四代師行までの間の人物二人を創作して、つながりを作ったのかもしれない。なお、間の二人は波木井家側の系図には存在しない。

さて、改めて同時代の資料から出自を復元すると、師行は南部郷領主政行の次男で、兄に時長《ときなが》、弟に政長《まさなが》という兄弟を持っていた南部本家筋の人物だったのである。

余談であるが、本書に収録されていることからもわかる通り、八戸家は南朝勢力であり、その活躍については、以降述べていく。江戸時代の家伝類も南朝に忠功を尽くしたことを、やや大袈裟気味ではあるが記している。しかし、由緒として創作した波木井家は北朝勢力として尽くしており、久遠寺から入手した資料の一つも、北朝年号が使用された足利尊氏《あしかがたかうじ》の感状《かんじょう》（戦功などを賞した書状）だった。これにより南朝方として忠功を尽くした内容の八戸家相伝資料の中に、北朝方としての資料という違和感のある資料が紛れ込んだわけであるが、系図を創作した者たちは何も感じなかったのだろうか。

本拠・糠部地域

糠部の地域について、詳しくみておこう。先に述べた通り、糠部は九つの戸と四つの門、一つの郷から構成される。それぞれ、現在の地域と照らし合わせてみていくと、一戸《いちのへ》は岩手県一戸町周辺、二戸《にのへ》は同県二戸市周辺、三戸《さんのへ》は青森県南部町・三戸《さんのへ》町周辺、四戸《しのへ》は同県五戸《ごのへ》町の浅水川《あさみずがわ》以南・八戸市櫛引《くしひき》・同市南郷《なんごう》・南部町名川《ながわ》・同町福地《ふくち》・岩手県二戸市金田一《きんだいち》周辺となる。これだけの地域にまたがっているのは、現在の地名として残っていないためである。五戸は青森県五戸町周辺、六戸《ろくのへ》は同県六戸町・三沢《みさわ》市周辺、七戸《しちのへ》は同県七戸町・野辺地《のへじ》町周辺、八戸は同県八戸市周辺、九戸《くのへ》は岩手県九戸村・軽米《かるまい》町周辺となる。これらの名称は、平安時代につけられた名称と考えられている。名付け方は機械的で、最南部の一戸から順に北上し七戸で陸奥湾に到達する。そこから南下し、八戸・九戸と名称を付けたと考えられる。

この九つの戸の周辺に門が置かれる。それぞれ、東門《ひがしのかど》は岩手県洋野《ひろの》町周辺、西門《にしのかど》は同県二戸市浄法寺《じょうほうじ》町周辺、南門《みなみのかど》は同県葛巻《くずまき》町周辺、北門《きたのかど》は青森県田子《たっこ》町周辺である。これらは、戸の地域に対して東西南北とは微妙にずれた位置にある。この理由として、糠部の入り口である一戸に対して東西南北である説や、糠部と隣接する地域と行き来する街道があった所に東西南北を付けたとする説があるが、はっきりとはしていない。

最後に、宇曽利郷《うそりのごう》は現在の下北半島部分にあたる地域だった。九戸四門一郷で構成された糠部は、とても広大な地域だったのである。

蛇足となるが、四戸の地名がなくなったことについて、簡単に述べておく。四戸の地域は、四戸家が長く支配していたが、天正十九年（一五九一）に起こった九戸一揆に加担し、豊臣政権によって滅ぼされることになる。四戸家の支配地域は、豊臣方だった三戸家や八戸家に配分された。そのうちに、例えば「四戸〇〇村」だった場所が、「八戸〇〇村」と呼ばれ方が変わっていき、江戸時代初期には地名がなくなってしまったのである。

師行の奥州下向と糠部郡奉行

元弘三年（一三三三）五月、後醍醐《ごだいご》天皇により鎌倉幕府は滅亡し、新政権が始まる。その政策の一環として、陸奥国に特殊な統治機構を築くことになった。この機構は、北畠顕家《きたばたけあきいえ》を頂点として多賀《たが》（宮城県）に国府《こくふ》を置いた。組織構造は、鎌倉幕府をまねた構造となったため、奥州小幕府とも呼ばれた。師行はこの一員として、元弘三年十月に多賀国府に下向している。師行の役割は「糠部郡奉行」であった。これは国府の命令を現地で執行する役職で、具体的な役務は郡奉行（郡に対する国府の命令を実行する）と郡検断《ぐんけんだん》（郡でおきた事件の調査・報告を行う）であった。

ただし、「糠部」郡奉行とはいうものの、師行の担当地域は糠部だけに留まらず、久慈《くじ》（岩手県久慈市）、閉伊《へい》（同下閉伊郡周辺）、遠野《とおの》（同遠野市）、比内《ひない》（秋田県大館市）、鹿角《かづの》（同鹿角市）、外浜《そとがはま》（青森市周辺）も担当していた。この役職について、国司《こくし》の代官であったためか「国代《こくだい》」と表記されることもあった。

さて、師行の職場である糠部郡奉行所がどこにあったのか、現在でも明確になっていない。通説では、八戸の根城（青森県八戸市）であったとするが、近年は多賀国府付近にあったとする説や、根城以外の場所だったとする説も唱えられてきている。筆者としては、糠部八戸にあったと考えている。まず、元弘四年二月十八日、顕家より久慈の沙汰について指示が出されており、このときにはすでに糠部郡奉行として師行が仕事を行っていたことがわかる。次に、二か月後の四月十三日、顕家から師行に多田《ただ》貞綱《さだつな》が津軽に下向する旨が伝えられたが、そのとき貞綱が津軽に行く前に糠部に寄るため、北条氏残党の処理について協議するよう伝えられている。以上のことから、師行が糠部で職務を行っていたことが判明し、糠部郡奉行が糠部内に設置されていたことがわかる。資料からわかることはここまでであるが、師行の後継たちが代々糠部内八戸を本拠地としていたことを考えれば、師行が拠点とした糠部郡奉行所も八戸にあったと考えることが妥当だろう。

八戸家の本拠・根城跡　青森県八戸市　画像提供：八戸市博物館

八戸家の居城・根城

江戸時代初めまで、長く八戸家の本拠地となるのが根城である。糠部郡奉行所と根城が同所であったのかは、確たる資料がなく断定はできないが、先に述べた通り後々まで本拠地として長く居住していたことを考えれば、同所だった可能性が高い。

根城について八戸家の伝記類では、建武年中に築かれ、北畠顕家が「奥塞《おくさい》之《の》根柢《こんてい》也《なり》」（奥を治める拠点である）という意味で「根城」と名付けたと記す。しかし、「根城」の名称の初出は、だいぶ時代を下った元和四年（一六一八）であり、顕家たちに本当に根城と呼ばれていたかはわからない。むしろ他の戸の領主の城を考えれば、地名や城主一族の名前が城名となっており、八戸城と呼ばれていたのではないかと思われる。

なお、現在根城跡は国史跡に指定されており、「史跡根城の広場」として整備・公開され、さらに日本百名城の一つとなっている。本丸部分には、国指定史跡における中世城館の主郭全体復原事例第一号の建物があり、内部を見学できるようになっている。復原された建物群は、最も栄えていた戦国時代末期のものであるが、内部の展示では発掘成果から、師行や政長時代の建物配置図もあり、当時の様子を知ることもできる。

甲斐国の本領と相続争い

師行は、派遣されて糠部に来ていたが、本領は甲斐国にあった。師行の父政行が甲斐国南部郷の領主であったことは先に述べたが、その領地は子である時長・師行・政長兄弟に相続されていた。師行の本領はこの政行の遺領のはずだったが、そこでは問題が起こっていた。同族である南部武行《たけゆき》に押領《おうりょう》されていたのである。武行は、政行の兄宗実《むねざね》の子であったが、実は宗実も政行と相続争いを行っていた。そのときは政行が勝ち領地を治めたが、武行はこれを再燃させたのである。しかも武行は、師行ら三兄弟とは異母弟の資行《すけゆき》を味方につけ、正統性を主張したのである。

この争いは鎌倉幕府倒幕前に起こり、師行たち兄弟は幕府に訴えていたが決着はつかなかった。武行が内管領《うちかんれい》である長崎《ながさき》一族の娘婿となり、幕府に近い立場になっていたことも長引いた原因と思われる。そのうちに幕府は滅亡し、訴えは建武政権に持ち越されることになった。三兄弟は建武政権に忠功を尽くしていることと、武行が北条氏方で朝敵であることを強調しながら、雑訴決断所《ざっそけつだんしょ》に書類を提出している。

訴えの結果は判明していない。足利尊氏の蜂起などで決断所の機能は衰え、うやむやのままになっていったのだろう。実際に、建武三年（一三三六）四月、師行は尊氏討伐のために西上の帰路で、再度訴えている。そこでは、資行らが某書《ぼうしょ》（偽の書状）を根拠に押領をしているので、決断所で沙汰のうえ、記録所《きろくじょ》で呼び出して裁決し、綸旨《りんじ》をもって領地の安堵を証明してほしいと訴えていた。

なお、武行は北朝方として戦い、子孫は戦国時代まで甲斐南部領を領地としていたため、三兄弟に領地が返ってくることはなかった。武行の子孫は後に万沢《まんざわ》と名字を変え、続いていくことになる。

糠部郡奉行の業務と大切な馬

さて、視点を糠部に戻して、師行が行っていた職務の具体例を簡単にみておこう。職務の最重要課題は北条氏残党の鎮圧と、新体制の構築であった。そのなかで郡奉行職としては、北条氏残党より没収した領地（闕所《けっしょ》）の分配などが主な職務であった。一例として、七戸内野辺地（青森県上北郡野辺地町）についてみてみよう。建武二年（一三三五）二月三十日、北畠顕家は野辺地を伊達宗政《だてむねまさ》に与え、その執行を師行に命じた。資料は残されていないが、師行は宗政に対して、野辺地の領地を受け取るならば代官を派遣するように要請したはずである。結果、宗政は領地を受け取り、代官を派遣することを決め、師行に伝えた。師行は、三月二十四日にその旨を国府に報告している。このようなことを各地で行っていた。

　しかしなかには、久慈を与える予定だった二階堂行朝《にかいどうゆきとも》のように領地の受け取りを辞退したり、七戸を与える予定だった結城朝祐《ゆうきともすけ》のように受け取るといったまま代官を派遣しなかったりする例もあった。

　郡検断では、糠部には欠かせない職務の資料が残されている。それは馬に関する出来事である。糠部は馬産地として有名で、これは「糠部」地名の初出資料でも確認できる。『吾妻鑑《あずまかがみ》』（文治五年九月十七日条）に「寺塔已下注文《じとういかちゅうもん》」という資料がある。このなかに奥州藤原氏二代基衡《もとひら》が、毛越寺《もうつうじ》を造立した際、本尊の制作を依頼した仏師雲慶《うんけい》に対する贈答品の一つとして「糠部駿馬《しゅんめ》五十疋《ひき》」が記されている。駿馬の他には、金・鷲羽・水豹《あざらし》の皮などが記されており、これら贈答品は陸奥の特産物だったことがわかる。

糠部を任された師行も当然この駿馬の保護を重視していたし、顕家も同様であった。建武元年（一三三四）十二月十五日には、七戸の御牧《みまき》で起こった馬の逃走についての調査が師行に命じられている。七戸産の馬は有名で、寿永三年（一一八四）の宇治川《うじがわ》の戦いで梶原景季《かじわらかげすえ》は、頼朝の「七戸立《だち》（産）」の馬生唼《いけずき》を望んだが、生唼は佐々木高綱《ささきたかつな》に下賜されたことが『源平盛衰記《げんぺいせいすいき》』に記されている。先陣争いをした梶原と佐々木に関りある馬の産地だった。なお、代わりに梶原に与えられたのは磨墨《するすみ》という三戸立の馬だった。これも糠部三戸産の馬であり、糠部の駿馬が高い評価を受けていたことがわかる。

　また、師行は糠部以外でも馬の管理を注意しており、閉伊郡大沢《おおさわ》村で起こった御牧の馬の殺害事件の調査なども行っている。

北条氏残党への対処

師行が糠部に派遣され、早々に着手しなければならなかったのは北条氏残党の鎮圧であった。糠部はもともと得宗領《とくそうりょう》であり、北条氏の御内人《みうちびと》が多く配置されていた。幕府が倒れたのち、新政権に従属するものもいたが、従わないものも多かった。

例えば元弘三年(一三三三)十二月・建武元年(一三三四)正月頃に津軽平賀《ひらか》郡の大光寺《だいこうじ》館(青森県平川市)で、北条氏方と新政権方に別れた曽我《そが》氏の内紛が起こった。このときは、さらに一族から領地の押領を狙う者も現れるなど、三つ巴の様相を呈していた。その他、北条氏残党は建武元年十一月まで蜂起を続けていたが、多田貞綱や中条時長《ちゅうじょうときなが》の派遣により一時収束、降伏者が出ている。このとき、師行自身は派遣されず、糠部で郡奉行の職務に従事していた。ただし、戦果報告は受けていたようで、この降伏者について十二月十四日付けで国府に報告している。降伏者は五十三名ともなり、それぞれの消息についてまとめており、降伏したものを預かる人物を記したり、降伏するも報告するまでに死んでしまったことを記したりしている。

しかし、蜂起はこれで終わらず、翌年三月、北畠顕家は師行に津軽中を調査し残党を討伐するよう命を下し、五月に師行は津軽に到着している。津軽で拠点としたのは、同年三月に師行や一族に与えられた外浜の一部だったと考えられる。ここを拠点に、山辺《やまのべ》（青森県黒石市・青森市浪岡周辺）での合戦など残党の鎮圧が行われた。

なお、降伏者の一覧を見ると建武元年の敵味方がわかる。このとき残党であり早期に降伏し顕家に平賀郡の領地を安堵されたが後に北朝方となる曽我貞光《さだみつ》がみえれば、このとき味方で後に北朝方となる安《あん》藤家季《どういえすえ》などもみえ、新政権と北条氏残党の戦いから、南北朝の戦いに移行していくうえで敵味方が入り乱れたことがよくわかる。

二度の西上と戦死

糠部・津軽などの平定に努めていた師行であったが、西方では足利尊氏が新政権から離反したため、後醍醐天皇は追討を決める。奥州でも、鎮守府将軍《ちんじゅふしょうぐん》に任じられた北畠顕家が、周辺諸士を率いて建武二年（一三三五）十一月二十二日に国府を出発した。八戸家も当然派兵を決め、師行が参陣した。弟政長は留守を預かったため、政長の代わりに子信政《のぶまさ》が従軍した。なお、八戸家の家伝類では、糠部でも足利方の動きが活発だったため師行は従軍しなかったと記されている。しかし、同時代の資料からそれは否定される。

顕家や師行たちは、翌建武三年五月頃には国府に戻ってくるが、師行はそのまま国府に留まり、糠部に戻れたのは派兵からおよそ一年後の十一月以降だった。その翌年二月二十日に安藤祐季《すけすえ》が師行に対して、上洛後久しく会っていないといった旨の書状を出しており、師行が上洛していたことは確実であった。

延元二年（一三三七）八月十一日、北畠顕家は再度京都へ向けて出陣した。八戸家もこれに付き従ったが、今回は師行のみで政長・信政は糠部に残っていた。北畠軍は、鎌倉から美濃《みの》・伊勢《いせ》・大和《やまと》と進軍していくが、京都には入れず河内《かわち》に逃れ、ついには和泉《いずみ》国堺浦石津《さかいうらいしづ》で高師直《こうのもろなお》軍と戦って敗北、顕家は戦死し、師行も同じく戦死した。これは延元三年五月二十二日だったと伝えられている。現在石津には、顕家と師行の名が刻まれた供養塔が建てられている。また、居城根城跡では、現在も同日に慰霊祭が行われている。

（滝尻侑貴）

【主要参考文献】

小井田幸哉『八戸根城と南部家文書』（八戸市、一九八六年）
白根靖大「建武の新政と陸奥将軍府」（白根靖大編『東北の中世史三　室町幕府と東北の国人』吉川弘文館、二〇一五年）
西村直亮「南北朝期における八戸根城南部氏の動向」（東四柳史明編『地域社会の文化と史料』同成社、二〇一七年）
『青森県史』資料編中世Ⅰ南部氏関係資料（青森県、二〇〇四年）
『青森県史』資料編中世Ⅱ安藤氏・津軽氏関係資料（青森県、二〇〇五年）
『青森県史』資料編中世Ⅲ北奥関係資料（青森県、二〇一二年）
『新編八戸市史』中世資料編（八戸市、二〇一四年）
『新編八戸市史』通史編Ⅰ原始・古代・中世（八戸市、二〇一五年）

南部政長
――糠部を支配する北奥の雄

七戸を本拠地とする

南部政長《なんぶまさなが》の動向が初めて確認できるのは、元弘三年（一三三三）五月のことである。鎌倉幕府滅亡の際、政長は新政府に味方し、奥州から鎌倉まで馳せ参じ、十五日から二十二日まで各所で戦い、忠節を尽くしている。

実はこのことは、奥州に南部氏がいたと確認できる最初の記録である。つまり、南部氏で初めて奥州に来たことが確認できる人物は、南部氏の祖とされた南部光行ではなく、八戸家の本拠地として後々まで続く根城を構えたとする兄師行でもなく、政長だったのである。

後に兄南部師行が糠部に派遣されたことを考えると、すでに弟政長が簡易的に拠点を作っていたために、糠部の奉行に任じられたと思われ、この奥州というのは糠部のことを指すと考えられる。

しかし、政長は甲斐南部氏の出であったため、本領は出身地である甲斐国にあった。政長の奥州における領地がわかるのは、建武政権が始まってからである。それぞれの領地について、みていきたい。

まず、甲斐国では父南部政行の遺領が本領であった。しかしこの地は、師行の項で述べた通り、従兄弟の武行や異母弟資行に押領されていたようで、兄時長・師行と連名で訴えを挙げている。その他、建武元年（一三三四）五月三日に、北条氏残党討伐の褒章として倉見山《くらみやま》（山梨県都留市）の土地を後醍醐天皇より拝領している。

次に糠部の領地では、建武二年三月十日に七戸（青森県七戸町）を北畠顕家より拝領している。七戸は本来、結城朝祐に渡された領地だったが、朝祐が代官を派遣しなかったため、代わって与えられたのが政長だった。与えられた理由は、勲功を賞してとのことなので、前年十二月に津軽で蜂起した北条氏残党を討伐したことの褒美だったと考えられる。あわせて同時期に、兄師行が津軽に派遣されたことを考えれば、津軽方面への派兵拠点として、政長に七戸が与えられたと考えられる。

七戸城跡　青森県七戸町

七戸という土地は、平安時代から交通の要衝として知られており、奥州藤原氏が支配していた十二世紀から陸路・海路両方につながる場所であった。南は、陸路で戸《へ》の領地を順番に遡り奥大道《おくだいどう》につながる。東は内水系として小川原湖《おがわらこ》を通って海に出て、海路で南へ向かえる。北は野辺地へ出て海路につながるし、陸路で外浜まで出ることもできる。西は陸路で、八甲田山《はっこうださん》の南を通り津軽へつながるのである。同月に師行に外浜の領地が与えられたことを考えれば、七戸〜外浜が津軽鎮圧の行軍ルートであったと考えられる。

政長も七戸の重要性を理解していたと思われ、政長の子孫は後に八戸家から独立した別家・七戸家を名乗り、七戸を本拠地として治めていくのである。

北畠顕家の配下として

さて、津軽では北条氏残党の蜂起が続いていた。政長は、建武二年（一三三五）八月に津軽の山辺（青森県黒石市・青森市浪岡周辺）における合戦に参加し、大将を務めている。この戦いについて北畠顕家より戦功を賞されているが、その際、下向以後、合戦で忠節を尽くしてくれていると記され、政長が軍事能力に優れた人物だったことがわかる。政務を担っていた兄師行に対して、政長は実働部隊の長として、各地の合戦に派遣されていた。

ただし、武力一辺倒というわけでもなかった。建武二年十一月二十二日、北畠顕家が尊氏討伐のために西上した際、八戸家からは兄師行と子信政が参陣し、政長自身は糠部で留守を預かった。この際、師行の代行として糠部郡奉行職の職務を行っていたと思われる。

そんななか、建武三年正月六日、顕家・師行の留守を好機とみた、足利方の津軽合戦奉行安藤家季が曽我貞光《さだみつ》と協力して、政長らの拠点に攻めかかった。政長ら南部勢と成田泰次《なりたやすつぐ》の軍勢が守る藤崎館《ふじさき》（青森県南津軽郡藤崎町）・平内館《ひらない》（同東津軽郡平内町）へ攻城戦を仕掛けている。他にも同月に船水館《ふなみず》（同県弘前市）へ、五月に小栗山館《こぐりやま》（同市）へ、六月に田舎館《いなか》（同南津軽郡田舎館村）へと断続的に仕掛けている。これに対し、政長たちはいくつかの居城を落とされるも防戦を続け、顕家たちが下向してくるのを待っていたのである。

北奥で戦が絶えないなか、政長には京都や国府の情勢が伝えられていた。建武三年八月六日、足利尊氏討伐を終え国府に戻ってきた顕家より書状が送られており、京都の状況や国府周辺の様子について知らされている。そのなかでは、五月末に尊氏たちが京都に攻め寄せるも後醍醐方は防戦し、七月十五日に尊氏たちを自害に追い込んだと伝えている。当然、これは誤った情報である。問題は、顕家自身も誤情報を信じていたのか、それとも北奥地方の南朝勢力の士気を高めるために、あえて敵方の主導者が自害するといった大事件を伝えたのかである。

この記事に続いて、国府周辺の一迫《いちのはざま》・二迫《にのはざま》・三迫《さんのはざま》（宮城県栗原市周辺）で戦闘があったが早々に鎮圧した旨が書かれ、これに対し糠部の軍勢を差し向ける必要がないと伝えている。書状の主旨はむしろこちら側で、前半の誤情報を顕家が信じていたにしては、ずいぶんあっさりとしており、顕家自身は怪しんでいたが、あえて伝えたものと思われる。

なお、この時点ではまだ師行は糠部に帰っておらず、糠部郡奉行職は政長が代行しているが、軍勢の差配について指示が出されていることから、政長が糠部の軍勢を指揮できる立場にあったことがうかがえる。先の山辺合戦の大将のことを考えれば、郡奉行職とは別に、政長は軍事指揮権を有していたと考えられる。

尊氏自害といったような誤情報は、その後もあったのだろう。十一月十五日には、京都のいろいろな噂話が聞こえているだろうが、国府は問題ないと記した顕家からの書状もあり、政長には正誤の入り混じったさまざまな情報が集まっていた。

主導者不在の北奥

延元三年（一三三八）五月、北畠顕家と兄師行が和泉国で戦死する。政長は、師行亡き後の糠部郡奉行職を、北奥南朝勢力の旗印として引き継ぎ、勢力を維持しようとしたと思われるが、主導者不在の状況は厳しかったと思われる。実際、暦応二年（一三三九）三月に足利直義《ただよし》から政長に降伏勧告が出されている。そこでは、降伏すれば領地はそのまま安堵するといった条件が記されていた。

政長はこれに従わず、同月中に先代の越後五郎《えちごごろう》を総大将に、成田・工藤《くどう》・安保《あぼ》（阿保）・倉光《くらみつ》・瀧瀬《たきせ》等と共に、津軽の各所に攻めかかった。なお、越後五郎がどのような人物だったのか、わかっていない。ただ、一族内で南北に分かれていたようで、前当主である先代は後醍醐方、一方現当主である越後五郎は、足利方についていたか、または後に降伏したようで、貞和元年（一三四五）八月二十九日に行われた天龍寺《てんりゅうじ》での供養の参加者に名前が見える（天龍寺は後醍醐天皇の菩提を弔うために尊氏が創建した）。

さて、津軽中の戦いのうち、大光寺における合戦についての顛末が資料に残っている。それによると、政長たちは大光寺の外館を攻め落とすという戦果を挙げた。これに対し、曽我貞光が敵の増援に駆けつけ、さらに曽我師助《もろすけ》の軍勢も駆けつけた。政長たちはこの後三か月ほど粘って戦ったが、ついには撤退することになり、大光寺を押さえることはできなかった。

この戦いの最中に、政長は北畠親房に使者を送っており、北奥において足利方に寝返るものが多く出ていることを伝えている。やはり、顕家や師行らの戦死が影響していると思われるが、足利方もこの機に南朝勢の取り込みに動いていた。政長にも降伏勧告がきたことは先に述べたが、他に閉伊氏にも同様に足利方から連絡が来ている。閉伊氏は、顕家の第二次西上に派兵しており南朝勢力であったが、足利方の奥州総大将石塔義房《いしどうよしふさ》から軍勢派遣の催促が来ており、寝返るよう示唆されていた。

政長は、翌興国元年（一三四〇）に再び足利直義から降伏勧告を受けている。そこでは二度目ということで条件が厳しくなっており、領地の保証がなくなっている。政長は、これに応えることはなく南朝方として戦い続ける。同年には、北畠顕家の弟顕信《あきのぶ》が奥州の新しい主導者として下ってきた。これにより、南朝方の勢力は息を吹き返したのである。

北畠顕信とともに

興国元年（一三四〇）十一月七日、政長は戦況報告を顕信に送った。これに対し顕信は返信するが、その冒頭に興味深い一文が書かれている。それは、十一月七日付の書状が十二月十八日に手元に届いた、というものである。このとき顕信は、葛西《かさい》氏の援助のもと七月には牡鹿《おしか》郡日和山《ひよりやま》城（宮城県石巻市）に入っていたようだが、なぜ届くまでに一か月以上かかったのだろうか。推測となるが、おそらく顕信は葛西氏と共に転戦していたのではないだろうか。南朝勢力巻き返しのため、周辺の北朝勢力と方々で戦っていたため、居場所が明確ではなく時間がかかったと思われる。

さて、この書状から政長が北奥で盛り返していた様子がうかがえる。まず、津軽の安藤一族を調略し、一部を南朝方に付けることに成功させている。次いで、政長の子息信政が鹿角方面に、政長自身は岩手郡西根《にしね》（岩手県八幡平市）に戦を仕掛けている。政長に限っていえば、そのまま西根に拠点を築いている。これを受けて顕信は今後の作戦として、春に和賀《わが》（同北上市）・滴石《しずくいし》（同雫石町）の南朝勢力をまとめ、斯波《しわ》（同盛岡市紫波町）を攻めるように伝えている。和賀などは拠点とする和賀氏、近隣の稗貫《ひえぬき》氏が一族内で南朝北朝に分かれていたため、斯波攻めにおいては、両氏の北朝勢力をくぎ付けにするため、葛西氏が北上する手筈になっていた。なお、作戦の詳細については、書状ではなく口頭で伝えるため人を遣わすとわざわざ記しており、戦時下において北朝方に書状が渡ってしまう可能性を考慮していた。

その他、政長は味方が北朝に寝返らないよう、恩賞を与えることを上申しており、官途《かんと》や領地について相談していたが、現状では顕信も与えることができず、保留となっていた。

政長の活躍は北朝方で問題となっていたのだろう、興国二年二月七日、足利直義から三度目の降伏勧告が出されている。政長はこれに応じることはなく、顕信の作戦を実行し、閏四月までには斯波を制圧している。同時に葛西氏らも北朝に与《くみ》した稗貫の一族を制圧した。顕信たちは、この勢いに乗じて多賀国府の奪還を目指す予定だったが、うまくはいかなかった。

政長たちが南下した隙をついて、津軽の曽我師助・貞光ら北朝勢力が糠部にある政長の拠点を目指して進軍した。おそらく、交通の要衝であった七戸城を目標としたと考えられるが、南朝方は途中で街道を塞ぎ防戦した。政長らはすぐさま糠部に戻り抗戦したが、以降、一年をかけて北朝方は数十回と攻め懸け、政長は苦戦を強いられることになる。

同じころ、顕信も苦戦を強いられており、九月八日の書状では、政長からの音信がなくなったことを心配するとともに、近隣の敵を早急に鎮圧し、援軍に来てくれと伝えていたが、政長にはそんな余裕はなかった。

後村上天皇らから与えられた恩賞

興国三年（一三四二）になり、ようやく政長は津軽を鎮静化させたようで、三月下旬には上洛する動きがみえる。目的は吉野《よしの》にいる後村上《ごむらかみ》天皇への拝謁だったと思われる。このとき政長は、これまでの忠功を賞され、太刀（粟田口国安《あわたぐちくにやす》）一腰と、甲冑（紺糸威胴丸鎧《こんいとおどしどうまるよろい》・兜《かぶと》・大袖付《おおそでつき》）一領を賜っている。この太刀・甲冑は、後々まで家伝のものとして八戸家に伝えられていく。甲冑に関しては現存しており、岡

粟田口国安が掲載された絵葉書　八戸市立図書館蔵

山県の林原美術館に収蔵されている。太刀は、『南部家宝絵葉書』に「後醍醐天皇御佩用国安の太刀」として写真が残されているため、昭和初期頃までは南部家に所蔵されていたようであるが、現在は詳細不明となっている。

　また、興国六年二月、北畠顕信から同じく忠功を賞して領地が与えられている。ただし、顕信が興国三年十月末に敗北して以降、南朝方の主要な勢力が北朝方に降伏していっていた。そんななかでの領地の授与だったが、その場所は足利尊氏の旧領であった加美《かみ》郡（宮城県加美郡）であり、北朝勢力下の場所だった。これは、北朝方から切り取ることができれば領地として治めてもいいということで、実質は空手形だったのである。実際、これ以降に政長やその子孫たちが加美郡に関わった記録はない。

　続けて、三月には政長子息の信政に忠功を賞するとともに、右近蔵人《うこんのくろうど》の官途を推挙、信政の弟信助《のぶすけ》には兵庫助《ひょうごのすけ》を推挙している。

　これら二・三月の恩賞は、蜂起を促すために出されたものと考えられる。距離的に離れた加美郡のことでは動かなかった政長も、息子たちへの官途を賜れば報いなければならず、四月に糠部郡で蜂起した。

しかし、南朝劣勢状態での蜂起は長く続かず、一か月ほどしかもたなかった。

北朝方への降伏と再起

正平元年（一三四六）四月十一日、足利直義から四度目の降伏勧告が出された。今回は二回目・三回目ではなくなっていた本領安堵の文言が復活しており、政長を取り込むことに力を入れていたことをうかがわせる。

さらに十二月九日、五度目の降伏勧告が行われる。条件はさらに良くなっており、四度目は本領と限定されていたが、今度は政長の望む領地となっている。ここでの本領は、先に述べた甲斐国の領地と考えられ、降伏条件緩和により、糠部の領地も認められることになった。

政長も限界を感じていたのだろう。これをもって北朝方に降伏することになる。北奥において政長は南朝方として大きな勢力であり、その政長の降伏はすぐさま伝達がなされた。この頃、北朝方では奥州の抑えとして、奥州管領《おうしゅうかんれい》二名を派遣していた。吉良貞家《きらさだいえ》と畠山国氏《はたけやまくにうじ》である。この二名宛に、十二月二十一日付で足利尊氏から政長が降参したことが伝えられた。政長は翌年早々に上洛し、降伏したことを証明している。

なお、五度目の降伏勧告から、奥州管領へ降伏が通達されるまでの期間が、あまりにも短い。このことから、降伏勧告以前から交渉があったと思われる。交渉の末、合致した条件が本領以外も含めた領地安堵だったのだろう。つまり、十二月九日の発給時点で降伏は確定していたと考えられる。

しかし、これは時間を稼ぐための政長の策略だった。正平四年三月、一年ほど時間を稼ぎ、準備を整えた政長は糠部・滴石で蜂起した。この蜂起は簡単に鎮圧されず、翌五年まで続いている。蜂起の終結は、和睦をもって収めたようで、六月に顕信から上田城《うえだ》（盛岡市）で和睦が成ったので兵を引くように通達されている。これが政長の関わった最後の戦いとなった。

三人の子供たち

政長には、三人の息子がいた。信政・政持《まさもち》・信助である。信政の母は、政長の兄師行の娘だったとされ、その血の正統性をもって八戸家の次期当主となる。信政は、津軽田舎館の領主工藤貞行《さだゆき》の娘を嫁に迎え、在地とのつながりを深めていたが、政長より先に亡くなってしまう。

政持・信助の母は別の女で、江戸時代の編纂物には三戸家九代祐政《すけまさ》の娘だったと記されているが、同時代の三戸家の活動は確認できず、怪しいところがある。政持・信助はそれぞれ別家を立て、新田《にいだ》政持・中館《なかだて》信助となる。新田家・中館家は以降長く重臣として八戸家を支えていくことになる。

ここで疑問点を提示しよう。政長と兄師行の娘との結婚についてである。江戸時代の記録から考えると、両人は鎌倉幕府が滅亡する前から婚姻を結んでいたことになるが、これは少し不自然である。建武政権以前の師行・政長の動向がわからないため、確たることは言えないが、甲斐の本領は、時長・師行・

政長が相続した(ただし押領されていた)。領主には、長兄時長がなっていたはずである。その状態で、政長が師行の娘を妻として血縁を強化する必要性は感じられない。必要があるとすれば、師行が領主であったり、重要な役職についていていたりした場合に急死し、かつ師行に子がなく、政長が師行の跡を継がなければならない場合である。

この条件に当てはまるときがある。延元三年(一三三八)に師行が戦死したときである。師行の戦死により、急遽北奥南朝勢力の要として師行の跡を継がなければならなくなったこのときこそ、師行娘との婚姻の必要性が出てくるだろう。もしそうならば、信政が政長の実子ではなかったか、信政の母が師行娘ではなかったかの二通りの可能性が考えられる。推論を重ねているため結論は出せないが、江戸時代作成の系図には疑問点が多いことを覚えておいていただきたい。

その意味では、政持・信助の母も同様である。先に述べた通り、この時点では三戸家の活動は確認できず、三戸家の娘が母とは思われない。では、どこの娘だったのかと考えると、実は手がかりがある。それは、政持が初めて登場する延元三年の資料で、「新田」政持が比内郡に拠点を持っていたことが記されている。新田家の本拠地は、政持の子親光《ちかみつ》のときに八戸新田を本領とするため、いまだこのときは八戸にはなく、資料からわかるのは比内郡だけである。ではなぜ、比内郡だったのだろうか。推測になるが、もともと比内郡には新田家が在住していたと思われる。政長は、在地とのつながりを強めるために、比内新田家から側室をむかえ、その子を新田家の当主とすることで、一族の取り込みを図ったと考えられる。その後、比内新田家は北朝に敗れ、八戸に逃れてきて根付いたと思われる。つまり、政持・信助の母は、比内新田家の娘だった可能性が考えられる。

子孫への領地譲渡

正平五年（一三五〇）八月十五日、政長は孫となる信光《のぶみつ》と政光《まさみつ》に、それぞれ領地を譲る。嫡子であった信光には八戸を、政光はこのとき幼少であったため、信光・政光の母に七戸を一度譲っている。その後、政光が成人したら七戸の半分を渡し、もう半分は後に信光と政光のどちらかに渡すよう伝えている。

このことから、八戸が七戸より格上の領地であったことがわかる。この段階では、本領はいまだ甲斐国にあったはずだがそのことは記されず、八戸と七戸のみが譲渡されている。政長は南朝方の敗北と、本領の没収を予見していたのではないだろうか。そのため、糠部の領地のみを相続の対象としたのだろう。そして、その領地の中で本拠地と考えたのが嫡子信光に譲られた八戸だった。

ただし、政長に領地として八戸が与えられた記録はない。記録が残るのは七戸のみである。それでありながら八戸を本拠地と考えた理由は、八戸が政治的に重要な拠点であったためと考えられる。八戸は、師行の糠部郡奉行所が置かれた地であり、戦死後、政長が北奥南朝勢力をけん引するための権力基盤として引き継いだのではないかと考えられる。これを本拠地として子孫に相続させることで、一族が南朝勢力として戦っていくうえで、権力基盤となることを願ったのだろう。この願いは成就し、南北朝合一まで八戸家は南朝勢力として戦っていくことになる。

その後の八戸家

跡を継いだ信光は、南朝勢力として忠節を尽くし、後村上天皇から戦功を賞して鎧や領地を与えられている。この鎧は現在も残されており、国宝「白糸威褄取鎧《しろいとおどしつまどりよろい》・兜・大袖付」として八戸市の櫛引八幡宮に所蔵されている。また、領地として甲斐国神郷《かみのごう》（山梨県都留市周辺と思われる）の領地も与えられている。このとき、叔父である新田政持には、政長遺領の倉見山が与えられており、この時点でも甲斐国に所領を持っていたことがわかっている。

白糸威褄取鎧・兜・大袖付　青森県八戸市・櫛引八幡宮蔵

信光の跡は弟政光が天授二年（一三七六）に継いでいる。政光は七戸を本拠地としていたが、跡を継いだため一時的に八戸に移ってきている。政光も南朝勢力として忠節を尽くすも、南朝勢力も衰退してきており、政光は新たな道を模索し始めていた。それが南朝に依らない在地での権力基盤の形成である。具体的には、在地の北朝勢力と一揆を結んでいったのである。一揆とは、政治的・軍事的に同じ目的を持った共同体のことで、この関係を結ぶことを誓った資料が残されている。そうして明徳三年（一三九二）に南北朝が合一した頃には、本領であった甲斐国の領地を手放し、糠部八戸を本拠地として家をつないでいったのである。

（滝尻侑貴）

【主要参考文献】

市村高男「中世七戸から見た南部氏と糠部―南北朝期～室町期を中心に―」（七戸町教育委員会編『中世糠部の世界と南部氏』二〇〇三年）
白根靖大「建武の新政と陸奥将軍府」（白根靖大編『東北の中世史三　室町幕府と東北の国人』吉川弘文館、二〇一五年）
小井田幸哉『八戸根城と南部家文書』（八戸市、一九八六年）
羽柴直人「一二世紀北奥の交通路について―板留（2）遺跡と七戸町の遺跡事例から―」（弘前大学教育学部考古学研究室ＯＢ会編『村越潔先生喜寿記念論集』二〇〇七年）
『青森県史』資料編中世Ⅰ南部氏関係資料（青森県、二〇〇四年）
『青森県史』資料編中世Ⅱ安藤氏・津軽氏関係資料（青森県、二〇〇五年）
『青森県史』資料編中世Ⅲ北奥関係資料（青森県、二〇一二年）
『新編八戸市史』中世資料編（八戸市、二〇一四年）
『新編八戸市史』通史編Ⅰ原始・古代・中世（八戸市、二〇一五年）

北畠顕家——若くして散った悲劇の貴公子

鎌倉幕府滅亡までの顕家

公家の身分でありながら、武人として京都からはるかに遠く離れた奥州へ下向して統治し、足利尊氏の反乱を鎮めるために大遠征を敢行して一度は尊氏を九州へ敗走させる顕著な勲功を挙げ、二度目の遠征でも高師直と死闘を演じ、わずか二十一歳の若さで戦場に散った悲劇の貴公子。今も歴史ファンの間で潜在的に高い人気を集めていると思われる北畠《きたばたけ》顕家《あきいえ》は文保二年（一三一八）、彼が終生主君と仰いだ後醍醐天皇が即位した年に、北畠親房《ちかふさ》の長男として誕生した。

顕家の昇進は、父の親房よりもはるかに早かった。元応三年（一三二一）正月、四歳で従五位下、翌年正月に従五位上、元亨四年（一三二四）四月に正五位下、翌年十二月に侍従、その翌年正月に従四位下、二月に右少将、嘉暦二年（一三二七）正月に武蔵介兼任および従四位上、翌年正月に正四位下、三月に少納言、四月に左少将、十一月に中宮権亮、元徳二年（一三三〇）四月に権左中弁、十月に左中弁、翌年正月に正四位上、続けて参議、そして左近衛中将に任命された。この時点で、まだ弱冠十四歳であった。

同年三月四日、後醍醐天皇が権大納言西園寺《さいおんじ》公宗《きんむね》の北山《きたやま》邸に数日間滞在した。顕家は、このとき開催

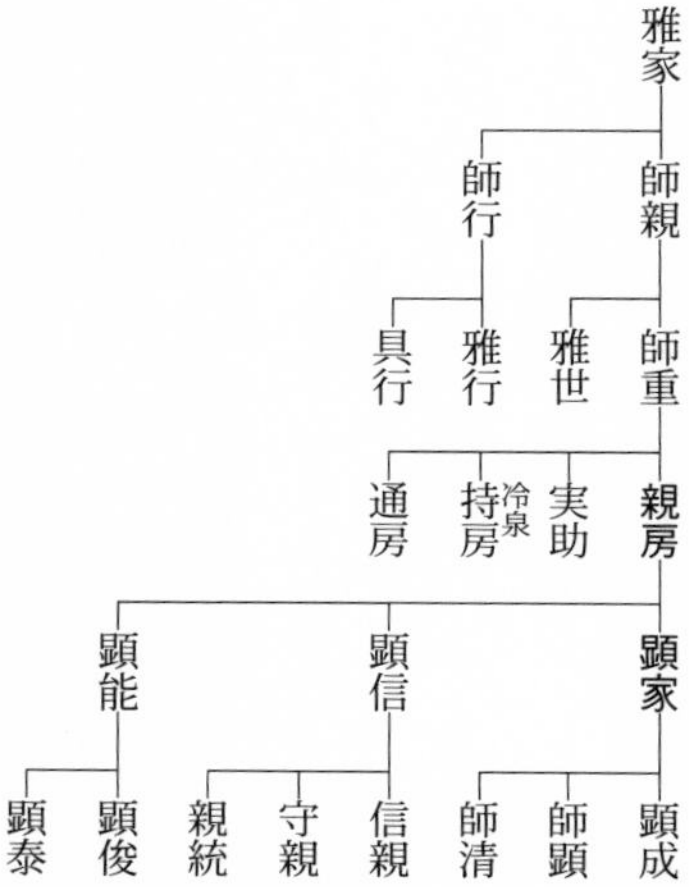

北畠氏略系図

された花の宴で陵王《りょうおう》の入綾《いりあや》を天皇の前で舞い、前関白二条道平《にじょうみちひら》より賞として衣を賜ったという。その優雅な様子は、『増鏡《ますかがみ》』に特筆されたほどである。

ところが、その直後に元弘の変が勃発し、後醍醐は隠岐に配流された。このとき、北畠氏では具行《ともゆき》（顕家の曽祖父師親《もろちか》の甥）が首謀者として斬殺された。父親房も、元徳二年九月十七日にすでに出家・引退していた。これは、親房が後醍醐皇子世良《よよし》親王の養育係を務めており、同日に世良が死去したためであった。

だが顕家は、後醍醐に代わって即位した持明院統《じみょういんとう》の光厳《こうごん》天皇の朝廷においても引き続き重用されたらしい。元弘元年（一三三一）十一月に参議・左中将を辞任するが従三位に昇進し、翌年十二月には参議・左中将に復帰している。

陸奥将軍府の首長として

元弘三年（一三三三）五月七日、足利尊氏が六波羅探題《ろくはらたんだい》を攻め滅ぼし、二十一日に新田義貞《にったよしさだ》が鎌倉幕府を滅ぼした。この間、顕家は五月十七日に上階と左中将を止められたが、六月五日に後醍醐天皇が京都に帰還すると、十二日に弾正大弼に任命され、八月七日に改めて従三位となり、陸奥守も兼ねた。九月十日に弾正大弼を辞任するが、十月十日には正三位に昇進する。

そして同月二十日、後醍醐皇子義良《のりよし》親王を奉じ、父親房とともに陸奥国へ出発した。現在、一般的に「陸奥《むつ》将軍府《しょうぐんふ》」と呼ばれている建武政権の東北地方統治機関の発足である。このとき顕家は十六歳の若さであったが、義良はもっと若く六歳であった。当然、義良に統治は不可能で、顕家が事実上の首長を務めた。

翌月、顕家一行は多賀国府《たがこくふ》（宮城県）に入城して本拠としたが、中世の多賀国府の正確な場所は諸説あって不明である。将軍府は陸奥だけではなく、出羽も管轄した。当時、陸奥・出羽両国は日本の半分を占める広大な領域であると認識され、建武政権は奥羽地方を重要視していた。また、奥州は北条氏の強固な勢力圏だったので、その意味でもこの地方の安定は不可欠であった。後醍醐は、このような重大な地域の統治を顕家に託したのであった。

陸奥将軍府設置については、大塔宮護良親王《おおとうのみやもりよし》が主導したとする見解と後醍醐が主導したとする見解と、二つの説が並立している。筆者は後者の説を支持する。『神皇正統記《じんのうしょうとうき》』によれば、顕家が何度も辞退したにもかかわらず、後醍醐は顕家を直接召し出してみずから旗の銘を書き、多数の武器を与えて強く命じたという。だが、設置の契機はどうあれ、顕家が奥羽の支配に全力で取り組んだのは疑いないところである。

陸奥将軍府の統治体制が、鎌倉幕府の組織・制度と酷似していたことはよく知られている。将軍府の最高評議機関は八名の「式評定衆《しきひょうじょうしゅう》」によって構成され、その下に各七名で編成される「引付《ひきつけ》」が三番配属し、その他政所執事《まんどころしつじ》・寺社奉行・安堵奉行・侍所《さむらいどころ》などの機関も設置されていた。特に式評定衆に、二階堂行朝《にかいどうゆきとも》・顕行《あきゆき》と二階堂氏から二名が参加したことが注目される。二階堂氏は、鎌倉幕府で源頼朝以来代々政所執事となり、多数の官僚を輩出した一族である。これらの理由で、陸奥将軍府は「奥州小幕府」とも呼ばれている。

さらに筆者は、顕家が袖判下文《そではんくだしぶみ》形式の文書を発給し、奥州の武士に幅広く恩賞充行と所領安堵を行ったことを重視している。現在、こうした顕家の文書が二十通ほど残存している。当時、恩賞充行は後醍醐天皇の綸旨によって行われていた。しかし、東北地方は例外的に、原則として顕家が充行や安堵を行っていたのである。

恩賞充行と所領安堵は、武士の支配の根幹を占める重要な権限である。また袖判下文も、鎌倉時代に北条得宗家や足利家が東北地方の配下の武士に発給していた文書形式である。つまり顕家は、統治機構だけではなく政策や発給文書の形式も前代の武家政権を踏襲し、他国の国司よりもはるかに強大な権限を行使していたのである。

このような体制が採られた最大の理由は、前述したように東北地方が北条氏の所領も被官も多い勢力圏であり、武家の体制を継承することが望ましいと判断されたためであろう。そして当然、これは京都の後醍醐の同意と許可を得ていたと考えられる。

加えて顕家の袖判下文が出された後に、顕家自らが国宣《こくせん》形式の文書を発給してその執行を命じたことも注目できる。現存する文書では、南部師行が執行を命じられた事例が多い。国宣の奉者は、当初は清高《きよたか》という人物であったが、建武三年（一三三六）三月の二度目の奥羽下向以後は有実《ありざね》あるいは範重《のりしげ》に代わった。

鎌倉期の下文には、このように強制執行を命じた例がほとんどない。顕家下文の執行命令は、所領を給付するだけにとどまらず、その実現まで配慮した点で革新的な新政策であったと筆者は考えている。この理念は、室町幕府の執事（管領）施行状《しぎょうじょう》と共通している。

顕家下向直後の十二月、元得宗被官の曽我氏・工藤氏らが北条一門の名越時如《なごえときゆき》を奉じて津軽平賀郡の大光寺城（青森県平川市）に籠もって挙兵した。津軽・外ヶ浜は元来得宗領で、外ヶ浜は足利尊氏が後醍醐より恩賞として拝領していた。

この反乱は長期間におよんだ。北条氏の残党は石川楯《いしかわだて》（青森県弘前市）にも籠城した。石川楯は建武元年（一三三四）六月までに陥落したが、賊徒は持寄城《もちよせ》（同市）で抵抗を続けた。また一方、外ヶ浜では式部卿宮《しきぶきょうのみや》と称する悪党が出現し、安藤家季《あんどういえすえ》もこの地域を不当に占領し、足利方には自分を国方《くにがた》（将軍府）、国方には足利方と称して実効支配を図る始末であった。

同年八月頃には、顕家自らが津軽へ出陣する構想もあったようである。しかし、実際は伊賀盛光《いがもりみつ》や南部師行らが出陣し、十二月までにようやく時如らを降した。以上の戦いを津軽合戦という。この功により、顕家は十二月十七日に従二位に叙されている。

この後、しばらく小康状態が続く。ところが、建武二年（一三三五）七月頃に関東地方で北条時行《ときゆき》が反乱を起こすと（中先代《なかせんだい》の乱）、奥州にもこの乱の影響が及ぶ。将軍府の侍所であった薩摩刑部左衛門入道が顕家を裏切り、時行軍に参加した。津軽山辺郡でもふたたび反乱が起き、南部政長が出陣している。

中先代の乱が起こった頃から顕家の袖判下文が激減し、以降の充行・安堵は大半が陸奥国宣形式の文書で行われるようになる。また、充行を施行する国宣もほぼ消滅する。この変化の理由は不明であるが、本来の公家の文書形式に回帰することで、将軍府独自の姿勢を強く打ち出す試みだったのかもしれない。

なお、父親房は同年十月頃までに京都に戻った模様である。

第一次畿内遠征

中先代の乱は、足利尊氏によって建武二年（一三三五）八月に鎮圧される。ところが、尊氏は鎮圧後も鎌倉に居座った。これを謀叛と解釈した後醍醐天皇は、十一月十九日に新田義貞を大将とする官軍を尊氏討伐のために出陣させる。十二月十一日、これを箱根・竹ノ下で破った尊氏は、東海道を西に向かって京都に攻め上った。

この間、顕家は十一月十二日に鎮守府将軍に任命される。そして十二月二十二日、義良親王を奉じて多賀国府を出発し、尊氏軍を追った。このときの進軍速度は異常に速く、古来より語りぐさとなっている。

足利軍は翌建武三年正月十一日に入京したが、そのわずか二日後の十三日に顕家軍は近江国愛知河宿《えちがわ》（滋賀県愛荘町）に到着した。この間、わずか二十日あまりである。この日、顕家軍は大館幸氏《おおだてゆきうじ》と佐々木六角時信《ろっかくときのぶ》が籠城する観音寺城《かんのんじ》（同近江八幡市）を攻め落としたという。

翌十四日、顕家は東坂本（大津市）の後醍醐の行在所《あんざいしょ》に祇候して天皇と対面する。そして、三日間かけて奥州の大軍を山田《やまだ》・矢橋《やばせ》（滋賀県草津市）から湖上を渡航させ、官軍の士気を大いに上げた。十六日には、尊氏に味方する園城寺《おんじょうじ》を義貞とともに攻撃し、陥落させた。以降しばらく行在所で後醍醐を警備していたようであるが、二十七日に粟田口《あわたぐち》から京都に侵入し、車大路《くるまおおじ》に放火して尊氏の本隊と激戦を繰り広げた。

三十日、形勢が不利となった尊氏は京都を出て、丹波国に撤退した。同日、後醍醐天皇が京都に戻った。二月四日、顕家は右衛門督と検非違使別当を兼ねた。さらに同月、鎮守府大将軍となることを希望し、許可された。

五日、顕家は新田義貞とともに摂津国芥川《あくたがわ》（大阪府高槻市）に出陣した。十一日、豊島河原《てしまがわら》（同箕面市・池田市）で尊氏軍を撃破した。翌十二日、尊氏は敗北を悟り、ついに海路西国へ逃れていった。

二度目の奥州下向

三月二日、顕家は権中納言に任命された。十日、義良親王が元服し、陸奥太守となる。陸奥国は親王

北畠顕家画像　福島県伊達市・霊山神社蔵

任国となったのである。それにともなって、それまで陸奥守であった顕家は陸奥大介となる。そして三月下旬、顕家はふたたび義良親王を奉じて奥州へ下向した。このとき、従来の陸奥・出羽に加え、常陸・下野も新たに将軍府の管轄下に入った。四月十六日には、相模国片瀬川で足利方の斯波《しば》家長《いえなが》の軍勢を打ち破った。

しかし、顕家が畿内に遠征している最中、奥州では磐城の伊賀盛光など、足利方に寝返る武士が続出していた。特に陸奥国小高《おだか》城（福島県南相馬市）を本拠とする相馬《そうま》光胤《みつたね》は、相当の脅威となっていたらしい。そこで顕家は自ら軍勢を率いて小高城を攻め、五月二十四日に攻め落とした。城主光胤以下を戦死させ、相馬氏に大打撃を与えた。顕家が奥州下向の途中に小高城を攻撃したのか、それとも一度陸奥国府に戻ってからだったのかは判然としない。

だが中央では、足利尊氏が勢力を挽回し、九州から再度京都を目指して東に進軍していた。小高城陥落の翌二十五日、著名な摂津国湊川《みなとがわ》の戦いがあり、楠木《くすのき》正成《まさしげ》が戦死した。足利軍はその勢いで京都に攻め上り、比叡山に籠城した後醍醐軍と一進一退の攻防を数ヶ月間続け、次第に優勢となった。八月には光明《こうみょう》天皇が即位して北朝が発足し、十一月には『建武式目《けんむしきもく》』が制定されて室町幕府の陣容が整っていった。

これに連動して、奥州の戦況も思わしくなかったらしい。顕家は八月六日付で南部政長に御教書《みぎょうしょ》を発し、七月十五日に尊氏以下が自害したと虚報を流して督戦しなければならなかった。

それでも顕家は、平安時代に藤原清衡《きよひら》が作成した中尊寺《ちゅうそんじ》建立供養願文《がんもん》を自ら書写し、跋文《ばつぶん》を添える余裕があった。これは十月十五日の出来事で、嘉暦三年（一三二八）八月二十五日に藤原輔方《すけかた》が書写したものをさらに書写したと推定されている。だが十二月十一日には、常陸国における後醍醐方の拠点であった瓜連城《うりづら》（茨城県那珂市）も落城し、戦況はいっそう悪化した。

同月二十一日、尊氏と講和して京都に戻っていた後醍醐天皇が大和国吉野へ亡命し、南朝政権を発足させた。二十五日、後醍醐は勅書を顕家に発し、ふたたび畿内へ遠征することを命じた。

しかし顕家は、それどころではなかった。本拠地の多賀国府さえも維持できなくなり、建武四年（一三三七）正月八日に陸奥国霊山《りょうぜん》（福島県伊達市）に移転せざるをえない状況であった。二十五日に年末の後醍醐の勅書に返答し、天皇の命令をやんわりと断った。それによると、霊山でさえ幕府軍に包囲されていた。また五月にも、霊山の搦め手にまで敵が攻め寄せたことを史料的に確認できる。

第二次畿内遠征

それでも八月十一日、顕家は義良親王を奉じて、二度目の遠征に出発した。一度目と異なり、今回の進軍速度は当初はむしろ異常に遅かった。四ヶ月後の十二月十三日にようやく利根川《とねがわ》に達した体たらくである。

しかし、ここで室町幕府軍を破ると、進軍速度は上がった。十六日に武蔵国安保原《あぼはら》でも幕府軍を撃破し、二十三日には鎌倉を占領した。このとき関東執事斯波家長を討ち取り、足利義詮《よしあきら》を三浦半島へ逐った。鎌倉攻撃以降、新田義興《よしおき》と南朝方に転じた北条時行も顕家軍に参加した。

翌建武五年（一三三八）正月二日には鎌倉を発ち、東海道を西へ向かった。七日、顕家は伊豆国三島《みしま》社に同国安久郷を寄進し、戦勝を祈願した。そして二十八日、美濃国青野原《あおのがはら》（岐阜県大垣市・垂井町）で美濃守護土岐《とき》頼遠《よりとお》らで編成された幕府の大軍と大激戦を繰り広げた。

顕家はこの戦いに勝利した。幕府軍は、一時頼遠の生死が不明となったほどの打撃を受けた。だが顕家軍の消耗も激しく、高師泰《もろやす》・師冬《もろふゆ》が黒血川《くろぢがわ》に敷いた防衛戦を突破できず、伊勢方面に転進した。

このとき、顕家が当時越前国で戦っていた新田義貞と合流しなかったことが、古来より議論となっている。佐藤進一は「（武士を見下す）顕家が功を義貞に奪われることを嫌ったため」とする『太平記』の記述を支持するが、これは深読みだろう。単に南朝の勢力が強い伊勢・大和方面で態勢を立て直そうとしただけであると筆者は考える。

伊勢に転進した顕家は、二月十四日に同国雲出川《くもずがわ》、十六日に櫛田川《くしだがわ》で師泰軍と交戦し、師泰の追撃を振り切った。そして二十一日に奈良に入り、京都侵攻を目指した。このとき、ついに幕府執事高師直が出陣してきた。二十八日、顕家は奈良般若坂《はんにゃざか》（奈良市）で師直軍と激突し、敗北した。この後、一度吉野に撤退し、義良親王を父帝後醍醐に返した模様である。暦応二年（一三三九）八月、後醍醐の死によって義良は即位し、南朝第二代の後村上天皇となった。

話を戻すと、顕家は不屈の闘志で河内国に転進し、三月八日には摂津国天王寺《てんのうじ》（大阪市天王寺区）まで進出して幕府軍と戦って勝利した。この戦いは幕府に衝撃を与えた。敗戦の報に驚いた足利直義が、翌日東寺《とうじ》に着陣したほどであった。場合によっては、直義も自ら出陣する覚悟だったらしい。さらに、顕家の弟顕信が石清水八幡宮《いわしみずはちまんぐう》を占領した。十五日に顕家は摂津国渡辺で戦い、尊氏の従兄弟上杉憲藤《うえすぎのりふじ》・重行《しげゆき》兄弟を戦死させた。そこでふたたび師直が出陣し、翌十六日に阿倍野《あべの》、続いて天王寺で顕家軍と戦い、撃破した。

後醍醐を想っての批判

この後しばらく、両軍の合戦の史料は管見に入らない。ここで古くから有名なのが、五月十五日付で顕家が後醍醐天皇に提出した上奏文である。この上奏文が、建武政権の政策を厳しく批判していることが注目されてきた。南朝に最期まで忠誠を尽くした顕家でさえ、後醍醐の政治はまったく評価していない。そのため、建武政権の悪政を証明する史料としてとらえられてきた。

しかし、この評価も再検討すべきであると筆者は考えている。本上奏文は前欠で、現存分は七ヵ条であるが、その第一条は中央集権体制を批判し、広域地方統治機関の設置を提言する内容である。だが、顕家に言われるまでもなく、建武政権は陸奥将軍府・鎌倉将軍府という広域地方統治機関をすでに設置していた。足利の反乱を招いて失敗に終わった鎌倉将軍府はともかくとして、陸奥将軍府はほかならぬ顕家が運営を主導し、東北地方の旧北条氏の反乱を鎮め、足利尊氏も一度は九州まで敗走させ、今回も室町幕府をさんざん苦しめている。後醍醐は地方分権を否定していなかったのであり、顕家の批判は率直に言ってずれている。

第二条は、減税と支出削減の提言である。元弘の戦乱で疲弊しているにもかかわらず、後醍醐が大内裏《だいだいり》を造営するために増税したことを婉曲的に批判している。増税が人々にとって大きな負担であったのは確かであろうが、室町幕府が後醍醐天皇の霊を弔うために翌暦応二年（一三三九）から造営を開始した天龍寺《てんりゅうじ》も、当時は民力の疲弊を理由に反対する意見が根強かった。しかし、民衆圧迫を根拠に大内裏造営は批判しても、天龍寺造営を同様の理由で批判する意見は管見の限りで皆無である。むしろ、文化面から高く評価するのが主流ではないだろうか。これは不公平であると思う。

第五条は、右と関連して行幸《ぎょうこう》や宴会を控えること、第六条は法令の厳正な執行の要求であるが、この手の批判は古今東西あらゆる政権がよく浴びているものである。残りの条文は、後醍醐が先例や身分秩序を無視し、武士や側近の女官や僧侶に不当に高い権限や政治的発言力を与えたことを批判する内容であるが、裏を返せば硬直した守旧的な体制を打破して実力に応じて大胆な人材起用を図ったとも評価できるわけで、一概に悪とは言えまい。

顕家は、「もし天皇が過ちを改めず、平和を築くことができなければ、官を辞職して山中に籠もる」と激しい調子で上奏を終える。彼が真剣に後醍醐のためを想って苦言を呈したのは紛れもない事実であるが、それと建武政権の実際の評価はまた別問題で、区別して考えるべきである。

顕家の戦死

上奏を後醍醐に提出した七日後の建武五年（一三三八）五月二十二日、顕家は高師直軍に和泉国堺浦（大阪府堺市）で決戦を挑んだ。戦後、尊氏の母上杉清子がこの戦いで船が六艘焼けて沈んだと書状で述べており、海上でも戦いが行われるほど大規模な戦闘だったらしい。この戦いで、南部師行ら顕家に一貫して従ってきた忠臣たちとともに、顕家は戦死した。享年二十一。

北畠顕家の供養塔　大阪府堺市

現在、顕家が戦死したと伝わる場所に顕家の供養塔が建つ。大阪市阿倍野区の北畠公園には顕家の墓があるが、これは享保年間（一七二〇年頃）に並河誠所《なみかわせいしょ》が建てたものである。さらに、明治時代に建てられた阿倍野神社は親房―顕家父子を祀っている。

顕家の陸奥将軍府の統治は一定の成果があり、奥羽地方に建武政権の基盤を確立することに成功したと評価できるであろう。顕家戦死後も、父親房や弟顕信が南朝の公家武人として室町幕府と戦い続けるが、その詳細は別項に譲る。

（亀田俊和）

【主要参考文献】

伊藤喜良「建武政権試論―成立過程を中心として―」（同『中世国家と東国・奥羽』校倉書房、一九九九年、初出一九九八年）
大島延次郎『北畠顕家―奥州を席捲した南朝の貴族将軍―』（戎光祥出版、二〇一四年、初出一九六七年）
岡野友彦『北畠親房―大日本は神国なり―』（ミネルヴァ書房、二〇〇九年）
佐藤進一『南北朝の動乱』（中央公論社、一九七四年、初出一九六五年）
亀田俊和「鎌倉幕府下文・下知状施行状の基礎的研究」（同『室町幕府管領施行システムの研究』思文閣出版、二〇一三年、初出二〇一〇年）
亀田俊和「陸奥将軍府恩賞充行制度の研究」（右所掲著書、初出二〇一一年）
亀田俊和『征夷大将軍・護良親王』（戎光祥出版、二〇一七年）
鈴木由美「中先代の乱に関する基礎的考察」（阿部猛編『中世の支配と民衆』同成社、二〇〇七年）
豊田武・遠藤巖・入間田宣夫「東北地方における北条氏の旧領」（『日本文化研究所研究報告』別巻七、一九七〇年）

伊達行朝――北畠顕家とともに転戦した奥州軍の中心

行朝の出自

　東北の大名として殊に有名な伊達《だて》一族。戦国時代、分国法《ぶんこくほう》「塵芥集《じんかいしゅう》」を作ったことで知られる稙宗《たねむね》、「奥州管領《おうしゅうかんれい》」となった晴宗《はるむね》、なかでも、戦国時代の終わりに活躍し、「独眼竜《どくがんりゅう》」の異名をとった初代仙台藩主伊達政宗《まさむね》は、東北の英雄と言っても過言ではない。その伊達一族にあって、南北朝の動乱において惣領《そうりょう》となり、奥州での南朝方の第一人者として活躍した人物こそ、伊達行朝《ゆきとも》である。そして彼こそが、伊達氏繁栄の礎を作ったのである。

　伊達氏の始祖は、常陸入道念西《ねんさい》という人物である。念西（一説には朝宗《ともむね》とも）は、はじめ常陸国伊佐《いさの》庄中村《しょうなかむら》に住み、「伊佐」や「中村」とも称した。文治五年（一一八九）、源頼朝による奥州藤原氏攻めの際、念西の子息らが戦功をあげたことにより、恩賞として陸奥国伊達郡の地頭職を与えられ、念西らはここに移住し、伊達氏を称したとされている。ただし、鎌倉時代における伊達氏の活動は、史料に乏しく明瞭ではない。

　伊達氏の事績をたどるうえでは、元禄十六年（一七〇三）頃に、四代目仙台藩主伊達綱村《つなむら》が編さんさ

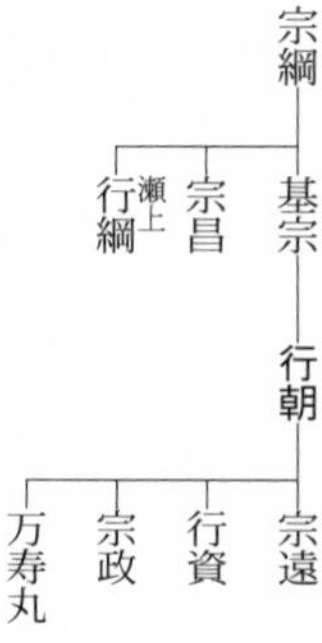

伊達氏略系図

せた、伊達氏の始祖の事績をまとめる『伊達《だて》出自《しゅつじ》正統《せいとう》世次考《せじこう》』（以下『世次考』）が参考になる。『世次考』は一つの編纂物であり、同時代に書かれた一次史料とは分けて考えなければならないが、鎌倉期以降の伊達氏の事績については、これに拠るものが多い。

さて、伊達行朝である。生年は正応四年（一二九一）とされる。父は伊達基宗《もとむね》。基宗の事績については史料に乏しくほとんどわかっていない。『世次考』等には、行朝は「行宗《ゆきむね》」という名でも記されていて、行朝が最終的に行宗と名を改めた可能性が指摘されている。しかし、確実な史料をみると、彼の死後に至るまで「行朝」としかなく、「行宗」を名乗った形跡はない。「宗」の字がその後の伊達氏の通字となることから、「行宗」という名前は後世になって敷衍して付けられたものであろう。

元弘元年（一三三一）、後醍醐天皇が鎌倉幕府に反旗を翻し、笠置山《かさぎやま》（京都府笠置町）で挙兵する。これに対し鎌倉幕府は、鎌倉から大軍を上洛させる。『太平記《たいへいき》』（第三巻、以下『太平記』の記述によるものは巻数のみを記す）は、上洛する幕府軍の軍勢のなかに「伊達入道」の名を記している。具体的な人名は不明であるが、おそらく奥州伊達氏の一族だと考えられ、当初は伊達氏も鎌倉幕府御家人として従軍していたとみられる。しかし、鎌倉幕府の滅亡の過程における伊達氏の動向は定かではない。

行朝の動向が知られるのは、元弘三年の幕府滅亡以後である。行朝の年齢はすでに四十代になっていて、伊達氏の惣領となっていたとみられる。討幕戦における行朝の動向は定かではないが、同じ奥州に所領をもつ武士である白河結城《しらかわゆうき》氏は、元弘三年三月付けで護良《もりよし》親王からの令旨《りょうじ》をうけ、さらに四月中には後醍醐天皇の綸旨と、足利尊氏（当時は高氏）からの軍勢催促もうけていて、一族をあげ討幕戦で軍功をあげていた。このときに結城宗広《むねひろ》が出した請文《うけぶみ》によると、結城一族は「京都・鎌倉・奥州」において軍忠を果たしたというから（「結城家文書」）、北条家の被官が多く存在した奥州でも、幕府方勢力と後醍醐方勢力との間でなにかしらの戦いがあったことがうかがえる。おそらくは行朝も、この戦いで後醍醐方としてしかるべき軍功を挙げたのではないだろうか。なぜならば、行朝がその後、建武政権下における陸奥将軍府の中で、かなり高い地位を与えられるからである。

陸奥将軍府下での行朝

元弘三年（一三三三）八月、北畠顕家が陸奥守となり、後醍醐天皇の皇子義良《のりよし》親王を奉じて奥州に下ることになった。そして十一月二十九日、顕家らは陸奥国府（宮城県）に入城する。いわゆる「陸奥《むつ》将軍府《しょうぐんふ》」の成立である。陸奥将軍府は義良親王のもと、陸奥守北畠顕家を中核として、首脳部である式評定衆《しきひょうじょうしゅう》、そしてその下に引付《ひきつけ》・諸奉行以下を置くものであり、「奥州小幕府」ともいえる組織であった。

この陸奥将軍府の最高機関として存在したのが、八人からなる式評定衆であった。「建武年間記」（建武政権下で出された法令や組織をまとめたもの）によれば、この八人の内訳は、北畠氏の縁者三人（冷泉《れいぜい》家房《いえふさ》・藤原英房《ふじわらひでふさ》・内蔵権頭《くらごんのかみ》入道元覚《げんかく》）と元鎌倉幕府官僚（二階堂行珍《にかいどうぎょうちん》・二階堂顕行《あきゆき》）、そして奥州の武士（結城宗広・結城親朝《ちかとも》・伊達行朝）で構成されていた。先述したように、結城一族に対しては早くから後醍醐天皇綸旨が出されていたから、陸奥将軍府にとっては最重要人物だったといえよう。行朝は、その結城氏と肩を並べる、結城氏以外では唯一の奥州武士であったのだ。具体的な史料こそ残されてはいないが、行朝は宗広らと同じく、早くから建武政権が頼りにする人物だったといえるだろう。

建武元年（一三三四）七月、行朝は陸奥国糠部郡七戸内工藤右近将監跡を宛行われている（「南部家文書」）。糠部郡は鎌倉時代には北条得宗家の所領であり、工藤右近将監も得宗被官だったから、これは討幕戦での勲功とみられる。しかし、この所領を知行するにあたっては、「本主の子孫」と名乗るものたちによって妨害されていて、同年九月に再び陸奥国国宣《こくせん》が出され、所領を引き渡すことが徹底されることになる（「南部家文書」）。こうした旧領主らの反抗や所領問題は奥州各地で発生しており、陸奥将軍府による奥州支配は、一筋縄ではいかない状況にあったのである。

足利尊氏の反旗と行朝の転戦

後醍醐天皇による新しい政権は長続きせず、時代の情勢はめまぐるしく変わっていく。建武二年（一三三五）七月、北条高時《たかとき》の遺児北条時行《ときゆき》が信濃国で挙兵し、建武政権下の鎌倉へ進軍していった。

「中先代《なかせんだい》の乱」である。この北条家残党の戦いは、中心地となった鎌倉だけではなく、各地に飛び火していくことになった。北条得宗家の所領が多かった奥州においても、時行の挙兵に加わる勢力があったのである。このうち行朝は、八月に起こった伊達郡長倉《ながくら》（福島県伊達市）での合戦で活躍をみせてこれを平定し、勲功の賞として奥州高野郡北の地を宛行われている（「結城古文書写」）。しかし、この土地の知行をめぐっては、後に結城氏と争うことになる。

奥州では、行朝らの活躍によって北条家残党の蜂起は平定されていったようだが、鎌倉では時行が足利直義を追い出して勢いを得ていた。これに対し、足利尊氏が建武政権の制止を振り切る形で鎌倉へ下り、時行軍を制圧する。そして尊氏は、後醍醐の帰京命令に従わず、ついには建武政権に反旗を翻すのである。建武二年十一月、尊氏追討のため新田義貞《にったよしさだ》の軍勢が鎌倉に下るが、箱根・竹ノ下の戦いで義貞軍は敗北し西走、尊氏軍はこれを追って西上していく。

この事態をうけ、建武二年十二月、北畠顕家をはじめとした奥州軍が尊氏追討のため進軍を開始する。『太平記』（第十五巻）では、顕家の軍勢のなかに結城宗広らの名前とともに「伊達・信夫《しのぶ》の者ども」の名を記している。おそらく、この軍勢に行朝も同道したものとみられる。翌建武三年正月、京都に攻め入った奥州軍は、足利方と激しく戦いこれを西国に追い落とし、一時期占拠された京都を奪還することに成功する。こうして、顕家ら奥州軍の武名は轟いたのである。奥州軍は翌月には奥州へ帰国することになるが、この凱旋は容易な道のりではなかった。この間に東国では足利方となる諸氏が多く出ていて、奥州軍はそれらと幾度も合戦をくり広げている。特に五月には、奥州軍は常陸国で足利方の拠点ともなっていた相馬《そうま》氏の守る陸奥国行方《なめかた》郡小高《おだか》城（福島県南相馬市）を攻め落としている（「相馬文書」）。

顕家らの奥州への帰国後も、陸奥将軍府は各地における足利方勢力の挙兵に対応せざるをえなくなっている。とりわけ、佐竹義篤《さたけよしあつ》をはじめとした常陸北部の勢力の働きにより、延元元年（建武三年が二月に改元、一三三六）十二月、後醍醐方の重要拠点であった瓜連《うりづら》城（茨城県那珂市）が落城している（「飯野文書」）。そのため翌年正月、陸奥国府の防御性を危険視した義良親王・北畠顕家らは、険峻な地である伊達郡霊山《りょうぜん》城（福島県伊達市）に移っている。いわずもがな伊達郡は、行朝ら伊達氏の本拠地であり、これは顕家らが行朝の勢力を頼っての行動だったとみられるから、行朝の面目躍如といったところだったろう。しばらく顕家らは霊山城を拠点とし、各地の足利方勢力と戦いをくり広げていく。四月には安達郡五百河《ごひゃくがわ》（同郡山市）で、伊達や田村《たむら》の軍勢が足利方と合戦を行っていることが知られる（「結城古文書写」）。

一方京都では、西国で勢力を盛り返した尊氏が、建武三年四月には再度上洛の構えをみせる。尊氏は持明院統《じみょういんとう》の光厳《こうごん》上皇を担いで京都にせまり、五月二十二日に摂津湊川《みなとがわ》の戦いで後醍醐軍を破った。劣勢に立った後醍醐天皇は比叡山に立ち退き、京都に入った尊氏は光厳上皇の弟を新たな天皇として即位させた（光明《こうみょう》天皇、持明院統の流れを北朝と称する）。十月、後醍醐はついに降伏し京都へ還幸《かんこう》するが、十二月には吉野に逃れてここを政権の拠点とした（南朝の成立）。ここにおいて後醍醐は、かつて尊氏軍を西国に追いやる活躍をみせた奥州軍の上洛を激しく求めていくのである。

後醍醐からの矢継ぎ早の要求をうけた顕家は、延元二年（一三三七）八月十一日に霊山城を発ち、再び上洛の兵を起こす。その軍勢の中には行朝の姿もあった。途中、下野国宇都宮（宇都宮市）で、足利方の芳賀禅可《はがぜんか》を、「伊達・信夫」の軍勢が攻めている（第十九巻）。関東各地ではすでに足利方の勢力が強く、奥州軍はこれと戦いながら西上し、ようやく翌年の正月になって美濃国まで到達する。そして、青野原（岐阜県大垣市・垂井町）において足利軍と大激戦をくり広げ、これを制した奥州軍は、伊勢国を経由して吉野方面へと軍を進めていく。この進軍中、鈴鹿関《すずかのせき》（三重県鈴鹿市）を越える際に行朝は歌を詠んでいる。

鈴鹿山　いさ関越えて　思ふこと　成りもならすも　神に祈らむ（『新千載集《しんせんざいしゅう》』）

奥州軍の進軍のなかで、行朝の動向が唯一知られるのが右の歌である。歌人としての素養も備えていた行朝は、その生涯のなかでいくつかの歌を残している。この歌は和歌の名所として名高い鈴鹿山を通行するのに際し、行く末のわからない状況下における感慨を詠んだものである。めまぐるしく変転していく状況のなか、行朝は今後のゆくえを「神に祈」ることしかできなかったのだろう。

しかし、彼らの行く末は多難だった。転戦を続けた奥州軍は、延元三年五月二十二日、高師直の率いる足利方に敗戦を喫し、顕家は戦死を遂げる。この戦いにおける行朝の動向はわからない。顕家の戦死後はおそらく吉野に逃れ、再起の時を待っていたとみられる。そして同年九月、南朝は義良親王と、顕家の父で南朝重臣の北畠親房を奥州へ下し、新たに南朝方を再建するという乾坤一擲《けんこんいってき》の策に出る。これに行朝も同道し、親房らとともに伊勢国大湊（三重県伊勢市）より「兵船五百余艘」（第二十巻）で奥州へ向けて出帆する。ところが、南朝方の再起をかけた船出は、折からの大風によって散り散りとなってしまう。義良親王らは伊勢国に吹き戻され、相模国や安房国に漂着したものたちはことごとく足利方に討たれてしまった（『鶴岡社務記録《つるがおかしゃむきろく》』）。そのなかで北畠親房らの船団のみが、ようやく常陸国までたどり着いた。行朝もそのなかの一人だった。

常陸国伊佐城を拠点とする

常陸国に着いた北畠親房は、神宮寺城《じんぐうじ》（茨城県稲敷市）、阿波崎城《あばさき》（同稲敷市）を経て、小田治久《おだはるひさ》のいる小田城（同つくば市）に入った。一方の行朝は、小田城の北方に位置する伊佐城《いさ》（同筑西市）に入ったらしい。最初に述べたように、常陸国伊佐庄は伊達氏の祖である念西がもともと拠点としていた場所であり、行朝の代に至っても深い繋がりを有していたのだろう。行朝はしばらくここを拠点として活動していく。『新拾遺集《しんしゅういしゅう》』には、行朝が常陸国にいたときに詠んだという歌を収録している。

かりそめと　思ひし程に　つくはねの（筑波峯）　すそわの田ゐも（裾廻）　住馴にけり（『新拾遺集』）

右の歌からは、一時のことと思ったものの、思いのほか長く常陸国に滞在しているという行朝の感慨をうかがうことができる。行朝は伊達郡へ帰還することを望んだが、動乱の情勢は行朝を常陸国に足止めせざるをえない状況だったのである。

一方で、このころの行朝の動向は、常陸国での合戦ではなく、訴訟という形で残されている。延元四年（一三三九）七月、行朝は陸奥国高野郡北方の地について、建武二年の長倉合戦における恩賞として拝領したにもかかわらず知行できていないことを、北畠親房へ訴え、しっかりと引き渡しを遂行するよう求めている（「結城古文書写」）。しかし、これは裁定する親房にとっては頭の痛い問題だった。あろうことか、その行朝拝領地を渡さない人物が、奥州で親房が最も頼みとする結城親朝だったからだ。

高野郡については、一度目に顕家ら奥州軍が上洛を果たした延元元年五月に、勲功の賞として後醍醐天皇綸旨でもって親朝に与えられていたのである（「磐城鹿島神社文書」）。結局、親房は親朝に対して所領を引き渡すように求めていく。延元四年九月には、親朝に宛てた書状のなかで「且彼朝臣并一族等忠節異他候（行朝とその一族の南朝方へ対する忠節はこのうえないのだから）」と、意を汲むように求めている（「相楽結城文書」）。この問題は、高野郡の一部について、伊達為景《ためかげ》という人物と結城氏との間で所領の交換がなされることで解決が図られていく（「結城家蔵文書」）。このように、南朝方勢力内においても所領問題が生じていて、彼らも一枚岩とはいかなかった。行朝としても、自らの功績を維持するためには、同陣営の親朝であろうと妥協は許さなかったのである。

また、このころになると、伊達一族の中でも足利方に降るものも出ていた。建武五年（延元三年、一三三八）、伊達政長《まさなが》という人物が足利方に降り、尊氏の下文《くだしぶみ》によって当知行地の半分を安堵されてい

伊佐城跡　茨城県筑西市

る（「桑折伊達文書」）。康永二年（興国四年、一三四三）には、尊氏は結城一族や伊達一族に対し、足利方に味方をするようにと働きかけ、南朝勢力の切り崩し工作を行っている（「甲斐結城文書」）。

この後、行朝自身がいかなる戦いに従事し、どのような活動をみせたのか、史料から明確にうかがうことはできない。そのまま伊佐城に留まったのか、あるいは伊達郡に帰還したのかも定かではない。『関《かん》城書《じょうしょ》』と呼ばれる北畠親房書状では、興国二年の段階で「伊佐城は行朝が守っているので堅固である」としているから、伊佐に在城を続けていたのかもしれない（ただし、『関城書』の信ぴょう性について疑問視する意見もある）。

一方で親房が結城親朝に宛てて出した多くの書状のなかには、奥州において南朝方として戦っている伊達一族の様子がうかがえる。そのなかでも一族の中心人物となっていたのは「伊達飛騨前司宗顕《むねあき》」である。この宗顕は、行朝の子「宗遠《むねとお》」と同一人物とみられている。宗遠（宗顕）の生年は元亨三年（一三二三）とされているから（『世次考』）、このころ十代後半から二十代前半の時期にあたり、行朝不在の伊達郡において、行朝の代わりとして活動していたとしてもおかしくはない。

しかし、北畠親房や伊達行朝・宗顕らの活動もむなしく、興国年間には南朝方の劣勢は必至となる。

興国二年（一三四一）十一月、小田城の小田治久が足利方に降り、親房は関城（茨城県筑西市）に逃れている。同四年八月には結城親朝も足利方に降っている。そして同年十一月、足利方の高師冬《もろふゆ》率いる大軍が、関・大宝城《だいほう》（同筑西市）をはじめとする南朝方勢力に総攻撃を仕掛ける。南朝方の奮戦むなしく、関・大宝城に続き伊佐城も落城し、ここに常陸国における南朝方の拠点は陥落し、親房は吉野へと帰還するのであった。

行朝のゆくえをめぐって

では、行朝はどうなったのだろうか。行朝の死去は、伊佐城落城から五年後の正平三年（貞和四年、一三四八）であったとされる。しかし、行朝がその人生の最期まで南朝方だったのか、どこかのタイミングで足利方に降ったのかは定かではない。興国四年（一三四三）の伊佐城の陥落を記す軍忠状《ぐんちゅうじょう》のなかには、「伊佐城御敵降参」と記すものがあり（「税所文書」）、江戸時代に編纂された『大日本史』以来、行朝もこのとき足利方に降ったとされていた。しかし明治時代になって、元仙台藩士で、後に国語学者としても著名となる大槻文彦《おおつきふみひこ》が、著書『伊達行朝勤王事歴』のなかで、興国年間以後、伊佐城に行朝が在城していた形跡がなく（なお、大槻は先述の『関城書』は偽文書とする立場である）、行朝は伊達郡に帰還し、最期まで南朝方として戦っていたとしたのである。

年未詳八月六日吉良貞家書状（「鎌倉市中央図書館所蔵文書」）は、伊達郡東昌寺《とうしょうじ》の住持職《じゅうじ》をめぐる問答を伝えたもので、伊達行朝の子息万寿丸《まんじゅまる》とその代官伊達宗政《むねまさ》という人物が、足利方の貞家に対して請文を捧げたとする。この文書には「伊達宮内大輔行朝者死去」とみえているから、年代は正平三年以後となり、さらに貞家の花押《かおう》の形から観応二年（正平六、一三五二）以前のものと考えられる。つまり、この史料を見る限り、行朝死去の前後に、行朝の子息万寿丸らが足利方に降っていたのである。ただし、行朝の死をうけて、彼らが足利方に降ったという可能性も残り、行朝自身は最期まで南朝方にあった可能性も否定はできない。ただいずれにせよ、政治情勢の変化のなかで、伊達一族の多くが足利方に降っていったのは間違いない。

しかしながら、伊達一族のすべてがこのとき足利方に降っていたわけではなかった。先にみた伊達宗遠は、正平九年（文和三、一三五四）に至るまで南朝方として存在していたのである。そしてこののち、伊達氏の惣領となり、奥州における伊達氏の立場を確立したのも宗遠だった。一方、足利方に降った万寿丸の活動は定かではない。宗遠との家督争いに敗れ、没落していった可能性も指摘されている。

南朝方として数々の修羅場を潜り抜けた伊達行朝の跡は、同じく南朝方として戦い抜いた宗遠に継承されていくのである。

（駒見敬祐）

【主要参考文献】

『桑折町史　第1巻　通史編（1）』（桑折町、二〇〇二年）
大槻文彦『伊達行朝勤王事歴』（一九〇〇年）
高橋富雄『陸奥伊達一族』（吉川弘文館、二〇一六年。初出は一九八七年）

結城宗広・親朝・親光

——信任厚い南奥の名門

変転する評価

南北朝動乱における華々しい活躍ぶりに反し、この三人ほど同時代や後世において評価が変転し、毀《き》誉《よ》褒貶《ほうへん》が激しい一族はあまりいないだろう。南朝方として著しい活躍をみせるが、『太平記』において地獄に堕ちたと描かれる結《ゆう》城《き》宗広《むねひろ》。宗広の次男で、建武政権下で後醍醐天皇の寵愛をうけ、千種忠顕《ちぐさただあき》・楠木正成・名《な》和《わ》長年《ながとし》とならび「三木一草《さんぼくいっそう》」と揶揄された結城親光《ちかみつ》。彼らは同時代での評判は芳しくないものの、南朝が正統と評価された戦前期には「忠臣」ともてはやされた。一方で、宗広の長男である結城親朝《ちかとも》は、南朝方として活躍をみせるも、最終的に北朝方へ転じたことにより、後世に「不忠者」と酷評された。だが彼ら三人は、動乱を懸命に戦い抜き、それぞれの思惑からその立場を貫いた、南北朝期の武士の生き様を象徴しているのである。

当該期の人物を語るうえで、白河結城氏は史料に恵まれた一族である。白河結城氏に関する文書は、中世のものだけで八百点を超え、そのうち南北朝期に結城宗広が受けた、後醍醐天皇など南朝方勢力からの数々の文書や、親朝が北畠親房からうけたおびただしい数の文書は、白河結城家文書のなかでも最も注目される部分である。

　そもそも白河結城氏とは、下総結城氏の庶子家として、鎌倉時代の後期に分流した一族である。下総結城氏の初代である結城朝光《ともみつ》は、鎌倉幕府草創期の中心的な御家人だった。その朝光が、文治五年（一一八九）の奥州合戦の恩賞として白河郡を与えられ、朝光の子朝広《ともひろ》が、下総結城氏の家督を嫡男広《ひろ》綱《つな》に譲ったのちに、庶子祐広《すけひろ》と共に白河郡に移り住み、これが白河結城氏の祖となったのである。その祐広の嫡子が、宗広であった。

討幕への動き

　他の多くの氏族もそうであったように、もともとは白河結城氏も鎌倉幕府の中枢部とつながる御家人だった。下総結城氏の庶子家であった白河結城氏は、得宗家に近づくことで奥州での立場を確立しようとしていた。宗広は文永三年（一二六六）の生まれとされるから、元服は一二八〇年頃と考えられ、とすれば「宗」の字は、時の北条家得宗、北条時宗《ときむね》からの偏諱《へんき》だった可能性も考えられる。

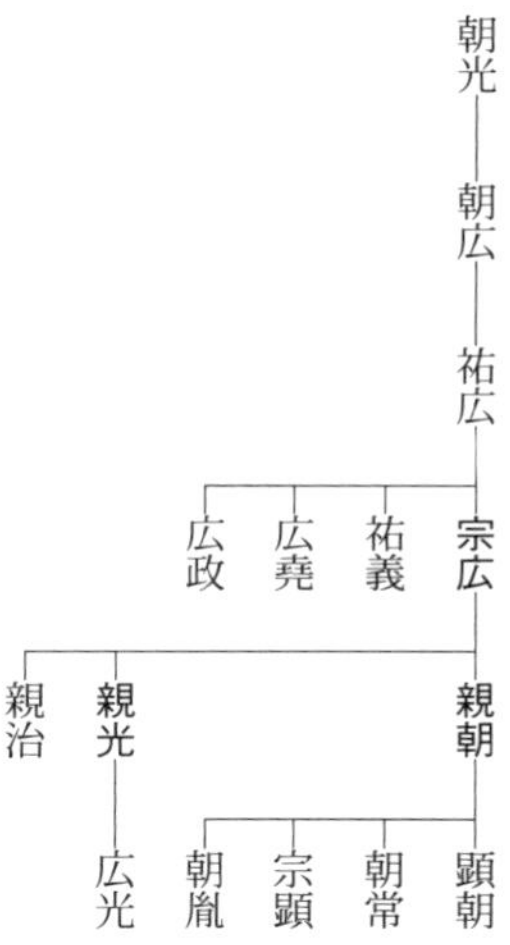

結城氏略系図

　正中元年（一三二四）九月、宗広は鎌倉で「当今《とうぎん》御謀叛《ごむほん》」、つまり後醍醐天皇が幕府に対し反旗を翻したという情報を、京都からの早馬によって知り、それを奥州の親朝に伝えている（「藤島神社所蔵文書」）。後醍醐天皇の討幕運動の第一となるいわゆる、「正中の変」である。これが大きな火種となり、宗広自身も深く関わっていくことになるとは、この段階では予想もしなかったであろう。

元徳三年（一三三一）五月、後醍醐天皇の〝謀叛〟が再び露見する。これにより、討幕の中心的人物だった日野俊基《ひのとしもと》が捕らえられ斬首となった。また、幕府調伏《ちょうぶく》の祈祷を行っていた咎として、後醍醐天皇側近の僧侶、文観《もんかん》・円観《えんかん》らが捕らえられ、文観は硫黄島《いおうじま》へ流罪となった。『太平記』（第二巻）によると、円観は遠流《おんる》となるところを宥められ、宗広に預けられて奥州へ配流《はいる》となったという。真偽は定かではないが、この時点では、宗広は鎌倉幕府にとって奥州の重要人物とみられていたのだろう。

しかし、事はこれで終わりではなかった。同年八月、後醍醐天皇が京都を脱し笠置山に籠もり、幕府への反旗の兵を挙げる。「元弘の変」の勃発である。幕府はすぐさま大軍を上洛させる。『太平記』（第三巻）によれば、宗広もその一員として上洛の途についている。この上洛戦は、同年九月に笠置が陥落し、後醍醐は捕らえられ、翌年三月に隠岐へと配流されることで決着がついた。だが、一度火の着いた討幕の火種は、後醍醐の皇子護良親王と河内国の楠木正成を中心として、畿内一帯にかけてくすぶり続けていく。

元弘二年（一三三二）九月、幕府は再び反幕府勢力の追討のために軍勢を上洛させる。白河結城氏では、今度は宗広ではなく、宗広の次男親光が上洛する。しかし、この軍勢は苦戦を強いられることになる。翌元弘三年三月、後醍醐が隠岐を脱出し、伯耆国船上山《せんじょうさん》（鳥取県琴浦町）に籠もるなど、後醍醐方の勢力がその勢いを増していくと、幕府は再び追討軍として名越高家《なごえたかいえ》と足利高氏（後に尊氏、以下尊氏に統一）を大将とする軍勢を派遣する。

こうして後醍醐方と渡り合う幕府軍のなかで、次第にその態度を翻すものたちが増えていった。それを促した一つが、護良親王による参戦をよびかける令旨であった。

こうした令旨は、護良親王軍と対峙した幕府方の勢力が、その戦場で受け取ることで、各地に拡散されていったと考えられている。白河結城氏のもとにも、三月十五日付けの護良親王令旨が伝わっている（「結城家文書」以下「結城」）。宛先は宗広であるが、後に出された宗広の請文《うけぶみ》によれば、宗広のもとに届いたのは四月二日のことだったという（「結城」）。おそらくこの令旨を最初に手にしたのは、京都で戦っていた親光だっただろう。その親光は四月上旬には後醍醐方に転じている。さらに四月一日には、後醍醐天皇の綸旨が宗広に対して出されるところとなる（「結城神社文書」以下「結城神社」）。

四月下旬、幕府軍の大将として上洛した足利尊氏が、態度を翻し

結城宗広銅像　福島県白河市・関川寺

て後醍醐方に参じた。尊氏も各地の勢力に後醍醐方に参じるように働きかけを行っていて、宗広のもとにも、四月二十七日付けで軍勢催促状が出されている（「結城」）。尊氏軍は京都の六波羅探題を攻め、五月七日、これを滅亡させる。

五月八日、関東において新田義貞が挙兵し、鎌倉へ進軍する。幕府は討伐軍を派遣するが武蔵国分倍《ぶばい》河原《がわら》（東京都府中市）で大敗。十八日には義貞軍は鎌倉へ攻め込む。同年六月九日の宗広請文によれば、この十八日に至って、宗広は幕府を見限って新田軍に参じる（「結城」）。先述したように、四月二日には護良親王の令旨を手にしていたのだから、宗広はギリギリまで判断を保留していたとみられる。しかし、いよいよ幕府の滅亡必至という状況になり、後醍醐方へ参じたのである。

奥州にいた親朝にも、四月十七日付けの後醍醐天皇綸旨が出されていた（「結城神社」）。奥州での幕府方と後醍醐方との戦いについての明確な史料はないが、得宗領が多かった奥州でも、両軍の争いがくり広げられていたとみられる。後に宗広が建武政権に対して提出した請文では、一族は「京都・鎌倉・奥州において」軍忠を尽くしたと申告している（「結城」）。

さて、宗広が後醍醐天皇の綸旨や足利尊氏の軍勢催促状を受け取ったのは、鎌倉幕府が滅亡した後の、六月三日だったという（「結城」）。戦乱で書状の伝達が著しく遅れたためだろうか。そうだとすると、宗広が鎌倉幕府を離反したきっかけは、必ずしも後醍醐天皇綸旨を得たことだったわけではなく、情勢を見極めたうえでの判断だったといえる。もちろん、いち早く後醍醐方に参じた次男の親光と何らかの連絡をとっていたとも想定されるから、京都においても情勢が変化していることは感じていたに違いない。

いずれにせよ、こうして最終的に白河結城一族は、京都で親光が、鎌倉で宗広が、奥州で親朝が、討幕に際しそれぞれ働きをみせた。この活躍をうけ、一族は建武政権下で重要な役割を期待されることとなる。

後醍醐の寵臣・結城親光

建武政権下において、親光は後醍醐天皇の寵臣として近侍する。親光は白河結城氏ではいち早く後醍醐方に味方し、後醍醐の京都還御を実現させる原動力となった。後醍醐近臣の「三木一草」の一人としてその名は著名だが、残された史料は多くない。

親光は建武政権下の諸機関のなかで、恩賞方《おんしょうがた》（一番）・雑訴決断所《ざっそけつだんしょ》（六番）・窪所《くぼどころ》（建武政権の親衛隊）のそれぞれ職員として取り立てられていた。また、親光は「大田大夫判官」と記されているから、検非違使《けびいし》にも任ぜられていた。窪所といい検非違使といい、親光には京都周辺の警備など軍事的な役割が期待されていたといえる。

『太平記』によって親光の動向をみてみよう。鎌倉幕府滅亡後の元弘四年（一三三四）春、内裏で「天下安鎮法《てんかあんちんほう》」が催された。その際に、内裏四門の警固を、楠木正成・佐々木高貞《たかさだ》・名和長年と親光で行っている（第十二巻）。また同年十月、護良親王が後醍醐天皇の勅勘をうけた際には、親光は長年とともに親王の捕縛を行っている（同）。さらに翌年の秋、西園寺公宗の謀叛が露見し、この追討を行ったのも親光と長年だった（第十三巻）。これらの働きをみても、親光の後醍醐親衛隊としての役割がみてとれる。

親光の抜擢は、後醍醐天皇あってのものだった。足利尊氏の反旗によって建武政権が危機に瀕すると、親光は尊氏暗殺を謀る。建武二年（一三三五）十二月、建武政権が派遣した新田義貞を中心とする軍勢が箱根・竹ノ下の戦いで足利軍に敗戦し、足利軍は翌年正月に京都へ向け進軍する。『太平記』（第十四巻）には、「親光討死の事」との章段を設け、親光の最期を詳しく記している。建武三年正月十一日、ついに尊氏が上洛を果たすと、親光は尊氏を京都で迎えて降参を申し出る。この行動は、尊氏に近づいてこれを討ち果たそうとする親光の計略だった。しかし、これを怪しんだ尊氏は、大友貞載を遣わす。貞載は親光に「降参をするならば武具を脱げ」と命じたところ、親光は計略が見破られたことを悟り、貞載を刺し殺し、自身も大友の軍勢に討ち取られるのである。

親光戦死の様子は『太平記』に拠るしかないが、その死の事実は確かである。同年正月十三日、後醍醐方の重臣北畠親房は、奥州から北畠顕家軍に属し上洛途上にあった結城宗広への書状のなかで、親光の「忠節」を賞し、その死を悼んでいる（「結城」）。

陸奥将軍府の一員として

話を建武政権の成立時に戻そう。元弘三年（一三三三）八月、北畠顕家が陸奥守となり、後醍醐天皇の皇子義良親王を奉じて奥州に下ることとなる。いわゆる「陸奥将軍府」である。後醍醐は顕家の奥州下向に先立ち、しかるべく奉公するよう宗広に事書《ことがき》を発している（「結城」）。このことは陸奥将軍府の成立段階において、宗広がその中核として期待されていたことを示す。そして義良親王・北畠顕家は、同年十一月に多賀国府に入城する。

こうして成立した陸奥将軍府において、最高機関として存在したのが式評定衆であった。「建武年間記」（建武政権下で出された法令や組織をまとめたもの）によれば、式評定衆八人のうち、奥州の武士としてはわずかに結城宗広・親朝の親子と伊達行朝の三人だけであったから、白河結城一族に対する期待の高さがうかがえる。さらに宗広は、元弘四年正月十八日、後醍醐天皇綸旨で結城一族の惣領職を与えられている（「結城」）。先に述べたように、もともと白河結城氏は下総結城氏の庶子家にすぎなかった。しかし、下総結城氏の当主朝祐は、鎌倉幕府討幕に積極的ではなかったことから、宗広が結城氏の惣領として取り立てられることとなったのである。

尊氏が建武政権を離反し、箱根・竹ノ下で新田義貞を破り上洛のかまえをみせると、後醍醐は陸奥将軍府に上洛して尊氏を討ち果たすよう命じ、建武二年（一三三五）十二月、北畠顕家を大将とする軍勢が西上を開始する。この軍勢には宗広や親朝も同道していた。奥州軍は足利軍が京都を制圧した直後の建武三年正月十三日には近江国愛智川（滋賀県愛荘町）に着陣して京都をうかがい、月末には足利軍を京都から西国に追う働きをみせる。

この戦いの勲功として、宗広は参内し、後醍醐天皇から〝鬼丸《おにまる》〟という宝刀を賜る（「結城」）。また親朝は、同年三月に下野国守護職を与えられている（「結城」）。こうして奥州軍は大きな戦果を挙げ、三月の下旬には奥州への帰路についたが、その道のりは容易ではなかった。各地で足利に与同する勢力が蜂起していたのだ。奥州軍は各地でそれらと戦いつつ、五月になってようやく帰国する。その後も、奥州では足利方勢力の勢いが増し、十二月には後醍醐方の重要拠点であった瓜連城が落城、翌年正月には陸奥国府の防御性を危険視した義良親王・北畠顕家らは、伊達郡霊山城に移っている。

さてこの間、宗広は自らの所領を親朝の子顕朝に譲与する（「白河証古文書」）。風雲急を告げる情勢のなか、動乱で獲得した所領を確固たるものにすべくなされたものとみられる。後のことになるが、親朝は自身が動乱において獲得した所領を、顕朝ではなくその弟の朝常《ともつね》へ譲与することになる。動乱を通して広大となった白河結城氏の所領は、親朝の子である顕朝《あきとも》・朝常がそれぞれ別々に継承し、顕朝の流れを白河結城氏の惣領家とし、朝常の流れが小峰《こみね》氏と称す庶家となり、後々まで惣領家に大きな影響を与えていく。

建武三年四月、足利尊氏が西国で勢力を盛り返し、持明院統の光厳上皇を擁立して上洛、五月二十二日に摂津湊川の戦いで後醍醐軍を破って入洛を果たし、光厳上皇の弟を新たな天皇として即位させた（光明天皇、北朝）。後醍醐は比叡山に逃れるが十月に降伏し、京都へ還幸する。しかし、十二月には京都を抜け出し吉野に逃れ、政権の拠点とした（南朝）。そして、かつて足利軍を西国に追いやる活躍をみせた奥州軍の上洛を激しく求めるのである。宗広のもとにも、尊氏・直義を討伐するよう命じる綸旨がたびたび出されている（「結城」）。

とはいえ、奥州も容易ではない情勢にあり、すぐに軍を動かすことはできなかった。延元二年（一三三七）四月五日、宗広のもとに上洛の遅参をなじる後醍醐の綸旨が出されており（「結城」）、後醍醐の焦りをみてとることができる。ついに顕家らが再上洛の軍勢を起こすのは、延元二年八月十一日になってのことである。白河結城氏では、宗広がこの西上軍に同道し、親朝は白河に留まり、東北の動静に備えることとなった。そして宗広はこののち、二度と奥州の地を踏むことはなかった。

北畠顕家の戦死と宗広最後の戦い

奥州軍は苦戦しつつも十二月には鎌倉を制圧し、足利方の斯波家長を戦死させる。翌年正月八日には鎌倉を発ち、同月下旬に美濃国青野原（岐阜県大垣市・垂井町）において、激戦のすえ足利軍を破る。顕家は正月二十五日に奥州の親朝に対し、所々での合戦で敵を打ち破ったので、京都のことは心配ないと伝えている（「結城」）。この後、奥州軍は南朝方勢力の強い伊勢を経由し、吉野の後醍醐勢力との合流を目指す。五月八日、後醍醐は奥州軍の参着以後合戦が続いているので、すぐに参陣するよう、奥州の白河一族に綸旨を下している（「結城古文書写」）。このことから、五月頃には、畿内において奥州軍と足利軍とで激戦がくり広げられていたとみられる。そして五月二十二日、顕家は足利軍の高師直との戦いで命を落とすのである。

顕家の戦死後、宗広は吉野の後醍醐のもとにいた。『太平記』（第二十巻）によれば、劣勢に立たされた南朝に対し、宗広はみたび奥州を動かすことを提案する。この提案をうけ、後醍醐は義良親王に北畠顕信を補佐につけ、宗広らとともに奥州へ下し、奥州から南朝勢力を盛り返さんとする策に出る。八月十五日、伊勢国鳥羽《とば》（三重県鳥羽市）に義良親王ら南朝勢力が集結し、奥州へ向けて船出する。宗広は義良親王の船に同船し、威風堂々と奥州へ帰る、はずだった。

しかし、情勢はどこまでも南朝に対して向かい風だった。出帆した南朝船団は、途中暴風雨に遭う。その地点を『太平記』（第二十巻）は遠江沖の天龍灘、『神皇正統記』は房総沖とする。『神皇正統記』の著者北畠親房は暴風雨に遭った張本人だから、親房は実際に房総沖で遭難し、後に続く義良親王らが遠江沖で遭難したとみられる。先に関東へ抜けていた親房は、どうにか常陸国の内海に到達したが、義良親王や宗広を乗せた船は伊勢国に吹き戻されてしまったのである。

常陸国についた親房は九月二十九日、白河の親朝に対し書状を出し、親王や宗広のゆくえを案じている。親房は親王と宗広を乗せた船は奥州についたものと信じていたらしく、親朝にすぐに親王らを探し出すよう伝えている（「松平結城文書」）。しかしそのころ宗広は、吹き戻された伊勢国で病にかかっていた。

宗広の死について、『太平記』（第二十巻）は「結城入道堕地獄の事」という章を立てて詳細に記している。伊勢国で病に倒れた宗広は、ついに危篤の状態に陥る。これをみたとある聖《ひじり》は宗広へ、極楽往生のために念仏を唱えることを勧め、思い残したことを尋ねた。すると宗広は聖に対し「これまで栄華を極めたので思い残すことはない。ただ、朝敵を滅ぼさずに冥土《めいど》に旅立つことになってしまっては、成仏できそうにない。だからこそ息子親朝は、私の後生《ごしょう》を弔おうとするならば、仏や僧に祈り読経《どきょう》するのではなく、ただ朝敵の首をとってわが墓前に備えよ」と最期の言葉を発すると、刀を抜いて歯噛みをして亡くなるのであった。その死相は「前代未聞の悪相《あくそう》」だったという。その後、一人の山伏《やまぶし》が無間地獄《むげんじごく》で苦しむ宗広の夢をみる。山伏はこのことを奥州の親朝に伝え、親朝は宗広の死を知るのである。

結城宗広の墓　福島県白河市・関川寺

『太平記』が描く宗広の死は、『平家物語《へいけものがたり》』における平清盛《たいらのきよもり》の死の様子と類似しており、そのオマージュであることは明白である。宗広の堕地獄については説話的な創作とみられるが、この記述には起死回生の策に失敗し、異国の地で死んだ宗広の無念が描かれているといえよう。なお、宗広の没した場所について、『太平記』は伊勢国安濃津《あのつ》（三重県津市）としているが、宗広死後における宗広夫人の書状から、伊勢国吹上《ふきあげ》（同伊勢市）だったとみられている。

去就をめぐる親朝の苦悩

南朝方の頼みは、常陸国に着いた北畠親房のみとなった。ここで、親房は文字通り孤軍奮闘をみせる。白河結城氏の文書のなかで、この後に出された、親房とその周辺の人物から親朝に宛てた書状は、わずか五年ほどのうちで七十通に迫る。親朝は最終的に親房の期待に応えず北朝方に降ることから、特に戦前期には優柔不断で父の忠功を裏切った非道な人物という評価が下されていた。しかし、親朝は決して当初から親房の要望を無視していたわけではなかった。

親房が常陸国に着いた延元三年〜四年当初、親朝に求められたのは、白河近辺の静謐だった。親房の書状からは、白河周辺を確固たるものとした後、親房が白河へと赴き、そこから南朝勢力を結集していく予定だったことが読み取れる（「松平結城文書」）。親朝はこれをうけ、近国の石川氏を追い落とすことに力を注いでいた（「同」）。当初は親房ら南朝勢力も、常陸・下野国において優位に戦況をすすめていた。しかし、延元四年（一三三九）四月、足利方が南朝方制圧のために高師冬を関東へ下すと、一進一退の攻防のなか、情勢は北朝方有利に傾いていく。こののちの戦いにおいて、親房は次第に親朝に対して常陸・下野国への出陣を促すようになっている（「結城」など）。しかし親朝は、白河周辺で戦果をあげるものの（「松平結城文書」）、それ以上の進軍は行わなかった。

劣勢の北畠親房に、さらなる試練が訪れる。延元四年八月、後醍醐が没すると、吉野では南朝皇位を継いだ後村上天皇のもと、廷臣の近衛経忠《このえつねただ》が政権の中心となっていた。ところが経忠は、北朝方勢力との融和を模索し、関東の藤原一族である小山《おやま》氏を中心とする一揆を形成し、親房と対抗しようとしたというのである（「松平結城文書」）。結局はこれに成功せず、興国二年（一三四一）に経忠は吉野を出奔し、京都に戻る。これらの動向は吉野における和平派の動きとしてとらえられ、徹底抗戦を図ろうとする親房との間で溝がうまれていたことを示唆する。つまり親房は、関東において政治的にも孤立していたのである。

こうした境遇において親房は、高師冬の進軍による劣勢と相俟って、親朝へ再三の出兵命令を発していく（「相楽結城文書」〈以下、「相楽」〉など）。興国二年十一月、親房が籠もる小田城は、小田治久の北朝への降伏によりついに開城し、親房は関城に移ることになった。ここにおいて親房は親朝へ、出陣のないことを非難するようになる（「相楽」）。またこの頃から、親房による親朝への書状はたいへん長文なものとなる。ここに、自身の理念・理想を余すところなく伝え、南朝勢力を結集しようとする親房の焦りをみてとることができるだろう。

こうした矢継ぎ早に送られてくる親房の書状に対し、親朝は、親房への資金援助や（「結城古文書写」）周辺勢力の勧誘工作など（「同」）、精一杯の働きをみせている。ただし、自身が白河の地から動くことはなかった。というより、動くことはできなかったのだろう。北朝方有利に傾いた情勢のなか、不意の長征は本領の危機となる。ましてや親朝は、周辺の北朝方との戦いをくり広げていたのであり、親朝の留守はそうした勢力に付け入る隙を与えるに違いなかった。それでも親朝が親房の期待に応えようとしたのは、亡父宗広の遺志だったのかもしれない。親房も親朝に対し、しきりに宗広存世中の忠功を説き、親朝の出陣を求めていたのである（「相楽」など）。

　しかし、当該期の武士にとって、一番に守るべきものは、なによりも本領であった。興国三年になると、高師冬の猛攻により関・大宝城も危急に陥り、親房は再三にわたって親朝に出陣を促す書状を出していく。一方で、同年四月、足利尊氏が親朝に対し、味方に参陣すれば本領所職を安堵する旨の御教書を発している（「白河証古文書」）。だが、親朝はこれをもってすぐに尊氏に応じたわけではなく、以後もしばらくは南朝方に留まっている。興国四年（一三四三）四月には関城の攻め手の下総結城直朝が討ち死にし、南朝方は「元弘一統《げんこういっとう》之《の》佳例《かれい》」に似る高い士気となったという（「結城古文書写」）。

　一方で、尊氏も同年二月には再び親朝や伊達一族に参陣を促すなど、勧誘の手を緩めていなかった（「白河証古文書」）。六月には尊氏の意をうけ、北朝方の奥州総大将石塔義房が親朝に参陣を促す書状を出している（「結城古文書写」）。親房はこの動きを察していたのだろうか、七月三日に親朝に出した書状には、故宗広の忠節を賞しつつ、親朝にも忠節を尽くすことを説き（「相楽」）、さらに十二日には親朝を上総国守護に任じている（「結城古文書写」）。だが、これはもちろん空手形にすぎなかった。

　興国四年八月十九日、ついに親朝は北朝方に応じる（「結城」）。親朝は白河結城氏の惣領として、名誉ではなく家を守ることを選択したのだ。親朝が北朝方に転じた後も、親房は親朝に関城への援軍を求める書状を送っていたが（「結城」など）、十一月十二日、関・大宝城は落城。親房は失意のまま吉野に戻ることとなる。

さて、親朝の最後の仕事は、内乱で得た所領を、北朝方となった後もしっかりと継承させていくことだった。そのため親朝は、それらの証拠書類をそろえて足利方に提出している（「仙台結城文書」）。そして自身は内乱期に得た所領を、子息の朝常に譲与している（「同」）。先述したように、宗広の得た所領はすでに顕信に譲られており、朝常の一族はのちに小峰氏として分立していく。しかし、これらの所領の安堵については、すんなりといったわけではなかった。それらの課題は、親朝の子息である顕信・朝常の代に残されることになる。親朝の死は、北朝方に転じた五年後の、貞和四年（正平三、一三四八）のこととみられている。

内乱期をそれぞれの思惑で生き抜いた宗広・親光・親朝は、数多の浮沈をくり返し、白河結城・小峰氏の礎を作っていった。そして、その一族の動向はこののち、室町・戦国期の東国情勢に大きな影響を及ぼしていくのである。

（駒見敬祐）

【主要参考文献】

伊藤喜良『動乱の中の白河結城氏―宗広・親朝・親光―』（歴史春秋社、二〇〇四年）

永山愛「鎌倉幕府滅亡時における軍事編成―護良親王令旨の検討を中心に―」（『鎌倉遺文研究』四一、二〇一八年）

村井章介「結城親朝と北畠親房」（同編『中世東国武家文書の研究』高志書院、二〇〇八年）

宇都宮公綱――〝板東一の弓矢取〟と言われた名将

鎌倉幕府名門の家に生まれて

――先づ思うて見るに、前度の合戦に大勢打ち負けて引き退く処に、宇都宮一人小勢にて相向かふ志、一人も生きて帰らんとは思ひ候はじ。就中、その儀分を量るに、宇都宮はすでに坂東一の弓矢取なり。――

（『太平記』第六巻「宇都宮天王寺に寄する事」）

元弘の変に際し、天王寺に陣を布いた楠木正成は、攻め寄せる軍勢をみて右のように言ったという。名将と名高い正成をして、「坂東一《ばんどういち》の弓矢取《ゆみやとり》」と言わしめた人物こそ、下野国の有力御家人、宇都宮公綱《うつのみやきんつな》である。

公綱は、下野国御家人宇都宮貞綱《さだつな》の子として生まれる。延文元年（一三五六）に五十五歳で没したというから（『下野国誌《しもつけこくし》』）、逆算すると生年は乾元元年（一三〇二）となる。宇都宮氏は代々下野国一宮である宇都宮明神（二荒山《ふたあらやま》神社）の検校《けんぎょう》を務めた一族で、源頼朝の鎌倉幕府草創にも大きく貢献した有力御家人であった。公綱の祖父景綱《かげつな》、父貞綱はそれぞれ幕府の引付衆《ひきつけしゅう》にも名を連ね、鎌倉幕府後期の政権にも関わる重要人物だった（「宇都宮氏系図」）。また、宇都宮氏は文化人としての素養も高く、公綱の四代前にあたる頼綱《よりつな》は、勅撰歌人であり、藤原定家とも親交が深く、「小倉百人一首」の成立に関わっていた人物ともいわれる。

公綱もまた、こうした華やかな一族の一人として誕生した。母は幕府六代執権北条長時《ながとき》の娘とされ（『下野国誌』）、元服後は「高綱《たかつな》」という名を名乗った（「宇都宮系図」等）。いうまでもなく、「高」の字は、北条得宗家の北条高時《たかとき》からの偏諱である（以下、便宜上公綱が高綱を名乗っていた時期も「公綱」と表記する）。また祖父や父と同じく、公綱自身も引付衆になり、鎌倉幕府の有力御家人・実務官僚としての道を順調に歩んでいたといえる。

しかし、事態は一変する。元弘元年（一三三一）、後醍醐天皇が北条家打倒を呼びかけ挙兵したのだ。こうして始まる動乱のなか、公綱は後世に名を残す活躍をみせることになる。ただし、公綱の動向は『太平記』に記されているものがほとんどで、文書や記録史料にはわずかにその名を留めるにすぎない。ここからは、『太平記』を中心に、公綱と宇都宮一族の活躍を追っていきたい。なお、括弧中に「第○巻」とあるものは、すべて『太平記』の巻数を示している。

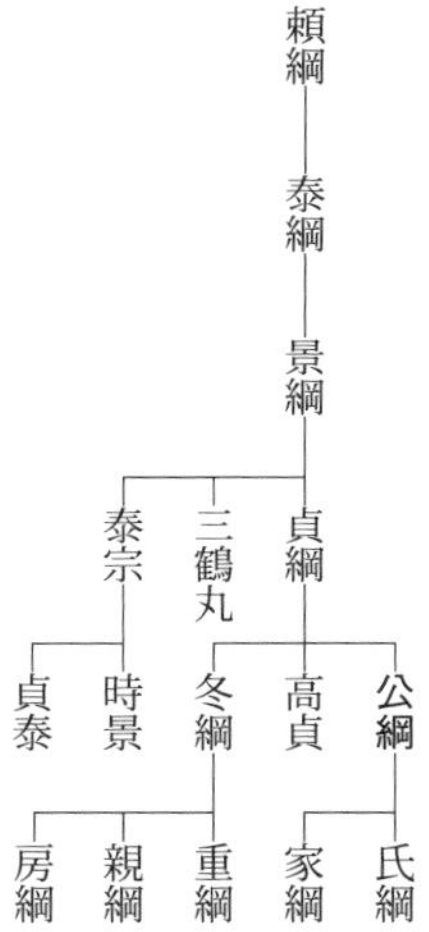

宇都宮氏略系図

楠木正成と天王寺で対峙

元弘元年（一三三一）八月、後醍醐天皇が北条家打倒を呼びかけ挙兵し笠置山（京都府笠置町）に籠もり、翌月にはこれに呼応した楠木正成が河内赤坂城（大阪府千早赤阪村）で挙兵する。いわゆる「元弘の変」の勃発である。これに対して幕府は、鎌倉から大仏貞直《おさらぎさだなお》らを大将とする軍勢を発向させる。そのなかには宇都宮一族の名もみえるから、公綱も共に上洛したのかもしれない。このときの後醍醐の蜂起は、九月二十九日の笠置落城、十月の赤坂城開城で幕を閉じることになる。捕らえられた後醍醐は翌年三月に隠岐へ配流となった。しかし、四月には住吉・天王寺（それぞれ大阪市住吉区・天王寺区）辺において楠木正成が再び挙兵する。これに対し六波羅探題勢は、数に劣る正成の軍勢に大敗を喫するのであった。

ここで正成追討のために白羽の矢がたったのが、折しも関東から上洛していた宇都宮公綱であった（第六巻）。六波羅探題から正成追討の命令をうけた公綱は、そのまま自らの軍勢のみで天王寺へ向かって出陣する。こうした公綱の行動をうけて正成が言ったという言葉こそが、冒頭に引用した「宇都宮はすでに坂東一の弓矢取りなり」というものである。公綱の進軍に対し正成は、無用の損害を出すことを避けて天王寺から兵を退き、公綱に明け渡したのである。損害を出すことなく天王寺を制した功績は、公綱の武名を大きく上げることになる。ただし、宇都宮勢は小勢だったため、再び兵を出してきた正成軍の大量の松明《たいまつ》をみて陣を退き、京都へ帰陣することになった。結局のところこの対陣では、両軍の間での戦いはなされなかった。しかし『太平記』は、名高い両雄が戦えば、共に死ぬほどの損失になったため、武名を上げたまま戦闘を回避した二人は「良将《りょうしょう》」であるとたたえている。後世において公綱の名を世に知らしめているのは、まさにこの天王寺合戦の場面であり、このシーンを描いた『太平記絵巻』にも、公綱は黒駒に乗った逞しい武士の姿として描かれている。

四天王寺に陣を取る宇都宮公綱　『絵本楠公記』　当社蔵

さて、こうして楠木正成が天王寺を奪還するなど、畿内における後醍醐方の勢いは日に日に力を増していく。同年九月、幕府はさらなる軍勢を京都へ発向させる。翌元弘三年（一三三三）二月には、幕府軍は後醍醐天皇の皇子護良親王が籠もる吉野を陥落させ、続いて楠木正成の籠もる千早城（大阪府千早赤阪村）を攻めるが、またしても幕府軍は大敗を喫する。ここで六波羅探題は、再び公綱を頼っている。公綱および紀清両党《きせいりょうとう》（宇都宮氏の配下の紀《き》・清原《きよはら》氏の武士団）は千早城攻めに加わり、城の堀際まで攻め込むが、さすがの公綱も攻略することは叶わず、膠着状態が続くことになった（第七巻）。

そうこうしているうちに、情勢は完全に後醍醐方の優勢に傾いていった。各地で後醍醐方に与同する勢力があらわれ、ついに後醍醐も隠岐国を脱出し、伯耆国船上山に籠もり、幕府の討手を退けるのである。四月、幕府軍の大将として上京していた足利高氏（後の尊氏）が幕府を離反し後醍醐方へ降り、五月七日に京都の六波羅探題を滅亡させるに至る。さらに関東では、五月八日に新田義貞が上野国で挙兵し、鎌倉へ攻め込み得宗の北条高時を自害に追い込んだ。ついに鎌倉幕府は滅亡したのである。

六波羅探題の陥落後、千早城を攻めていた公綱ら幕府軍は、南都に留まって京都の奪還を図ったが、「一之木戸般若寺《いちのきどはんにゃじ》」を守っていた公綱は、後醍醐からの綸旨を得て上洛することになった。こうして、鎌倉幕府方での活躍による名声を保ったまま、後醍醐方に降った公綱は、北条高時から偏諱をうけた「高綱」の名前を「公綱」と改め、建武政権のなかで活躍の場を見出していくのである。

建武政権下での異例の厚遇

『太平記』（第十一巻）には、六波羅探題の滅亡後、二条内裏に還御する後醍醐の供奉人数のなかに、「宇都宮五百騎」がいたとする。しかしそのころの公綱は、いまだ幕府軍の一員として南都にいたはずであったから、この宇都宮は公綱以外の宇都宮氏だった可能性もある。ただし、『太平記』の作者のなかに、鎌倉幕府を滅ぼして威風堂々と還御する後醍醐の供奉に、この戦いで幕府方ながら活躍をみせた公綱の姿があってしかるべきという意識があり、誤って記載した可能性も考えられる。それだけ、公綱はこののち後醍醐方の貴重な人材となっていくからである。

建武元年（一三三四）八月、建武政権の訴訟機関である雑訴決断所が、五畿八番に編成された。雑訴決断所は主に建武政権下での所領相論を扱う機関で、もとは全国を四つに分けた四番編成となっていたが、このとき再編成されたのである。その構成員は、上級貴族から武士に至る多様な人材からなり、合わせて一〇〇人を超える規模であった。そのうち、第一番に公綱も名を連ねている。一番は五畿内を担当する番であり、同じ番にはかつて天王寺や千早城で激闘を繰り広げた楠木正成の名もみられる。公綱の抜擢は、宇都宮氏がもともと鎌倉幕府の引付衆となっていたことから、実務官僚としての能力を政権に求められたものとみられる。

また、同年の十月十六日、後醍醐天皇の中宮《ちゅうぐう》珣子《しゅんし》内親王が御着帯《ごちゃくたい》の儀（懐妊後に胎児を安定させるために帯をしめる祝いの儀式）を行ったのに際し、多くの御祈りがなされるなかで、公綱は那智《なち》如意輪寺《にょいりんじ》で観音御誦経を奉仕している（『御産御祈目録』）。武士の奉仕では足利尊氏・新田義貞・結城親光・佐々木道誉《どうよ》・高師直といった人物がみられるが、それほど多くはない。

さらに公綱は、加賀の国司にも任じられていたようである（「南禅寺文書」）。建武政権下で国司に補任された武士は、足利尊氏や新田義貞など、討幕において重要な役割を担った人物が多い。加賀国と宇都宮氏との関わりはこれまでになく、この補任は建武政権下での新たな恩賞だったとみられる。そもそも公綱は、幕府滅亡後まで幕府方にいたのであるから、この抜擢は異例のものといってよい。これらの活動は、建武政権下において公綱がいかに高い地位にいたかを物語っている。

足利尊氏の離反と公綱の戦い

しかし、建武政権の綻びはすぐにやってくる。建武二年（一三三五）七月、信濃国において北条高時の子、北条時行が蜂起した。時行軍は鎌倉を制圧し、建武政権下における鎌倉将軍府の足利直義を追い落とした。弟の窮地を救うべく、建武政権の制止を振り切った足利尊氏は関東へ下向する。尊氏は時行を敗走させ、そのまま鎌倉に留まったのである。再三の帰洛命令に従わない尊氏に対し、同年十一月、後醍醐は新田義貞を追討使《ついとうし》に任じ、大軍を関東へ発向させた。公綱も義貞のもと関東へ出陣している（第十四巻）。

東海道を進軍した新田軍は、各地で足利軍を打ち破る。公綱は鷺坂《さぎさか》（静岡県磐田市）・手越河原《てごしがわら》（静岡市駿河区）での戦いで武功を挙げている（第十四巻）。しかし、建武政権との対決を望まず表に出てこなかった尊氏が、ついに戦場に赴くに至り、戦の流れは足利軍に傾いていく。

十二月十二日、両軍は箱根・竹ノ下で激突する。この戦いでも、公綱は十分な働きをみせていて、公綱が参戦した箱根での戦いでは新田軍有利に進んでいた。その戦いぶりを『太平記』は「名を重んじ、命を軽んずる千葉、宇都宮、大友、菊地が兵ども」と表現している。だが、竹ノ下で足利軍が勝利を得るに至り、新田軍は戦線の後退を余儀なくされる。このとき公綱は義貞へ、「葦数・墨俣（岐阜県大垣市）」まで後退することを提案している。この提言をうけ、新田軍は京都へ後退、これを追って足利軍は西進し、京都へ迫っていく。

翌年正月、新田義貞は足利軍を迎えうつために軍勢を手分けする。公綱は義貞を大将とする大渡《おおわたり》（淀の大渡）方面の軍に属した。正月九日、足利・新田両軍は大渡・山崎で激突、山崎を破られた義貞は、後醍醐天皇に比叡山延暦寺への臨幸をうながし、京都へ退却した。ここにおいて公綱は、足利方へ降ることになる。これは義貞の退却という情勢の悪化をみての決断だったとみられる。ともかく公綱は、一度足利方に加わることになった。

さて、十一日に京都に入った尊氏だったが、すぐに東北からこれを追って西進してきた北畠顕家軍と戦闘となった。十四日、顕家軍が坂本（大津市）に着陣。『太平記』（第十五巻）によると、尊氏はこれをうけ「なに、関東からの軍勢がなにほどのものか。とくにそのほとんどは宇都宮紀清両党のものだろう。その主人の公綱がいまはこちら側にいると聞けば、すぐにこちら側に参じるだろう」と言い切り相手にしなかったという。この発言自体は『太平記』の創作とも考えられるが、尊氏にとって、公綱が味方にいることは心強いことだったに違いない。実際、顕家軍のなかにいた宇都宮勢は、公綱が尊氏方にあると聞き、京都へ向かったという（第十五巻）。

しかし、足利軍は北畠顕家軍の働きにより、次第に劣勢となっていく。足利方についた公綱ら宇都宮勢も、神楽岡《かぐらおか》（京都市左京区）に足利方として城郭を構えていたが、奮戦むなしく敗れている（第十五巻）。結局、尊氏は京都を落ち、西国へと向かう。すると公綱は、再び尊氏を見限り新田義貞に属し、二月六日には、新田方として手島河原《てしまがわら》（大阪府箕面市）にて足利軍と戦っている（同巻）。同年三月、新田義貞は足利方の播磨国の赤松円心《あかまつえんしん》を攻める。公綱も新田方としてこれに参じ、船坂山《ふなさかやま》（岡山県備前市）の戦いに参戦している（第十六巻）。

ところが、同年五月、西国に逃れていた足利軍が再び上洛してくるのである。五月七日には尊氏は備後国鞆《とも》の浦《うら》（広島県福山市）に着陣。二十五日、両軍は摂津国湊川（神戸市兵庫区）で合戦となり、尊氏は大勝を得る。公綱も新田軍に属して生田《いくた》の森（神戸市中央区）で戦うも、衆寡敵せず敗北を喫している。

結局、足利軍の再上洛によって、後醍醐天皇は再び比叡山へ落ちることになった。その一行のなかには公綱の姿もあった（第十六巻）。六月、坂本を攻める足利軍と後醍醐方の軍勢とで激しい戦いが繰り広げられていて、ここでは公綱も獅子奮迅の活躍をみせ、押し寄せる足利軍を撃退している（第十七巻）。勢いにのった公綱ら後醍醐方の軍勢は、七月五日には逆に京都に攻め寄せるが、敗退して京都奪回は果たせなかった。

十月十日、ついに後醍醐は足利方に降伏し、京都へ還幸する。そのなかには公綱の姿もあった。降伏した公綱はその勢いを失い出家したらしい。『太平記』（第十七巻）によれば、公綱は「放し召人」、つまり特に監視もなく逃げようと思えばいつでも逃げられる環境にいたのに、何ら行動を起こさなかった。

これに対し、公綱亭の門前に、山雀の絵と、次のような狂歌が書かれたという。

　山がら が　さのみもどりを　宇都宮　都に入りて　出でもやらぬは

この狂歌の意味するところは次のようになる。「山雀が籠のなかだけを行ったり来たりするように、宇都宮は都に入ったきりで出てこようともしないことだ」。あれだけ後醍醐に重用されておきながら、敗れて入京してからは、いつでも動けるはずなのに何の行動も起こそうとしない。そんな人々のもどかしさが表現された狂歌といえる。

後醍醐方としての立場を貫く

延元元年（一三三六）十二月、後醍醐は京都を脱出し吉野へ赴き、政権の拠点とした（南朝の成立）。するとその翌年、公綱は「紀清両党五百騎」を引き連れて吉野に参陣するのである（第十九巻）。これを喜んだ後醍醐は、出家していた公綱を還俗させ、四位少将に任じた。情勢が変わったとはいえ、「四位」という位は、鎌倉幕府滅亡に対し勲功があった新田義貞（従四位上）が叙せられた位と同等でもあったから、それだけの後醍醐の期待が、公綱に寄せられたといえよう。

延元二年八月、後醍醐の要請により奥州の北畠顕家が再び上洛の兵を動かした。これに応じ、下野国宇都宮にいた紀清両党も顕家軍に従った。しかし、ここで宇都宮一族中に亀裂が生じる。宇都宮家重臣の芳賀禅可《はがぜんか》が、公綱の子息加賀寿丸《かがじゅまる》（のちの氏綱《うじつな》）を奉じ、足利方に従ったのだ（第十九巻）。禅可らの勢力は、顕家軍に攻めこまれ一度は降伏するものの、その後関東の足利義詮の軍勢に投じ、顕家軍を追って戦うことになる（同巻）。

上洛し善戦した奥州勢だったが、延元三年五月、和泉国石津（大阪府堺市）で北畠顕家が戦死を遂げる。また、その年の閏七月には、越前国で戦いを続けていた新田義貞も戦死し、南朝勢力は風前の灯火となっていく。その間の公綱は、顕家らとともに足利方と戦っていたと考えられるが、史料がなく定かではない。後醍醐方の劣勢をうけ、活動の規模が縮小されていったのかもしれない。

同年八月、劣勢となった後醍醐は、情勢挽回のため、北畠親房や結城宗広らを東国に下し、地方からゆりうごかす作戦にでる。『太平記』(第二十巻)は、新田義興《よしおき》(義貞の子)や北条時行(中先代の乱で敗北後、後醍醐対足利の情勢をうけ、北畠顕家の再上洛の際に後醍醐方に従っていた)とともに、宇都宮加賀寿丸が武蔵・上野国へ派遣されたとしている。しかし、加賀寿丸は、先に芳賀禅可に奉じられ足利方にいたはずだから、あるいは上洛後に、父とともに後醍醐に従ったのだろうか。真偽は定かではなく、この記事の意図は不明である。ただ、もしこれが真を得たものだったとしても、この後醍醐の戦略は裏目に出ることになる。『太平記』(第二十一巻)では、下野国では芳賀禅可が加賀寿丸をとりこめ、足利方に属していたという記述がみられる。つまり、公綱が吉野の後醍醐のもとに近侍しているうちに、下野国では、加賀寿丸を奉じた芳賀禅可を中心として、宇都宮氏は足利方としての旗色を明確にしていたのである。ここにおいて、公綱の立場は曖昧なものとなってしまった。

挽回の糸口がつかめないまま、延元四年八月十六日、後醍醐は吉野で崩御する。当時の多くの人たちにとってもそうだったように、公綱にとって後醍醐は自身の人生を大きく変えた人物であった。これまで敗戦によって一時足利方に降った時期はあっても、公綱の態度は後醍醐方として一貫していたといえる。後醍醐の崩御は、公綱にとってもその身の振りを考えさせられる出来事だっただろう。

それからしばらくして、洞院公賢《とういんきんかた》の日記（『園太暦《えんたいりゃく》』）の貞和三年（正平二、一三四七）九月二十日条には、「東方蜂起、小山・於《〔小〕》田一円の上、宇都宮吉野より本国に下向」と記されている。すなわち、関東で下野国の小山氏と常陸国の小田氏が南朝方として蜂起し、公綱も吉野から本国である下野国に下向したというのである。しかし、実際のこのころの関東の情勢をみると、南朝方勢力結集のため関東に下っていた北畠親房が、小田治久の離反などをうけ興国四年（一三四三）に吉野に戻り、東国における南朝方の拠点が一掃されることとなっていた。そうであるから、公賢の知り得た「東国蜂起」は事実ではなかっただろう。この情報は、おそらく公綱が吉野から下野国に下向したということが事実としてあり、それが小山・小田と結集して蜂起したという誤解につながったのではないだろうか。しかし、公綱の下向はそのような前向きなものではなかったはずである。

貞和五年（正平四）四月二十五日、公綱は下野国加薗郷の東園寺《とうえんじ》に薬師如来像を寄進している。ここからは公綱が下野国に所在していたことをうかがわせる。しかし、下野国での宇都宮氏は、すでに公綱の子氏綱（加賀寿丸）を当主として活動していた。同年八月、足利尊氏と直義との不和により「観応の擾乱」が惹起する。そして、観応二年（正平六、一三五一）に直義が鎌倉へ下ると、十二月、尊氏はこれを追い駿河国薩埵山《さったやま》（静岡市清水区）で対陣する。この薩埵山合戦で尊氏方として重要な役割を演じたのが、宇都宮氏綱だった。そしてその働きにより、尊氏方は勝利をおさめ、氏綱はこののちの鎌倉府下において畠山国清《はたけやまくにきよ》・河越直重《かわごえなおしげ》とならぶ、政権の大きな柱となっていくのである。

宇都宮貞綱・公綱父子の墓　宇都宮市・興禅寺

一方、『太平記』（第三十一巻）には、公綱の最後の活動が記録されている。文和元年（正平七、一三五二）閏二月、観応の擾乱に乗じた南朝方は一時的に京都の奪還に成功する。このとき、後醍醐の跡をついでいた後村上天皇は、児嶋高徳《こじまたかのり》に対し「新田義貞の甥や子どもに義兵を起こさせ、小山・宇都宮以下の大名に働きかけて東国を制圧せよ」と命令する。そして、東国に下ってきた高徳に対して公綱は「東国静《とうごくせい》謐《ひつ》」を約束したという。はたしてこれが事実を伝えているのかはわからない。仮に事実だったとしても、今や氏綱を当主とする宇都宮家のなかで、公綱がどれだけの働きができただろうか。それでも公綱は、南朝方としての立場を貫き、その期待に応えようとしていたのかもしれない。しかし、それは現実のものとはならなかった。延文元年（正平十一、一三五六）十一月二十五日、公綱はその波乱に富んだ生涯を終える。享年は五十五歳と伝わる（『下野国誌』）。

後世に名を刻んだ公綱

公綱の評価は評者によって異なる。なかでも、敗戦のたびに後醍醐方と足利方でゆれうごく姿は、「強いものに流れる」当時の武士の価値観によるものと評価される傾向にある。しかし、公綱はただ一度、敗戦により足利方についた事実はあっても、その姿勢は一貫して後醍醐方だったと言ってよい。公綱を動かしたものは何なのか。それは後醍醐からの期待という「つながり」だったといっても、あながち間違いではなかろう。鎌倉幕府内での実務官僚としての名門という地位にしろ、紀清両党を束ねる軍事リーダーという立場にしろ、後醍醐にとって公綱は代えがたい存在だったのだ。公綱もそれに応えようとしていた。だが時代の趨勢は変えられない。最後は足利方に立った子息氏綱の存在によって、公綱は静かに歴史の表舞台から退場していったのである。

それにしても、『太平記』に記される公綱と紀清両党の戦いぶりは、まさに「勇猛果敢」と言ってよい。南北朝の動乱のなかでの公綱らの活躍は、『太平記』の作者に強く印象を植え付けていたのかもしれない。そして『太平記』に記された公綱の姿こそが、後世に「宇都宮公綱」の名を広く世に知らしめることになるのである。

（駒見敬祐）

【主要参考文献】
『宇都宮市史 第三巻 中世通史編』（宇都宮市、一九八一年）
江田郁夫編『中世宇都宮氏』（戎光祥出版、二〇二〇年）
松本一夫「宇都宮公綱論―南北朝動乱期を読む」（市村高男編『中世宇都宮氏の世界　下野・豊前・伊予の時空を翔る』彩流社、二〇一三年）

北畠親房
——後醍醐・後村上を支えた南朝の指導者

時代を超えて注目される親房

南北朝の争いについて語る際、北畠《きたばたけ》氏、特に北畠親房《ちかふさ》の名を欠かすことはできないであろう。彼は南朝側の中心人物として活動し、そのため北朝側にも広く知られた人物である。南北朝合一後も「北畠准后《じゅごう》」などと呼ばれ、著作とともにその存在を人々の記憶に残し続けた。戦国時代に親房の子孫である北畠具房《ともふさ》の求めによって書かれた三条西実枝《さんじょうにしさねき》の『三内口決《さんないくけつ》』には、わざわざ「親房卿《きょう》のこと」という項目が立てられ、「南朝で昇進した官位は無効であるが、親房だけは「北畠准后」と天下で称されている。北畠氏として大変名誉なことであり、親房の「広才博覧《こうさいはくらん》」ぶりを人々が称賛しているからだ。」と述べられている。

近世においても彼の著作である『神皇正統記《じんのうしょうとうき》』や『職原鈔《しょくげんしょう》』は注目されており、前者は水戸藩で進められた『大日本史《だいにほんし》』編纂に大きな思想的影響を与え、後者は多くの刊本や注釈書が作成されて広く読まれた。近代になると皇国史観《こうこくしかん》の下で特に前者がもてはやされ、人々の教化に利用された。

しかし戦後は、その反動からか親房について語られることは少なくなってしまった。現在では南朝の忠臣や『神皇正統記』などの著者としてだけではなく、史料に基づいた親房像の見直しも試みられている。このように時代を超えて評価が変動しているということは、親房がそれだけ人々の間で注目され続けてきたことを示しているといえよう。

北畠氏は村上《むらかみ》天皇の皇子である具平《ともひら》親王の子孫である。同じ子孫としては久我《こが》・堀川《ほりかわ》・土御門《つちみかど》・中院《なかのいん》などの家があるが、北畠氏はその中院家の分家にしかすぎなかった。そのような北畠氏が現代にまでその名が知られているのも、親房の功績ゆえといえる。本章では、その親房を中心に、親房の次男顕信《あきのぶ》と三男顕能《あきよし》についても述べることとする。

生後まもない公家社会デビュー

鎌倉時代後期の天皇は、後嵯峨《ごさが》天皇皇子である後深草《ごふかくさ》天皇と亀山《かめやま》天皇の兄弟の子孫により継承されていた。後深草の子孫は持明院統《じみょういんとう》、亀山の子孫は大覚寺統《だいかくじとう》と呼ばれている。親房が生まれたのは伏見《ふしみ》天皇在世時の永仁元年（一二九三）正月で、伏見は後深草の皇子にあたる。

北畠氏の祖である雅家《まさいえ》は、文応元年（一二六〇）三月に権大納言《ごんのだいなごん》に任じられるが、弘長二年（一二六二）十一月に子息師親《もろちか》の従三位《じゅさんみ》叙位・右衛門督《うえもんのかみ》補任《ぶにん》と引き替えに辞職した。その後は昇進することなく正二位前権大納言のまま、文永五年（一二六八）十月に出家した。その師親も、建治二年（一二七六）正月に正二位に叙され、弘安六年（一二八三）三月に権大納言に任じられたのちに、正応二年（一二八九）

北畠親房画像　京都市立芸術大学芸術資料館蔵

九月に出家した（いずれも『公卿補任《くぎょうぶにん》』による。以下で官位補任について触れる際も、特に記さない限りは同書による）。ここに、権大納言を極官《ごっかん》とするという、北畠氏の先途《せんど》（昇進の上限）は定まった。

北畠氏は大覚寺統と繋がりが深かったとされている。たとえば、文永五年の雅家の出家は同年の後嵯峨院の、正応二年の師親の出家は亀山院の、そして親房の父である師重《もろしげ》が出家したのも、徳治二年（一三〇七）の後宇多《ごうだ》院の出家にともなうものであった（『公卿補任』）。持明院統と大覚寺統との間で揺れ動くことが多かった公家衆《くげしゅう》のなかで、ここまで大覚寺統の天皇と行動を共にしている家は珍しい。これはもっぱら忠義の面から説明されてきたが、現在では、中院家など他の村上源氏《むらかみげんじ》一族のように鎌倉幕府との繋がりを築けなかった北畠氏は、大覚寺統に尽くすほか生き延びる術《すべ》がなかったのではないかとも考えられている。

しかし、親房が生まれたのは先述したように持明院統の伏見天皇在世期であったが、生後五ヶ月ほどで叙爵《じょしゃく》（従五位下《じゅごいのげ》に叙されること）されており、公家衆として順調なスタートを切ったといえよう。

時期は不明ながら、親房は師重ではなく師親の養子とされた（『尊卑分脈《そんぴぶんみゃく》』）。当主が家の先途に到達する以前に何らかの事情により亡くなってしまったため、先途に到達した先代当主の養子となって家を継承することはあるが、親房生誕時に父師重は存命中であり、後には家の先途にも到達している。ただし、その時点ではいまだ参議《さんぎ》にすらなっておらず（師重の任参議は翌永仁二年十二月）、将来が不安定（未定）であったために、先途をすでに達成していた祖父師親の養子になったと推測されている。

また、師親は亀山院の側近として、師重は後宇多院の側近として活動しており、立場の違いから親子間で対立が生じていた可能性も指摘されている。その対立の存在は官位昇進の点からも推測できる。すなわち権大納言辞官に際して、雅家は師親の、師重は親房の昇進をそれぞれ願い出ている。しかし、師親と師重との間にはそのようなことが確認できないのである。やはり師親・師重父子の間には何らかの対立が生じており、親房は師親の養子とされてしまったとみることもできるかもしれない。

このようにその背景は不明であるが、親房が師親の養子とされたことにより師親が有していた荘園や屋敷（嵯峨野宮第《さがののみやてい》）などの財産は親房に直接継承され、亀山院の崩御後に後宇多院の側近となっていた師親の立場も、親房に引き継がれたと考えられている。また、後宇多院は真言密教《しんごんみっきょう》に傾倒しており、その後宇多院の側近として仕えていたことが親房の思想形成に大きく影響したとの指摘もある。

若き日の親房と左少弁辞職事件

親房は叙爵後、順調に位階を進み、正安二年（一三〇〇）の叙従四位上《じゅしいのじょう》は伏見上皇御給《ごきゅう》（官位の推薦枠）によるものであった（親房は数え年で八歳。以下の年齢表記も同様）。時の天皇は後伏見《ごふしみ》天皇（伏見の子）である。大覚寺統との繋がりが強調される北畠氏のなかにあって、持明院統の力によって昇進を果たしている点は興味深い。

はじめて官職に任官されたのは同年のことで、兵部権大輔《ひょうぶごんのだいふ》に補任された。祖父師親の初任は叙爵から七年後で侍従《じじゅう》、父師重は叙爵から三年後で石見守《いわみのかみ》である。官職は違えど、任官のタイミングとしては祖父師親と同じである。師親も師重も任官された左少将《さしょうしょう》に補任されたのは嘉元元年（一三〇三）正月で、治世は後伏見から後二条《ごにじょう》（後宇多の子）に移っていた。

北畠氏のように、近衛少将《このえしょうしょう》・中将《ちゅうじょう》を経て参議に昇進して公卿《くぎょう》となり、中納言《ちゅうなごん》・大納言と昇って出家する家は羽林家《うりんけ》と称された。師親も師重もそのルートに乗って出世し、権大納言で出家している。ただし、師重は永仁三年（一二九五）十二月に権中納言に任官後、乾元元年（一三〇二）十一月に中納言に補任されている。

しかし、親房は嘉元三年十一月に権左少弁《ごんのさしょうべん》に任じられた。この異例な人事は、権大納言辞官と引き替えに父師重が親房の任権左中弁《ごんのさちゅうべん》を申請したことに始まる。時の天皇である後二条天皇は師重の権大納言辞官の申し出を認めない一方、親房を権左中弁ではなく権左少弁に補任した。

師重がそのような申し出を行った理由は不明であるが、親房が弁官であることにある種の矜持《きょうじ》を有していたことは、次に述べる著名な事件によって知られる。すなわち、徳治二年（一三〇七）十一月に、大蔵卿《おおくらきょう》冷泉頼俊《れいぜいよりとし》が右大弁《うだいべん》に任じられたことに抗議をして、左少弁（徳治元年十二月に権左少弁から転任）を辞職してしまったのである。弁官は実務官僚であり、経験を積んでいくなかで少弁・中弁・大弁と順に昇進すべきものであった。頼俊の任官はその昇進ルートに反するものであり、それに対する抗議（「腹立之余」〈『公卿補任』〉）のために、親房は辞職したのである。この親房の行動の背景に師親の指示（具体的には、当時行われていた後宇多院政への反発）があったのではないかとの指摘もある。しかし、そのような経緯で辞職したのであれば、親房と後宇多との関係や、親房のその後の昇進にも何らかの影響が認められて然るべきであろう。だが、左少弁辞職後すぐに弾正大弼《だんじょうのだいひつ》に任じられ、後宇多の御幸《ごこう》にも供奉を許されており（『隆長卿記《たかながきょうき》』）、引き続き公家社会に身を置くことを許されている。よって親房の辞任は、頼俊の異例な人事に対する抗議のためのものとみてよいのではないか。またその抗議をするに至った背景には、自らが師重の申請通りの権左中弁に補任されず、権左少弁スタートとされたことへの反発があったのかもしれない。

順調な昇進と世良の突然の死

延慶元年（一三〇八）に花園《はなぞの》天皇が践祚《せんそ》すると、親房は従三位に叙された。花園はまだ十二歳であり、叙位を実質的に決定したのは治天《ちてん》の君《きみ》であるその父の伏見院であろう。延慶三年十二月には参議に昇進した。左少将任官から七年が経過していたが、祖父師親・父師重はともに左少将任官から参議昇進まで十五年を要した。親房の出世がいかに早いものであったかがわかる。しかも親房は、先述のようにその間に弁官を経験している。さらに、従三位叙位や参議任官のいずれもが持明院統の伏見院─花園天皇治世下でなされていることもあわせて考えれば、親房は皇統の枠を越えて必要とされていた人物であったといえよう。

参議であった時期には、左兵衛督《さひょうえのかみ》や検非違使別当《けびいしべっとう》に補任された。検非違使別当は始祖雅家は確認できないものの、祖父師親も参議在任中の文永六年（一二六九）四月に、父師重も同じく在任中の永仁四年（一二九六）十一月に、それぞれ補任されている。父祖が経験した官職を親房も経験・踏襲しているのである。

その後も公事《くじ》を勤仕し続け、文保二年（一三一八）二月の後醍醐《ごだいご》天皇の践祚を迎える。正和四年（一三一五）四月に祖父師親が亡くなると、その子として服喪《ふくも》して権中納言を辞していたが、散位《さんに》として後醍醐に仕え、文保二年十二月に権中納言に還任した。父師重と同様に中納言を経たのちに、元亨三年（一三二三）正月に権大納言に補任された。親房三十一歳のときであり、親房は無事に家としての先途に到達できたのである。さらに親房は正中元年（一三二四）四月に大納言に補任され（『花園天皇宸記《はなぞのてんのうしんき》』）、家の先途を超えることにも成功した。正中三年には元亨三年以来在職していた按察使《あぜち》を辞職し、その代わりとして子息顕家《あきいえ》の任右中将を申請した。

このような順調な昇進は、大覚寺統の後醍醐天皇の治世下であったことと、その後醍醐の第二皇子であった世良《ときよし》親王の傅役《かしずきやく》（乳父《めのと》）を務めていたことが影響しているとみて間違いない。元徳二年（一三三〇）正月の叙位では、原則として一上《いちのかみ》（大臣上首）が務めるものとされた執筆を務める栄誉にも浴した（『叙位《じょい》除目《じもく》執筆抄《しっぴつしょう》』）。

しかし、その順風満帆な親房の人生を不幸が襲う。世良親王の突然の薨去《こうきょ》である。そのことを記す『増鏡《ますかがみ》』には「ことし《（今年）》も人おほく《（多く）》にハかやみ《（にわか病み）》してしぬる《（死）》中」で薨去したと書かれており、流行病により亡くなったとみられる。親房は深く悲しみ、親王死去と同日の元徳二年九月十七日に出家した。三十八歳。後醍醐天皇は愛息の死去とともに親房の出家を惜しんだという（『増鏡』）。

顕家とともに陸奥国へ

後醍醐天皇は倒幕を志し、数度の失敗を経て、元弘三年（一三三三）五月についに成功した。その倒幕運動に親房は参加していない。倒幕運動のみならず、その後成立した建武政権でも特別な地位は与えられなかった。それは取りも直さず、親房が出家していたからである。

代わりに登用されたのが、親房の子息である顕家であった。親房は、その顕家の補佐役として政治の表舞台に引っ張り出された。

十六歳で従三位参議左中将の立場にあった顕家は、同年十月に陸奥守《むつのかみ》として陸奥国に下った。その命を聞いた親房は、「北畠氏は代々和歌や漢詩の稽古に励むことを以て朝廷に仕え、政務に関与することばかりを行ってきた。そのため国司の行政はもちろんのこと、武芸にも疎いため、顕家の下向はご容赦いただきたい」と拒否したものの、後醍醐は「もはや公武一統の世の中になったのであるから、文と武の二つの道を区別すべきではない」などと述べて説得し、宸筆《しんぴつ》の御旗や武具などを顕家に与え、さらには義良《のりよし》親王（後醍醐の皇子）を授けて顕家を下向させた。このことを記す『神皇正統記』には、親房もともに下向したとは書かれていないが、『保暦間記《ほうりゃくかんき》』など別の史料にはそのことが記されている。いわゆる建武の新政は公家衆への優遇ぶりが確かに目立つが、公家衆のなかにも慣れないことを強要されて困惑していた人々がいたことは見逃してはならないであろう。ある意味で後醍醐は、公家衆と武士を公平に扱ったともいえる。

なお、この親房下向については、後醍醐が親房を信頼していたために行われたとする説と、討幕運動から距離を置いていた親房を後醍醐が疎み、左遷したために行われたとする説がある。さらには、今回の件の発案者は後醍醐ではなく護良《もりよし》親王（後醍醐の皇子）であり、彼の「奥州小幕府構想」が実行に移されたものとする見方もある。しかし『保暦間記』には、今回の件は護良親王が、対立する足利尊氏の勢力基盤となっていた東国武士たちを切り崩すために、自らと親しい親房とその子息である顕家を陸奥国に下向させたと書かれている。当事者である親房が執筆した『神皇正統記』に護良親王関与の記述はなく、『保暦間記』は後世に編纂されたものであるため、親房・顕家の陸奥下向は後醍醐の発案であるとみられる。しかし、『神皇正統記』もあるがままの歴史を書き遺そうとして執筆されたものではない（後述）。どちらにも弱点がありいずれとも決しがたいが、親房が後醍醐の信頼を失って下向させられたわけではないことだけは確認しておきたい。だからこそ、皇子（義良親王）を授けられたのであろう。親房は出家後も依然として、後醍醐からの信頼を失っていなかったのである。

奥州に新たに設置された陸奥国府《こくふ》において、顕家は国守《こくしゅ》となり、その他の北畠氏一族も式評定衆《しきのひょうじょうしゅう》の一員などに就いていた。親房には明確な立場が与えられていないが、国守よりも上の立場で親房が就けるものが存在しなかったためであり、これを以て親房が閑職に追いやられていたという評価も適切ではない。親房は年若き顕家を陰に陽に補佐していたとみるべきであろう。

帰京と異例の従一位叙位

ところが、親房は建武二年（一三三五）八月に陸奥を出発し、同年十月までには京都に戻ってきたと考えられている。事情は不明ながら、同年七月に鎌倉で起きた中先代《なかせんだい》の乱（鎌倉幕府得宗北条高時《とくそうほうじょうたかとき》の遺児時行《ときゆき》による反乱）への対処がなされている時期であり、それとの関係が推測されている。

こののち、中先代の乱を鎮圧した足利尊氏《あしかがたかうじ》は在鎌倉を続けた。帰還命令に応じない尊氏の討伐を命じようとした後醍醐に対して親房は、「忠功ある尊氏に対して、不確実な情報をもとに討伐しようとするのは仁政《じんせい》ではない」と諫言を行ったと『太平記《たいへいき》』にはある。しかし、親房の諫言は受け入れられず尊氏討伐の命令が下り、新田義貞《にったよしさだ》が派遣されるが、義貞は尊氏に敗れた。尊氏率いる足利軍はその勢いのまま京都を目指して西上してきたため、後醍醐はその直前に近江国東坂本（大津市）に逃れて比叡山延《ひえいざんえん》暦寺《りゃくじ》に保護を求めた。上洛を果たした尊氏は無主となった京都の占領に成功したが、陸奥国から尊氏を追って長征してきた北畠顕家軍が後醍醐方に加わると、京都からの撤退を余儀なくされた。こののち尊氏は瀬戸内海を通り、九州まで落ち延びることとなる。

この間、親房の人生にとって大きな出来事が起きた。それは従一位《じゅいちい》への叙位である。出家者への叙位は異例であり、北畠氏への従一位叙位も先例がないことであった。東坂本に逃れていた後醍醐により建武三年（延元元年）正月になされたものと考えられているが、理由がはっきりしない。子息である顕家の軍功によるものであろうか。また、建武元年十二月にも顕家は軍功により従二位に叙されている。親子が並び立つ際、同じ位階では問題が生じると考えられたからであろうか。ひとまずは前者と考えておきたい。

後醍醐を迎えるために伊勢へ

尊氏が九州へ逃走したことにより、京都は平和を取り戻した。顕家は再び義良親王を伴って陸奥国に下向するが、今回親房は行動を共にしなかった。前年に顕家を陸奥国に残して帰京した時点で、顕家の補佐役としての彼の役目は終了していたのであろう。

しかし、京都は再び足利軍に襲われる。尊氏がまもなく九州で再起し、今度は持明院統の光厳《こうごん》上皇の

「官軍」として攻め上ってきたのである。

後醍醐は再び比叡山延暦寺に助力を求めて逃れ、足利軍と対峙した。この間、尊氏は光厳上皇の弟である豊仁《とよひと》親王を皇位につけた（光明《こうみょう》天皇）。建武三年（一三三四）十月には『建武式目《けんむしきもく》』を制定し、室《むろ》町幕府《まちばくふ》を事実上開始した。この劣勢を覆しがたいと判断した後醍醐は比叡山を下山し、尊氏と和睦する。

その直前に親房は、子息顕信とともに伊勢国に下向していた（顕能も同道か）。同年十二月に後醍醐は京都を脱出して最終的に大和国吉野（奈良県吉野町）に落ち着くが（南朝の成立）、そのことを顕家に知らせた勅書《ちょくしょ》に「大納言入道」（＝親房）が伊勢国に「居住」していると書かれている（『白川文書《しらかわもんじょ》』）。さらに、その親房が顕家に宛てて出したとみられる書状には、親房は伊勢で敵を制圧して後醍醐の遷幸《せんこう》を待っているとも書かれている（『結城文書《ゆうきもんじょ》』）。つまり親房は、吉野から遷ってくるであろう後醍醐を伊勢国に迎え入れるため、先遣隊として伊勢に入国していたのである（なお、このとき遷幸先として高野山金《こうやさんこん》剛峯寺《ごうぶじ》も候補になっていたようである〈『宝簡集《ほうかんしゅう》』〉）。

親房等は南伊勢の玉丸《たまる》城（三重県玉城町）を拠点として勢力拡大を図った。文書の袖に親房自らが花《か》押《おう》を据える袖判御教書《そではんみぎょうしょ》を使用して、武士たちに対しては味方となることを求め、寺社に対しては祈祷の執行を命じている（『諸家所蔵文書《しょけしょぞうもんじょ》』・『光明寺文書《こうみょうじもんじょ》』）。伊勢神宮内でも、外宮《げくう》前禰宜《さきのねぎ》度会家行《わたらいいえゆき》などが味方をしたことが確認できる（『田中穣氏旧蔵典籍古文書《たなかゆたかしきゅうぞうてんせきこもんじょ》』）。当時の伊勢神宮祭主《さいしゅ》は京都の朝廷（北朝）方の大中臣頼忠《おおなかとみよりただ》であったが、前任祭主の大中臣蔭直《かげなお》は南朝方であった。北畠氏にとっても親房にとっても伊勢国は無縁の地であったが、親房等に味方をする者は少なくなかったとみられる。

しかし、その親房の許に悲報が届く。後醍醐や親房からの要請を受けて陸奥国から再び西上していた顕家が、和泉国堺浦《さかいうら》（大阪府堺市）で戦死したのである。

東国での活動と『神皇正統記』『職原鈔』の執筆

南朝の劣勢は明らかであった。暦応元年（延元三、一三三八）八月（あるいは九月）、親房は東国を新たな勢力基盤とすべく、東国を目指して伊勢国大湊《おおみなと》（三重県伊勢市）から出港する。顕家とともに陸奥国から戻ってきていた義良親王を奉じ、子息顕信を鎮守府将軍《ちんじゅふしょうぐん》に補任してもらったうえでの船出であった。

ところが、一行は房総半島沖での暴風雨により遭難し、義良親王は三河国まで吹き戻されてしまう。何とか常陸国東条《とうじょう》（茨城県稲敷市）に漂着した親房は、同国小田《おだ》城（同つくば市）と、小田城主小田治久《おだはるひさ》が北朝方に降ったのちは関城《せきじょう》（同筑西市）を拠点として約五年間にわたり北朝方と戦った。

親房が特に期待を寄せたのが結城親朝《ゆうきちかとも》である。親朝は陸奥国白河《しらかわ》（福島県白河市）を本拠としており、その父宗広《むねひろ》は南朝に尽くしていた。親房は、親朝にも父宗広と同様の忠節を求めた。わずか五年のあいだに七十通ほどの文書を親房が親朝に送っていたことはよく知られている。しかし、最終的に親朝は親房の呼びかけに応じなかった。南朝への忠義を求めるばかりでそれに対する充分な見返りを用意できなかった、あるいは見返りの必要性・重要性を理解できなかった親房の失策ともされている（当時の武士たちは、天皇家の正統性とは関係なく、自らに利益を供与してくれるほうに味方する存在であった）。だが、親房一人の力では南朝の劣勢は覆しがたく、また、南朝で左大臣《さだいじん》や関白《かんぱく》を務めた近衛経忠《このえつねただ》が、藤氏長者《とうしちょうじゃ》の立場を利用して、関東の藤原氏一族の武士たちを糾合すべく活動していた（藤氏一揆《とうしいっき》）。そのような南朝の内部分裂的な活動も、関東における南朝の劣勢を加速させてしまったと考えられている。親房一人に失敗の責任を負わせるべきではないであろう。

なお、その間に小田城で執筆を開始したのが『神皇正統記』である。先述したように『神皇正統記』は純粋な歴史書ではなく、特定の目的があって（特定の読者を想定して）執筆されたものであった。当時吉野で皇位に就いていた後村上《ごむらかみ》天皇に向けて南朝の正統性を説くために執筆されたものとみられているが、関東の武士たちを味方に付けるため、北朝に対する南朝の正統性を説くために執筆されたとする見方もある。

「大日本《おおやまと》は神国《かみのくに》なり」という印象的な言葉ではじまる同書は、戦陣の最中で手元に充分な書物もないなかで執筆されたものであり、同じく親房の代表的な著作である『職原鈔』が執筆されたのもこの関東滞在中であった。『職原抄』は官職の成り立ちや職制などについて詳述したもので、現在の歴史研究においても有益な情報を提供してくれる書物である。親房の博覧強記ぶりには驚かされる。

吉野朝廷への復帰と准大臣宣下

関東を南朝の勢力基盤とすることに失敗した親房は関東を退去し、吉野に移った。関城落城が康永二年（興国四、一三四三）十一月であるのでその直後か、あまり間を置かずに移ったとみられているが、同年十二月二十日付で「大納言某御房」の命を奉じた袖判御教書が伊勢国内で確認できる（『南狩遺文《なんしゅいぶん》』）。これがもし親房（大納言で出家）の命を奉じたものであるとすれば、親房は伊勢に帰国後まもなく軍事的な活動を行っていたことになる。

その翌年の康永三年（興国五）春、親房は准大臣宣下《じゅんだいじんせんげ》を受けた。

この親房の准大臣宣下については、『薩戒記《さっかいき》』応永三十二年（一四二五）四月二十七日条に興味深い記事がある。この日、従一位前大納言広橋兼宣《ひろはしかねのぶ》が出家したが、それに先だって准大臣宣下がなされた。これを聞いた日野資教《ひのすけのり》（従一位前権大納言で応永十二年に出家）は「一門の長老である私の官位が兼宣に超越されるのはこれ以上ない老後の恥辱」と怒り、「すでに出家している身であるが、出家後に准后宣下がなされた先例に基づいて私も准大臣にしてほしい」と後小松《ごこまつ》院に直訴した。そのことを日記に書き遺した中山定親《なかやまさだちか》は、親房が出家後に准大臣となり、さらにその後准后になったと噂があったことも書きとめている。しかもそこには「入道前大納言源朝臣」（親房のことであろう）を准大臣にするとした元亨二年（一三二二）付の口宣案《くぜんあん》（官職等の任命書）まで掲載されている。

しかし、元亨二年の段階で親房が准大臣宣下を受けたことは、他の史料からは確認できない。その後も、南朝で准大臣宣下が行われたとされる康永三年までは、親房を准大臣と呼ぶ史料は確認できない。なぜそのような偽文書《ぎもんじょ》が作成され、後世の人々の間で流通していたのか興味深い問題であるが、いまは不明とせざるをえない。

京都奪還と准后宣下

吉野移住後の親房は、『真言内証義《しんごんないしょうぎ》』といった真言密教に関する書物を著すなどしており、目立った政治的・軍事的活動はみられない。ただし、注目すべきは法名《ほうみょう》の変更で、それまで「宗玄《そうげん》」と称していたのを「覚空《かくくう》」に変更したとされる。「覚空」は祖父師親の法名「覚円《かくえん》」に倣《なら》ったものであり、親房と師親の強い繋がりを示すと考えられている。しかし「宗玄」は禅宗の法名であるが、「覚空」は真言宗の法名であるとの指摘を踏まえれば、この法名変更は吉野移住後の親房に宗旨を変えさせるほどの大きな変化や出来事が生じたことを意味している。真言密教の著述活動も、その延長線上に捉えるべきであろう。

また、当時の南朝は和平派と強硬派に分裂しており、後者の中心が親房であったと考えられている。両派の対立を収めた親房は、貞和三年（正平二、一三四七）に和泉国司《こくし》・守護の楠木正行《くすのきまさつら》（正成《まさしげ》の子）に挙兵させた。正行は北朝方（幕府方）を次々と破ったものの、四條畷《しじょうなわて》（大阪府四條畷市・大東市）の合戦で力尽きた。南朝は正行という貴重な戦力を失い、かえって吉野を高師直《こうのもろなお》率いる北朝軍に襲われ、吉野の奥の賀名生《あのう》（奈良県五條市）にまで退却を余儀なくされた。

南朝は風前の灯火となったが、その南朝を結果的に延命させたのが、北朝を支える室町幕府の内部対立（観応の擾乱《かんのうのじょうらん》）であった。観応元年（正平五、一三五〇）十二月、親房は高師直と対立した足利直義の南朝への降伏を認め、直義が兄である尊氏と和睦した後には南朝と北朝の和平交渉を担当した。しかしながら、あくまで南朝による独占的な支配を主張する親房と、南朝皇統の維持のみを保障するという現実路線の直義による交渉は決裂した（『吉野御事書案《よしのおんことがきあん》』・『観応二年日次記《かんのうにねんひなみき》』）。その後、直義は尊氏との対立が再燃し、鎌倉へ落ち延びる。その直義を討伐するために尊氏は、あろうことか南朝に降参し、自らが打ち立てた北朝を自らの手で葬り去った。

これにより、京都の朝廷組織は後村上天皇の支配するところとなったが（正平の一統《しょうへいのいっとう》）、それを主導していたのは親房であった。そしてその功績により、観応二年十一月に親房は後村上天皇から准后宣下《じゅごうせんげ》を受けた。准后には「俗人でも法体でも、あるいは女房でもなることができるが、清華家《せいがけ》では稀である」とされ、公家衆のなかでは摂関家《せっかんけ》のみに許された称号であった。また、「南朝でなされたことは用いないものであるが、親房の場合は特別だ」などとも書かれている（『多々良問答《たたらもんどう》』）。後村上の親房に対する信頼の大きさがうかがえる。

ところが、この一統はまもなく崩壊する。それを見越して南朝は、京都に向けて進軍を開始した。文和元年（正平七、一三四八）閏二月、先遣隊として派遣された北畠顕能等が足利義詮《よしあきら》（尊氏の子）を近江国に逐い、南朝は念願の京都回復を果たした。

しかし、義詮は直義討伐を終えた尊氏とともに京都奪還へ動き出した。そのため賀名生から石清水八幡宮《いわしみずはちまんぐう》（京都府八幡市）まで進んでいた後村上天皇は退却を余儀なくされ、在京していた親房も賀名生に戻ることとなった。

翌文和二年六月、親房を中心とする南朝は再び京都占領に成功するものの、一時的なものにとどまった。その後の親房の動静は途絶え、文和三年に賀名生で亡くなったと考えられている。京都で一度はその政治生命を終えた後に、建武の新政により陸奥国に向かい、京都に戻ってきてからまもなく伊勢国に向かって現地で勢力拡大に努め、その後は関東にわたって南朝勢力の糾合を図るも果たせず吉野に移り、正平の一統の機会を捉えて京都に帰還するもすぐに賀名生への撤退を余儀なくされた。親房の人生は南北朝の動乱に大きく左右され、日本各地を転戦した、まことにせわしないものであった。

陸奥国司顕信

親房の長男顕家については別の章で取り上げられるため、ここでは次男の顕信と三男の顕能について簡単にみておきたい。

次男顕信の生年は明らかではなく、後世の史書（『桜雲記《おううんき》』）にある没年を逆算すると元応二年（一三二〇）となる。

先述した建武三年（延元元、一三三六）の後醍醐天皇による吉野潜幸《せんこう》は、顕信の献言によるものだったとする史書もある（『保暦間記』）。また、翌年四月に伊勢国で南朝方として戦った軍のなかに「源少将」の名前を確認できる（『田中穣氏旧蔵典籍古文書』）。これは、当時近衛少将であった顕信のことであろう。暦応元年（延元三、一三三八）三月には、前月に奈良般若坂《はんにゃざか》（奈良市）の合戦で北朝方の高師直軍に敗れた顕家の敗残兵も糾合して京都を目指し、石清水八幡宮が鎮座する男山《おとこやま》の占領に成功した。顕信はここで北朝方の攻撃を数ヶ月にわたって凌いだものの、その間に顕家は戦死し、最終的に顕信も撤退を余儀なくされた（『太平記』）。

南朝の劣勢は明らかであり、それを挽回するために義良親王を奉じた東国下向が計画されたことは前述の通りである。このとき顕信は、左少将から中将に昇進して従三位に叙され、さらに陸奥介《むつのすけ》・鎮守府将軍に補任された（『神皇正統記』）。具体的に顕信に対しては、義良親王を助けて足利尊氏・直義兄弟を討伐することが命じられ、関東の武士たちに賞罰を自由に与えることが認められている（『結城文書』）。戦死した顕家と同様に活動することが顕信には認められ、また求められたのである。

しかし、顕信らの東国へ向けての航海は失敗し、義良親王と顕信は三河国篠島《しのじま》（愛知県南知多町）まで吹き戻されてしまった。顕信が再び陸奥国に向かうのは暦応三年（興国元、一三四〇）五月のことであるが、これは親房の代理としてであった（『結城文書』）。今回は下向に成功した顕信は、袖判御教書を発給して武士たちに忠節を求めた。南部政長《なんぶまさなが》など一部の武士は従ったものの、陸奥国府を占領している石塔氏《いしどう》を破ることはできなかった。顕信も親房と同様に結城親朝に参戦を要請していたが、親朝は北朝方に付くことを選んだ。親朝がいる白河は、顕信が親房と連携するためには押さえておかねばならない土地であったが、親朝が味方に付かなかったことにより連携はおろか、関東で苦戦する親房の救援もできなかった。

その後も顕信は陸奥国で孤独な戦いを続け、出羽国での再起を余儀なくされるまで追い詰められる。しかし、南朝を一時的とはいえ勝利に導いた観応の擾乱の恩恵を顕信も受け、陸奥国府の占領に成功した。ところが、北朝方の吉良貞家《きらさだいえ》の反撃を受けて国府を失い、再び出羽国に退いた。その後延文三年（正平十三、一三五八）八月に出羽国一宮《いちのみや》である大物忌《おおものいみ》神社（山形県遊佐町）に所領の寄進をしていることが確認できるが（『大物忌小物忌神社縁起《おおものいみこものいみじんじゃえんぎ》幷文書《ならびにもんじょ》』）、それ以外の動向は不明であり、没年や没した場所もわからない。

伊勢国司顕能

顕能が伊勢国司に補任された時期は明確ではなく、戦前から論争が続けられてきたが、現在では暦応元年（延元三、一三三八）の親房東国下向が契機ではないかと推測されている。

顕能も親房と同様に玉丸城を本拠としていたが、康永元年（興国三、一三四二）八月に伊勢守護仁木義長《にっきよしなが》の攻撃を受けた。まもなく玉丸城は落城し、その後移った坂内城《さかない》（三重県松阪市）もすぐに落城して

親房・顕家・顕能を祀る北畠神社（主神は顕能）　津市

しまう（『波多野《はたの》文書《もんじょ》』）。顕能の消息は不明となるが、間を置かずして多気《たげ》（津市）を本拠とするようになったと考えられている。ここに、多気を本拠とする伊勢北畠氏の歴史が始まる。

顕能も、親房や顕信と同様に、周辺の武士たちに袖判御教書形式の軍勢催促状《ぐんぜいさいそくじょう》を発給し、味方として参戦することを求めた。それぞれの軍勢催促状において親房は「一品家《いっぽんけ》」、顕信は「将軍家」（『結城古《ゆうきこ》文書《もんじょ》』）などと呼ばれているが、顕能は「土御門源大納言家」と呼ばれている（『佐藤文書《さとうもんじょ》』）。その軍勢催促状が出されたのは観応二年（正平六、一三五一）から三年にかけてであり、当時の顕能が南朝において大納言に任官されていたことがわかる（ただし、左で触れる京都占領戦において顕能のことを「北畠中納言」と呼んでいる史料もある（『祇園執《ぎおんし》行日記《ぎょうにっき》』））。

顕能は、正平の一統時の京都占領戦に先遣隊として参加し、足利義詮を近江国に逐った。さらに近江国に攻め込んで義詮の討伐を計画したが、逆に攻め込まれ、父親房ともども撤退を余儀なくされた。

翌年に大和国宇陀郡に出陣しているが（『園太暦《えんたいりゃく》』）、その後の顕能の動向には不明な点が多い。親房の没後は伊勢国を離れて吉野の朝廷に仕えたらしい。顕能が有していた伊勢国司の立場は子息である顕《あき》泰《やす》に譲られ、南北朝合一（明徳三年・元中九年、一三九二）後も顕泰の子孫は「伊勢国司」と称されながら南伊勢支配を続ける。その「伊勢国司」北畠氏の館があった場所には、現在は北畠神社（津市）が鎮座している。同社には親房や顕家も祀られているが、主神は顕能である。父や他の兄弟ほど華々しい活動はみせなかったものの、伊勢においては顕能こそが北畠氏の祖と仰がれる人物であったのである。

（大藪海）

【主要参考文献】

伊藤喜良『東国の南北朝動乱　北畠親房と国人』（吉川弘文館、二〇〇一年）
岩佐正「解説」（同校注『神皇正統記』岩波書店、一九七五年）
大藪海「北畠親房は、保守的な人物だったのか?」（日本史史料研究会監修・呉座勇一編『南朝研究の最前線　ここまでわかった「建武政権」から後南朝まで』朝日新聞出版、二〇二〇年、初出二〇一六年）
岡野友彦『北畠親房—大日本は神国なり—』（ミネルヴァ書房、二〇〇九年）
加地宏江『伊勢北畠一族』（新人物往来社、一九九四年）
坂口太郎「北畠親房と真言密教—大覚寺統の密教興隆との関係を中心に—」（『皇學館大學研究開発推進センター神道研究所紀要』三〇、二〇一四年）
中村直勝「北畠親房」（同・赤松俊秀編『歴史と人物』〈『中村直勝著作集』第七巻〉淡交社、一九七八年、初出一九三七年）
横井金男『北畠親房文書輯考』（大日本百科全書刊行会、一九四二年）

小田治久——親房を助けた常陸南朝方の名族

南北朝内乱期の常陸において、小田城《おだ》（茨城県つくば市）の小田氏は当初南朝方につき、その一翼を担っていた。当該期の小田氏嫡流家の当主が、本項の主人公である小田治久《はるひさ》である。

治久については、小田貞宗《さだむね》の子で、初名を高知《たかとも》といい、鎌倉幕府滅亡時の恩賞として、後醍醐天皇の諱《いみな》「尊治《たかはる》」の「治」の字を貫い、「治久」と改名したという、系図類に基づく通説がある〔糸賀一九八九、二〇一四〕。すなわち、高知＝治久である。しかし、両者を同一人物と断定できる史料や、後醍醐天皇の一字拝領を示す史料は確認できない〔市村二〇〇四〕。このような通説があることを踏まえつつ、まずは鎌倉幕府滅亡前後の小田氏の活動をみていくこととしたい。

鎌倉末期の小田氏——高知と治久

小田高知の史料上の初見は、正中二年（一三二五）の鹿島《かしま》社の相論を巡る奉書の宛所にみえる「小田常陸太郎左衛門尉」である（羽生大禰宜家文書、『鎌倉遺文 第三七巻』二九一三二、以下『鎌遺〇』と略す）。父貞宗は常陸介を称しており（常陸総社宮文書、『鎌遺三四』二六六六七）、その子の太郎左衛門尉という意味の名乗りと考えられる。その後、嘉暦二～三年（一三二七～二八）、同族の宇都宮高貞《たかさだ》と共に、出羽安東《あんどう》氏の内紛鎮定のために出陣し、最終的には内紛を調停して帰国したが、このときの彼は「小田尾張権守高知」とみえ（『鎌倉年代記裏書』）、この頃までに尾張権守に名乗りを改めたとみられる。父貞宗はこれ以前に出家しており、家督も高知が継いだと思われる。

そして元弘元年（一三三一）八月、後醍醐天皇の挙兵に対し、鎌倉幕府が派遣した討伐軍の一員として「□（小）田尾張権守一族」とみえ、高知が幕府方として出陣していたことがわかる（「光明寺残篇」『鎌遺四二』三二一三六）。このとき、幕府軍は四軍編成で、楠木正成が籠もる赤坂城の攻撃を図ったが、そのなかで、八幡から讃良《ささら》郡を経て、赤坂城の北から攻めようとしていた金沢貞冬《かねさわさだふゆ》の部隊の構成員の中に「小田人々」とみえ、高知はこの一軍に加わっていたとみられる。そして十月に赤坂城が落城した後、幕府は一部の軍勢を京都に引き続き駐留させるが、そのなかには「小田尾張権守」の名があり、高知は元弘元年十月以降も在京し、京都の警固に当たることとなった（「光明寺残篇」『鎌遺四〇』三一五〇九）。この点、『太平記』の天正本系統には、同二年三月の後醍醐天皇の隠岐配流の際、「小田尾張守氏久《うじひさ》」なる人物が警固に加わっていたことがみえる（天正本『太平記』巻四）。当該部分に小田氏の名がみえるのはこの系統の諸本のみであるが、尾張守という受領名から、この人物は高知を指すと考えられ、少なくとも元弘二年三月まで彼は在京していた可能性がある。しかし、これ以降、高知の名は史料上からみえなくなる。

時を同じくして、『太平記』には、先にみた元弘の乱の戦後処理のなかで、元弘二年四月、後醍醐天皇の側近万里小路藤房《までのこうじふじふさ》の配流先として「小田民部大輔《みんぶたいふ》」の名が登場する（神宮徴古館本『太平記』巻四）。

そして、翌元弘三年五月に鎌倉幕府が滅亡した直後の七月、その藤房の上洛の記事において、「預人小田民部大輔」が同道したことがみえる（神宮徴古館本『太平記』巻十二）。ここから、元弘二年四月から同三年七月までの間、「小田民部大輔」は常陸国において、万里小路藤房の監視を行っていたと考えられる。なお、藤房は小田城近郊の藤沢《ふじさわ》（茨城県土浦市）にあったという。

通説では、高知が後醍醐天皇の諱の一字を貰って治久と改名したのは、この万里小路藤房に同道して上洛したときのこととされる。そうであるならば、尾張権守高知＝治久＝「小田民部大輔」という図式が成り立つが、その場合、元弘二年三月段階で京都にあり、後醍醐天皇の警固を務めたといわれる高知が、尾張権守から民部大輔に名乗りを改め、常陸に戻り、万里小路藤房を受け入れる体制を整えたということになるが、はたしてどうであろうか。

ここまでみてきた通り、鎌倉末期の小田氏は、高知が元弘の乱に際し、幕府軍として参加して戦功を挙げ、京都に駐留した。また一方で、万里小路藤房の配流先に小田氏が選ばれ、彼の監視と生活の保障を行っていたとみられ、このときの藤房との関係構築が、後醍醐方の勝利による藤房の復帰に際し、小田氏がその同道を許されることに繋がったと思われる。

しかし、続く建武政権における小田氏については、庶流である高野《こうや》小田氏の時知・貞知の兄弟が、雑訴決断所の構成員として政権中枢での活動がみえる一方、嫡流家の活動はみえない。おそらくは常陸へ戻っていたとみられるが、その後の関東における中先代の乱、足利尊氏の挙兵と上洛、それに対する北畠顕家の追撃という大きな動きのなかでも、小田氏嫡流家の動きは史料から確認できないのであった。

南北朝内乱期の常陸と小田治久

さて、南北朝内乱における治久の初見は、延元元年（建武三、一三三六）六月、新田義貞書下写の宛所にみえる「小田宮内少輔《くないのしょう》」である（飯島一郎氏所蔵文書、『牛久市史料 中世Ⅰ』二―三―補遺一）。これは、義貞から治久に宛てた、足利尊氏らの討伐への参陣を求めたものである。先にみた元弘三年時点とは、「民部大輔」と「宮内少輔」で官途は異なるが、例えば、上洛の際に拝領した官途が「宮内少輔」であったことが考えられようか。なお、新田義貞と小田氏の関係については、系図の記述に留まるが、義貞の室で三男義宗《よしむね》の母が「常陸国小田之城主八田常陸介源真知女」とみえる（鑁阿寺本「新田足利両氏系図」）。ここから、新田氏と小田氏が姻戚関係にあった可能性があるが、真知なる人物については小田氏の系図にみえず、現状では貞宗か治久のどちらかと考えられている〔久保田二〇一五〕。

この義貞の求めなどを受けて、治久は南朝方に立つことを決めたとみられ、北朝方の伊賀盛光の軍忠状によれば、八月までに治久は、常陸北部の要衝瓜連城（茨城県那珂市）に入ると共に、その北方の花房山、大方河原（同常陸太田市）に軍を進め、北朝方と戦っていたことがわかる（飯野家文書、『南北朝遺文 関東編 第一巻』五三四、以下『南関〇』と略す）。

この頃の常陸国内では、北朝方の佐竹氏・宍戸《ししど》氏・烟田《かまた》氏らと、南朝方の小田氏・大掾《だいじょう》氏・真壁《まかべ》氏

伝小田治久像　茨城県土浦市・法雲寺蔵
画像提供：土浦市立博物館

らが、北部の瓜連城などを舞台に激しい争いを繰り広げていた（中根二〇一五）。南朝方では、国外から楠木正家《まさいえ》・広橋経泰《ひろはしつねやす》らが瓜連へ入るなど、常陸戦線を重要なものとみていたようであるが、そのなかにあって、小田治久は在地における南朝勢力の中心的な立場にあったとみられ、北朝方の軍忠状に「小田宮内権少輔治久」、「小田宮内少輔」などと名前を多く見出せる。それらによれば、治久は瓜連城に入り、積極的に打って出て北朝方と戦い、延元元年十二月の瓜連落城後は、小田城へ戻った。そして同城が北朝方の攻撃対象となってからは、これに応戦すると同時に、自らも府中（茨城県石岡市）周辺まで兵を進め、大掾氏と共に北朝方と戦うなど、積極的な姿勢をみせていた（烟田文書、飯野家文書、『南関二』六五五、六七二など）。

ところが、延元二年後半〜同三年前半にかけての間に、共に南朝方の一翼を担っていた大掾氏が離反し、北朝方に転じることとなった。これに対し治久は、志筑《しづく》城（茨城県かすみがうら市）の益戸《ますど》虎法師《とらほうし》丸《まる》と共に大掾氏の居城府中城を攻め、応戦した大掾浄永《じょうえい》の軍勢と府中近郊で激突した（山本吉蔵氏所蔵税所文書、『南関二』八七五）。この頃の志筑益戸氏は、当主顕助が建武三年正月の京都烏丸合戦で戦死し、幼い嫡男虎法師丸が継いでいる状況であり、治久らの支援を受けて軍事行動を展開していたと思われる〔中根二〇一〇〕。このときは浄永の反撃を受けて撤退し、府中城攻略は達成できなかったが、これ以後、常陸南部の北朝方と南朝方は、府中と志筑の間を流れる、現在の恋瀬川《こいせがわ》を境として争うこととなったのであった。

さて、南朝方に立った治久であるが、その明確な理由は判然としない。鎌倉期に没収された所領の回復などの理由が挙げられるが〔糸賀二〇一一〕、建武政権が成立した頃に、小田氏の旧領の多くが足利氏に与えられたこともあり（比志島文書『南関一』二二）、治久がその所領の回復を狙い、南朝方に属した可能性は考えられよう〔市村二〇〇四〕。なお、一族の中には、尊氏の上洛に従軍した「小田中務大輔」や、自らの居城に籠もった「小田右兵衛佐」など、北朝方に属した者もあったようである（神宮徴古館本『太平記』巻十四、相馬文書『南関一』七四二、『桜雲記』延元々年条）。

北畠親房との関係――小田城防衛戦

延元三年（建武五、暦応元、一三三八）の九月、常陸戦線は大きな動きをみせる。奥州を目指し海路で伊勢を出航した北畠親房が、その途上で難破し、常陸南部に漂着したのである（『元弘日記裏書』）。親房は南朝方の東条氏らに迎えられ、神宮寺城（茨城県稲敷市）へ入城したものの、同城はまもなく北朝方の攻撃を受けて落城、逃れた先の阿波崎城（同稲敷市）もすぐに攻め落とされた（烟田文書、『南関一』

八九〇)。このとき、親房を救援したのが治久であり、彼は親房を小田城へ迎え入れた。そしてここから約三年にわたり、親房は小田城を拠点として、東国南朝勢力の立て直しを図ることとなり、またその間に、『神皇正統記』や『職源抄』を著したのであった。

ところが、親房が小田城へ入ってくるのと時を同じくして、治久の活動は北朝方の史料からはほとんどわからなくなる。北朝方にとっては、あくまでも敵の大将格は親房であり、治久は親房を招き入れたことで、指揮下の一部将とみられるようになり、結果として史料からみえなくなったものと思われる。また、南朝方の文書でも、小田氏の動きはわずかな史料で確認できるに留まる。当時の慣習を考えるならば、親房と治久は、同じ小田城とはいえ、それぞれの居た曲輪《くるわ》は別であったとみられ(市村二〇〇四)、親房と治久の活動空間が異なったことも、史料から治久の名がみえなくなった一因と思われる。

南朝方の攻勢と北朝方の苦境

親房の小田城入城直後の時期は、南朝方も活発な動きを展開していた。延元四年(暦応二、一三三九)十一月、この年の八月ごろに常陸へ入国した高師冬が、大掾氏の被官税所《さいしょ》氏に宛てた奉書では、「常州府中石岡城を警固した事」を賞しており、この時期に府中周辺で合戦があったことを示している(山本吉蔵氏所蔵税所文書、『南関二』一〇二五)。このときの大掾氏の相手は、前年同様、小田治久や志筑益戸虎法師丸と考えられる。時を同じくして、下野南東部では春日顕国が北朝方の拠点を攻略し（松平基則氏所蔵文書、『南関二』九三九）、常陸西部から下野南東部にかけて、南朝方が攻勢に出ていた。このようななかで高師冬は、南朝方の拠点の一つである下総駒館《こま》（駒城とも、茨城県下妻市）を攻撃目標に定めた。

しかし、この時期の師冬勢は、兵力不足に悩まされていた。背景には、関東執事とはいえ、当時の師冬に与えられた権限が限定的な料所預置などに限られ、特に恩賞権限が与えられていなかったために、軍事行動に制約があったこと、佐竹氏や小山氏といった常陸・下野の守護であり、また平安以来の名族でもある勢力が、幕府執事高師直の猶子にすぎない師冬を軽視し、その要請に応じない姿勢をみせていたことなどが挙げられ、師冬は常陸へ入り南朝方への攻撃を開始したものの、思うような軍事行動を行えずにいた（亀田二〇一六）。さらに、駒館攻めの際には、師冬軍の中核というべき武蔵・相模の軍勢の多くが、長期の遠征に耐えかね、勝手に持ち場を離れて帰国するなど（山内首藤家文書、『南関二』一〇三三）、入国から一年余の間、師冬は苦しい立場のまま、常陸・下総・下野を転々としていたようである。

このような北朝方の状況に対し、南朝方は各地での戦いで北朝方に勝利するとともに、その戦果を白河結城親朝らに喧伝し、彼らの支援を求めることで、劣勢の状況を打破しようとしていた（松平基則氏所蔵文書、『南関二』一一五七など）。

「藤氏一揆」計画と小田城攻防戦

ところが、興国二年（暦応四、一三四一）になると、南朝方でも内紛が勃発する。きっかけは、前関白近衛経忠《このえつねただ》による「藤氏一揆《とうしいっき》」結成という分派行動であった〔亀田二〇一四〕。経忠は南朝に属していたが、この頃いったん京都に戻り、北朝への復帰を図った。しかし、北朝方は経忠に対し、親房に届いた情報によれば「北朝方も経忠を大切にするということはなく、あばら家一軒と所領二ヶ所を与えただけで、非常に苦しい状況なようだ」（松平基則氏所蔵文書、『南関二』一二二二）という塩対応をしたようであり、苦しい立場に陥った経忠は、関東の同じ藤原氏の有力者であった小山氏・小田氏らに呼びかけて一揆を結び、関東において自らの復権を図ろうとしたとみられる。実際に治久の下にも経忠の使者がやって来たようであるが、結果として小山氏も小田氏もこれに応じず、結成は実現しなかった。この動きを親房は、「短慮な行動である」「御物狂《ものぐるい》の至り」と厳しく批判しているが、経忠の行動は、結果として南朝方の結束を乱すとともに、北朝方の建て直しを許すことに繋がったのである。

「藤氏一揆」問題と時を同じくして、同年五月、師冬率いる北朝方は小田城の攻撃に着手することとなる。しかしながら、師冬勢の兵力はなおも不足していたようで、小田城周辺に要害を築き、あるいは周辺の城を取り立てる形で小田城を包囲し、持久戦を採用した。北朝方は南朝方の士気を削ぐため、小田城周辺の放火・略奪を実施し、また、南朝方が打って出て来ると要害へ戻って立て籠もることで、直接的な戦闘を避けていた。この姿勢に対し親房は、城外へ出て北朝方に攻撃を仕掛けると同時に、敵が一向に攻めかかってこず、戦いが自軍優勢であることをたびたび白河結城親朝に報じていたが（小峰城歴史館所蔵白河結城家文書、『南関二』一二三四、一二五四など）、一方で長期の対陣が続くことで、兵士の疲労がピークに達し、物資の不足など籠城の継続も苦しいものとなっていた（相楽結城文書、『南関二』一二八四）。

また、あわせて師冬ら北朝方は、信太庄方面の南朝方の拠点を別動隊が攻撃し、大掾浄永に命じて志筑益戸氏の志筑城を攻めるとともに、常陸・下野の南朝方に調略を展開することで切り崩しを図った。その結果、十月頃までには東条氏や長沼《ながぬま》氏などが北朝方に降り、なかには小田城内から北朝方に降った者も現れていた（有造館本結城古文書写、『南関二』一二八一）。そして、その調略の矛先は、小田城の本来の城主であった治久にも向いていたのである。

北朝方への降伏

延元元年の瓜連での合戦以来、治久は常陸における南朝方の主力として戦い続けてきた。しかし、徐々に戦況は南朝方に不利となり、ついには小田城に長期の籠城をしなければならない状況に追い込まれていた。加えて、白河結城親朝の支援がなおも得られないことや、自らのもとにも届いた、近衛経忠による「藤氏一揆」結成にかかわる呼びかけなど、南朝方の足並みの不一致もあり、退勢の挽回は難しい状況にあった。このようななかで、治久は自らの立ち位置について決断を迫られつつあった。

そして興国二年十一月、ついに治久は決断を下し、北朝方に降伏した。親房・顕国ら南朝勢力は小田城を出て、常陸西部の南朝方である関氏の関城（茨城県筑西市）、下妻氏の大宝城（同下妻市）へ入城した（相楽結城文書、『南関二』一二九三）。ここに、常陸南朝方の最重要拠点であった小田城が北朝方のものとなると同時に、その主力格であった小田氏が北朝方に転じることとなったのである。

北朝方に降伏した治久は、すぐさま高師冬に命じられ、親房らが逃れた関城・大宝城をはじめとする常陸西部の南朝方諸城の攻撃に従軍させられた（相楽結城文書、『南関二』一三〇五）。この頃、親房は白河結城親朝への書状の中で、治久の北朝方での扱いについて、「延元元年以降の（南朝で貰った）官途を認められず、かつて名乗っていた「宮内権少輔」を称していること、所領を差し押さえられていること、準備も整わないまま戦場に駆り出され、大いに悩んでいることなどを伝え聞いた」と述べている（相楽結城文書、『南関二』一三〇五）。また、親房の書状には、「治久については、敵方に異変があったならば、こちらに帰参することも十分ありえることであろう」と、治久ら小田氏が、再度こちらの味方に付くことを期待するような表現も確認できる（相楽結城文書、『南関二』一三三〇）。

ただし、一方で親房は、別の親朝宛書状の中で「治久は合戦を好まないから、北朝方に降ったとしても、味方への影響は少ないだろう」（有造館本結城古文書写、『南関二』一二九四）、「治久はもともと短気だったので、北朝方の甘言《かんげん》を受けてすぐに寝返ったのだ」（相楽結城文書、『南関二』一三〇五）と、治久を表現していることも確認できる。これを親房からみた治久の低い評価と考えることもできるが、親房は自らの下を離れたり、南朝方から離反したりした他の人物（近衛経忠、興良親王など）についても、「短気」や「粗忽」といった表現を用いており、単に自分を裏切った者というような意識でこれらの表現を用いていたものと思われる。

降伏後の活動

降伏後の治久の活動については、先に述べた関・大宝城の戦いに駆り出されたことはわかるものの、この両城の落城により、常陸での合戦が事実上北朝方の勝利で終わって以降の活動は、死去直前の文和元年（一三五二）初めまで史料にみえず、よくわからない。ただし、後継者たる孝朝《たかとも》はまだ十歳前後であったため、この頃も治久が小田氏の当主として活動していたとみられる。

さて、『太平記』によれば、文和元年閏二月、南朝方の新田義宗・義興・北条時行らと、観応の擾乱における直義方であった上杉憲顕《うえすぎのりあき》らが挙兵し、鎌倉を目指して侵攻したのを受け、足利尊氏はすぐさま反転攻勢を仕掛け、武蔵国内で合戦を繰り広げることとなる。このとき、武蔵石浜《いしはま》（東京都荒川区）に参陣した者の中に「小田少将」の名がみえる（神宮徴古館本『太平記』巻三十一）。子の孝朝はこの後の巻で「小田讃岐守」とみえていることから（神宮徴古館本『太平記』巻三十四）、この「小田少将」は治久を指すと考えられ、降伏から十年の間に、左右どちらかの近衛少将に名乗りを改めたとみられる。

通説によれば、治久はこの年の十二月、京都において没したとされる。しかし、治久が上洛した典拠とされる、洞院公賢の日記『園太暦』文和元年十月二十三日条に、昨夕関東から上洛してきた人物としてみえる「小田常陸前司某」は、治久が常陸介を称した事実を確認できないことから別人と考えられる。この人物の候補として、後年の史料で「小田常陸前司時綱《ときつな》」(東京大学所蔵白川文書、『南関五』三三九三)とみえる、庶流高野小田氏の小田時綱が挙げられる。系図の記述だが、時綱は足利基氏《もとうじ》に従っていたとされ(『系図纂要』、市村二〇〇三)、このときに何らかの理由で鎌倉から京へ上ったものと思われる。

このように考えるならば、文和元年に治久が上洛した事実はなかったこととなる。治久はこの上洛の際に、尊氏から源氏姓への改姓(小田氏はもともとは藤原姓)を認められたとする所伝があるが(糸賀二〇一一)、上洛の事実がないこと、また、文和元年時点の尊氏は鎌倉にあったことから、史実とは考え難い。では、治久はどこに居たのだろうか。この点、『鶴岡社務記録』の文和元年十一月十二日条には、「小田の宿所において、私(記主)をはじめ供僧《くそう》が列書し、行事は無事に終了した」という記事がある。文意が取りづらいが、鶴岡八幡宮社務の記録である以上、ここにみえる「小田の宿所」は、鎌倉にあった小田氏の屋敷(具体的な所在地は不明)を指すものと思われる。その場所に、社務や供僧が集まり、何らかの行事を執り行ったと考えられることから、このときの小田氏の屋敷には、治久や子の孝朝があったことが想定でき、治久はこのとき京都ではなく鎌倉に居たものと思われる。

そして同年十二月十一日、治久は鎌倉で没したとみられる。近世の系図類によれば、没年は七十歳(『系図纂要』)とも七十八歳(『浅羽本系図』)ともいわれるが、この通りに逆算すると、父とされる貞宗と同い年かそれより早い生まれとなってしまう。この点、近世成立の系図類の記述をどこまで信頼してよいのか、父とされる貞宗、同一人物とされる高知との関係などと合わせ、検討すべき課題がたくさん残されているといえよう。

墓所は不明だが、一説には小野《おの》（茨城県土浦市）の善光寺《ぜんこうじ》に葬られたという。同寺は、戦国期に子孫の小田成治が、北郡太田（同石岡市）に移して再興したとされ、そこには現在も小田氏の墓といわれる五輪塔十基が残されており、その一つが治久のものであると思われる。

また、ここまで治久の武将としての足跡を追ってきたが、彼の活動における宗教的な側面にも目を向けておきたい。小田氏の菩提寺である法雲寺《ほううんじ》（茨城県土浦市）は、正慶元年（一三三二）に、臨済宗の禅僧である復庵宗己《ふくあんそうき》が開いた楊阜庵《ようふあん》を前身とするが、建立に当たって復庵を支援したのが治久であるといわれ、さらに治久は彼を猶子としたという。このような縁もあってか、同寺には治久を描いたと伝えられる肖像画が現存している。その後、延元～興国年間に小野へ向上庵《こうじょうあん》を建てた際にも、治久はその第一世に復庵を迎えたという。南朝方として戦場で戦い続ける一方で、猶子とした復庵に帰依し、臨済宗に好意的な姿勢をみせる治久の姿が、ここから浮かび上がるだろう。

治久の没後、家督を継いだのは嫡男の孝朝であった。彼は引き続き北朝方として活躍し、多くの所領を獲得する一方で、和歌の世界でも京都の公家にも認められるほどの秀でた実力をみせ、漢詩や詩歌、臨済禅についても造詣の深い、一流の文化人であった〔市村二〇〇四〕。この孝朝の活躍により、南北朝後期に小田氏は一時大きく勢力を拡げることとなるが、その礎となったのは、南北朝内乱において、常陸南朝方として奮闘し、最終的には北朝方に降伏することとなったものの、本領である小田城周辺の所領を守り続けつつ、その基盤を固めた、父治久の努力であったといって間違いはないだろう。

（中根正人）

【主要参考文献】（副題省略）

『牛久市史 原始古代中世』第七章第一節、第二節（市村高男氏執筆、二〇〇四年）
『筑波町史 上巻』第二編第一節（糸賀茂男氏執筆、一九八九年）
市村高男「鎌倉府奉公衆の系譜」（峰岸純夫編『日本中世史の再発見』吉川弘文館、二〇〇三年）
糸賀茂男「常陸小田氏の消長」（『戦国武将小田氏と法雲寺』土浦市立博物館、二〇一一年）
糸賀茂男「動乱の中の常陸国」（『常陸南北朝史』茨城県立歴史館、二〇一四年）
亀田俊和『南朝の真実』（吉川弘文館、二〇一四年）
亀田俊和『高一族と南北朝内乱』（戎光祥出版、二〇一六年）
久保田順一『新田三兄弟と南朝』（戎光祥出版、二〇一五年）
中根正人「南北朝～室町前期の常陸大掾氏」（同『常陸大掾氏と中世後期の東国』第一部第三章、岩田書院、二〇一九、初出二〇一五年）
中根正人「中世後期志筑益戸氏の系譜と代替わり」（『国史学』二三一、二〇二〇年）

春日顕国
——東国に散った村上源氏の血流

村上源氏としての出自

康永三年（興国五、一三四四）四月、京都の足利尊氏は、遠く九州は薩摩の伊作宗久《いざくむねひさ》に送った書状の中で、「東国もハやかすかのしう（春日侍従）うたれ（討）候て、せいひつ（静謐）して候」と、関東の情勢を伝えた（島津家文書、『南北朝遺文 関東編 第二巻』一四八七、以下『南関〇』と略す）。ここにみえる「かすかのしう」（春日侍従）こそ、本項の主人公である春日顕国《かすがあきくに》を指すが、この書状で尊氏は、顕国を討ったことで関東が平和になったと述べている。ここから、関東における南朝方の重要人物として、顕国は尊氏をはじめ北朝方にその実力を認められていた人物であったといえる。

その顕国は、後に共に戦う北畠親房と同じ村上源氏である源顕行《あきゆき》の次男として生まれた（『尊卑分脈』）。生年は未詳で、松本周二氏は北畠親房と同世代とみる〔松本一九四〇B〕。父顕行の年齢や、甥の源信《のぶ》世《よ》の活動などから、おおむね一二八〇年代の誕生であろうか。父顕行は、最終的には正三位まで昇進した人物であり（『公卿補任』）、顕国も南北朝内乱以前は京都で廷臣として活動しており、また、その官途は侍従であったとみられる。

しかしながら、一次史料には、京都での顕国の活動はまったくと言っていいほど現れてこない。廷臣で、後に懐良《かねよし》親王に従い九州へ赴いた五条頼元《ごじょうよりもと》の日記に、頼元の大外記《だいげき》任官の除目《じもく》を持ってきた人物としてみえる「顕国」がほぼ唯一の所見と思われるが（『大外記頼元記』建武元年〈一三三四〉九月十五日条）、これとて別人の可能性を否定できない。言い換えれば、京都における顕国はそのくらいの存在であった。戦乱が起こらなければ、顕国もそのまま普通の一官人として、ある程度の出世をしつつ、その生涯を終えたものと思われるが、まもなく南北朝内乱が勃発することにより、顕国もそれに巻き込まれ、彼の運命は大きく変転することとなったのである。

一回目の東国下向

さて、南北朝内乱勃発後における顕国の初見は、延元二年（建武四、一三三七）六月、同族の北畠顕家（親房嫡男）が、山河《やまかわ》氏ら下総・下野の結城一族に宛てた袖判御教書《そではんみぎょうしょ》である（伊勢結城文書、『南関二』七〇九）。その登場時期からみて、建武二年に鎌倉で挙兵して上洛した足利尊氏を奥州から追走し、畿内においてこれを打ち破って九州へ追い落とした顕家が、再び奥州へ下向した際に、それに従って東国へ入ったと考えられる。このときの顕国は「春日少将」とみえ、顕家は、関東における軍忠や闕所については、顕国を通じて注進を受けたうえで執行すると述べている。このことは、白河結城親朝に宛てた顕家の袖判御教書でも、関東の結城一族の軍忠や恩賞について同様の説明をしており（伊勢結城文書、『南関二』七一二)、この時点の顕国は、関東の南朝勢力と奥州の顕家の間を取り次ぐ立場にあったとみられる。

翌七月に入ると、顕国の名は北朝方の軍忠状にも「春日侍従」として現れるようになり、下野小山城に出兵し、同城の奪取を図ったことがみえる(茂木町教育委員会所蔵茂木文書、『南関一』七一九)。なお、ほぼ同じ時期の史料でありながら、顕家の御教書では「春日少将」、北朝方の軍忠状では「春日侍従」と顕国のことを記しているが、これは顕国の少将任官が南朝の任命によるものであり、北朝方ではそれを認めていない、あるいは任官の事実を知らないことによる違いと考えられる。同年十月になると、顕国は下野から常陸へ入り、常陸での活動を開始する。このとき、北朝方の烟田時幹《かまたときもと》は、顕国の連れてきた軍勢を「奥州前国司勢」、顕国を「大将軍」と軍忠状に記しており、東国南朝勢力の中心が北畠顕家であり、その指揮下の大将軍として顕国が常陸へ来たと認識されていたと考えられる(京都大学総合博物館所蔵烟田文書、『南関二』七六六)。顕国は、顕家を中心とする南朝方において、一軍を任されるような地位にあったといえよう。

源顕行―┬―**顕国**
　　　　└―信経カ―信世

春日氏略系図

しかし、このときの常陸での活動は、ごく短期間で終結する。すでに九月の時点で、北畠顕家は二度目の上洛のため奥州を出陣しており、顕国の常陸出兵は、いわば別動隊として、顕家本隊の軍事行動に対する、常陸北朝方の動きを牽制する役割を担っていたと考えられる。そしてその役割を終えたのち、顕国も顕家に合流し、美濃青墓などでの戦いを経て、吉野へ入ったのであった。なお、『太平記』では、このときの顕家の軍勢について「奥州国司・鎮守府将軍顕家、副将軍春日少将顕信」と記し、副将を顕家の弟顕信とするが（神宮徴古館本『太平記』巻十九）、当時の顕信は、兄と異なり伊勢において父親房と行動を共にしており、『太平記』のこの記述は、同じく「春日少将」を名乗った顕国と顕信を混同した記述といえる。同時に、顕家の下で一軍を任される立場にあった顕国こそが、実際の顕家軍の副将格であったと考えられるだろう。

関東で活動を開始した顕国は、別動隊の大将に任じられるなど、北畠顕家を中心とする東国の南朝勢力の中にあって、重要な役割を果たしていたのであった。

顕家の死と二度目の東国下向

ところが、延元三年（建武五、一三三八）五月、和泉石津での戦いにおいて、他でもない顕家が高師直に敗れ戦死してしまい、軍勢は瓦解してしまう。敗残の兵を集めた顕国は、同族の冷泉持定《れいぜいもちさだ》（北畠親房の甥で娘婿）、同家房《いえふさ》（親房の又従兄弟）と共に八幡山へ入り、北朝方を相手に防戦に努めたが（『中院一本記』建武五年七月五日条）、七月には同地を失陥し、吉野へ戻ることとなったのである。

顕家をはじめ、楠木正成や新田義貞など、軍事面で大きな影響力を持つ武将たちを失っていた南朝方は、奥州および関東戦線の体制建て直しを図った。顕国もその一員として、後醍醐天皇の皇子義良親王、顕家の弟顕信の指揮下に入り、延元三年十月、伊勢から海路にて奥州を目指すこととなった。これと同じくして、顕家・顕信の父親房や、やはり後醍醐の皇子宗良親王も別船で出航することとなったが、その途上で暴風雨に巻き込まれ、宗良親王は遠江へ、親房は常陸へ漂着し、義良・顕信、そして顕国らの乗っていた船は伊勢へ戻されてしまった。

伊勢に戻された顕国は、いったん吉野へ戻ったと思われるが、その後、顕信とは別行動を取り、具体的な経路は不明であるが、一足先に関東へ入国し、遅くとも延元四年二月四日までに下野に入ったことが、顕国自ら白河結城親朝に宛てた書状から確認できる（小峰城歴史館所蔵「白河結城家文書」『南関二』九二三）。なお、この書状で顕国は「左中将（花押）」と署判しており、この頃までに左近衛中将に任官していた。おそらくは、関東下向に当たってのものと考えられる。

南朝方が体制の立て直しを図るなかで、顕国は東国に再びその働き場を持つこととなり、下野において新たなスタートを切ることとなったのであった。

常陸中将は誰なのか

さて、顕国が関東に戻ってきた頃、常陸国内では「常陸中将《ちゅうじょう》」なる人物の活動がみられる。延元四年三月に吉田《よしだ》薬王院《やくおういん》へ出された袖判御教書（彰考館所蔵「吉田薬王院文書」『南関二』九四一）の書留には、「依㆓常陸中将仰㆒執達如㆑件」とあり、袖判を付した人物＝常陸中将と考えられる。そしてその花押形は、延元元年七月に某頼村《よりむら》に宛てた下文（関家文書、『南関一』五〇六）の袖判、同年十一月に鹿島社に宛てた祈願状（『鹿島事跡 十』所収「鹿島大禰宜家文書」）の署判とほぼ一致する。そして、鹿島社宛祈願状の署判に「右兵衛佐源朝臣」とあることから、常陸中将は、延元元年当時、右兵衛佐の官途を名乗っていた源氏姓の人物が、同四年までに常陸介兼（左右どちらかの）近衛中将に任官した姿であると考えられる。

この人物の比定については、すでに近世段階より、北畠顕信、同顕時《あきとき》（顕国の改名）の二説が出されており、近年の刊本史料や論文では顕信のものとされている（『茨城県史料』、『南関』、寺崎二〇一七）。しかし、顕信の活動時期と官途、花押形などから、また顕時についても、花押形や官途から、いずれもこの花押の持ち主とみることはできない。この点、従来の二説を否定するとともに、その人物を顕国の甥である源信世とする見解を発表したのが、吉田一徳氏であった（吉田一九六二）。その後、糸賀茂男氏も、信世の名と花押がわかる明確な史料がない点を課題としつつ、吉田氏の説を高く評価している（糸賀二〇〇二）。この点は筆者も、右兵衛佐を名乗り（『師守記』康永三年四月二十四日条）、また中将の官途を得られる階層にあり、当該期の常陸で活動が確認できる南朝方の源氏姓の人物は、管見の限り、源信世以外には考え難く、現時点では彼を指すものとみておきたい。

このように考えると、源信世は延元元年段階で常陸において活動していたことがわかり、叔父の顕国と同じく、顕家の東国下向に同行し、常陸に入ったものとみられる。また、その後の約二年半、関東における彼の活動はみえないが、これは叔父と共に顕家の軍勢に従い上洛したためであろう。そして、やはり叔父と同様に再び関東へ下向した信世だが、吉田薬王院文書には、「常陸中将」の袖判御教書と同日付で、北畠親房の袖判御教書も存在する（彰考館所蔵「吉田薬王院文書」、『南関二』九四〇）。ここから考えて、延元三年十月の伊勢出航時の信世は、叔父とは別行動をとり親房の船に同乗し、常陸への漂着後も行動を共にしていたものと思われる。なお、信世の常陸介と近衛中将への任官についても、叔父顕国と同様に、東国下向に当たっての任官であったものと考えられよう。

下野での戦いと厳しい補給事情

話を再び顕国に戻そう。延元四年二月までに下野に入った顕国は、しばらくは同国内を中心に北朝方の諸城の攻略を展開した。三月廿日付で北畠親房が白河結城親朝に送った袖判御教書（松平基則氏所蔵結城文書、『南関二』九三九）によれば、二月二十七日に東真壁郡の矢木岡《やぎおか》城（栃木県真岡市）と益子《ましこ》城（同益子町）を攻略し、当時下野にあった桃井《もものい》氏の一族が居た河内郡の上三川《かみのかわ》城（同上三川町）や、都賀《つが》郡の箕輪《みのわ》城（同下野市）を自落させ、さらに飛山《とびやま》城・宇都宮城（ともに宇都宮市）の軍勢を追い散らしたという。

この顕国の行動の背景には、南奥の白河結城氏と関東を繋ぐ下野国内への橋頭保《きょうとうほ》の確保があったと思われる。顕国の攻めた諸城は、いずれも下野東部にあった有力拠点であり、この地域に南朝方の勢力を伸ばすことで、南奥との連携を取りやすくしようとした可能性が高いだろう。また、この辺りの地域は、常陸西部の関氏や下妻氏、真壁氏、伊佐氏等の居城に近接しており、南朝方である彼らとの連携を強めるための戦略でもあったとみられる。それはこの直後、顕国が常陸中郡城（茨城県桜川市）の攻略を企図していたという点からも、下野だけでなく常陸を視野に入れた軍事行動であったことが考えられる（有造館本結城古文書写、『南関二』九四九）。

翌延元五年（興国元、一三四〇）正月の段階では、顕国は依然下野を拠点としていたとみられ、駒館（茨城県下妻市）を攻める高師冬率いる北朝方に対し、その後詰《ごづめ》に加わるべく出陣しているが、このときに顕国は、「手元に馬がまったくない」という状況を親房に伝え、親房は馬を送ってほしいと白河結城親朝に伝えている（松平基則氏所蔵結城文書、『南関二』一〇八七）。このことは、下野で戦い、たびたび勝利を収めながらも、補給事情に苦しい顕国ら南朝方の状況がうかがえるとともに、その後顕国が小田城（同つくば市）へ入り、親房に合流する遠因となった可能性も考えられるだろう。

小田入城後の顕国

下野を出た顕国は、興国元年（一三四〇）六月頃までに小田城へ入ったとみられる。これ以降の顕国は、小田城を拠点として、親房の右腕的な役割を果たすようになっていく。例えば興国二年五月、親房は白河結城親朝に対し、常陸北部の多賀郡で抵抗を続ける境《さかい》小三郎《こさぶろう》や大塚《おおつか》氏ら南朝方の救援に向かってほしい旨を述べたが、そのなかで親房は「こちらからも春日顕国の軍勢を出陣させるつもりだ」と、小田城から顕国を大将とした一軍を出す意向を述べており（相楽結城文書、『南関二』一二二六）、顕国が小田城内における南朝方の一方の大将となりうる立場にあったことがわかる。

しかし、すでにこの頃の常陸戦線は、北朝方の優位で進んでおり、南朝方は小田城やそれぞれの居城に追いつめられる状況にあった。確かに北朝方でも、常陸に入ってきた高師冬の要請に対し、佐竹氏や小山氏ら有力守護が応じず、また主力の武蔵・相模の軍勢が長期の遠征に耐えかね、勝手に持ち場を離れて帰国するなど（山内首藤家文書、『南関二』一〇三三）、兵力不足に悩まされることもあったが（亀田二〇一六）、それでも、北朝方は南朝方の勢力を削りつつあった。

このようななかで、下野から常陸へ入った顕国も苦しい南朝方の防衛に駆り出されることとなり、およそ一年半の間、小田城を中心として戦い、興国二年七月には、「春日顕国が後方支援に向かった」と親房が述べるように、時には小田城外で後詰の戦を展開していたとみられる（有造館本結城古文書写、『南関二』一二四三）。またこの間、親房は白河結城親朝に参陣要請を繰り返していたが、顕国も同様に、親朝に常陸・下野情勢を伝え、南奥での挙兵をたびたび促した（有造館本結城古文書写『南関二』、「秋田藩家蔵文書二十六」『南関二』一一四三、一二二〇）。なお、顕国は興国二年八月に顕時と改名したとされるが（松本一九四〇A）、本項では引き続き顕国の名を用いることとする。

関東における南朝方の一大拠点であった小田城だが、北朝方の攻勢の前に追い込まれ、東条氏や長沼氏のように、北朝方に降った者もあった。またこの頃、顕国は白河結城親朝に「乗馬の不足の事」を伝えているように（有造館本結城古文書写『南関二』一二六三）、先に下野で戦っていたときのように乗馬を失っていたとみられ、城内の補給事情も苦しいものになりつつあったと考えられる。

そしてついに興国二年十一月、もともとの小田城主であった小田治久が北朝方に降伏を表明した。親房によれば、治久が北朝の軍勢を城内に引き入れてきたため、自分たちは小田城を出城し、親房は関城（茨城県筑西市）、顕国はこの年の七月に吉野から下向してきた興良《おきよし》親王（護良親王嫡子）と共に大宝城（同下妻市）へ入ったという（相楽結城文書、『南関二』一二九三）。なお、甥の源信世については、「中郡御城」（小峰城歴史館所蔵「白河結城家文書」『南関二』一四〇一）へ入ったとみる吉田一徳氏の指摘があるものの（吉田一九六二）、史料上では、彼の活動は関・大宝の落城後まで確認できないのが現状である。

小田城の失陥により、常陸における南朝方の勢力は常陸西部にさらに狭まることとなったが、親房らはなおも白河結城親朝に支援を求めながら、北朝方との対峙を続けるのであった。

関・大宝城の苦境

興良親王と共に大宝城に入城した顕国であったが、北朝方は早くも攻撃を仕掛けてきた。早速十二月八日には、師冬の一族三戸師親《みともろちか》（師冬の猶子とも）、大平《おおひら》氏ら武蔵・常陸の軍勢が城の南に陣を取ろうとしたところを、顕国や共に籠城する一条中将などが打って出て攻撃を仕掛け、大いに勝利を収めたという（相楽結城文書、『南関二』一三〇五）。

一方で、この戦いと前後して、北朝方は要衝の村田四保《むらたしほ》城（茨城県筑西市）を攻め、これを自落させた。このときの彼らの戦略は、関―大宝―伊佐という小貝川《こかいがわ》周辺の城郭と、真壁―中郡という桜川周辺の城郭の双方を繋ぐ位置にあった村田四保城を奪い、南朝方諸城間の連携を寸断するというものであったとみられる〔高橋二〇一三〕。それと同時に、北朝方が関城、大宝城の攻囲を進めたことで、関城と大宝城の間の連絡も寸断されることとなり、両城は思うような連携を取れない状況に陥った。

大宝城跡の土塁　茨城県下妻市

もっとも、両城の間にある大宝沼の水運を使った、船による情報伝達は行われており〔相楽結城文書、『南関二』二三〇七〕、情報がまったく入らなかったわけではなかったようである。例えば、足利尊氏・直義兄弟の母上杉清子が没したことや、美濃の土岐頼遠が京都で光厳上皇に狼藉を働いて処刑されたことなど、北朝方の京都での情報を、その一か月後に顕国が知っていたことが史料からも確認できる〔有造館本結城古文書写、『南関二』一三八二〕。しかしながら、情報や補給が寸断され、なおも戦いが続くなかで、籠城する兵士は徐々に疲労を蓄積させていった。

さらに興国四年になると、興良親王が大宝城を出て、小山朝郷《ともさと》の祇《ぎ》園《おん》城（栃木県小山市）へ移るという事件が勃発した。この件の背景には、すでに小田城落城以前に勃発していた、近衛経忠による「藤氏一揆」結成計画や（松平基則氏所蔵結城文書、『南関二』一二二一）、興良とは別に、関東へ下向してきた南朝宮家（「新竹」）の存在があったことなどが考えられる（彰考館所蔵「結城家蔵文書」、『南関二』一四〇九）。この興良の行動を、親房は「楚忽な振舞いである」と難じたが、同じ城で戦ってきた顕国はどのように思ったのであろうか。いずれにせよ、常陸の南朝方は、北朝方の攻撃だけでなく、内紛によってさらに苦しい状況に追い込まれることとなったのであった。

劣勢が続くなかにあって、顕国は攻め寄せる北朝方の軍勢を迎撃し、興国四年四月には、寄手の下総結城直祐や佐竹一族らを討ち取るという大きな戦果も挙げた（有造館本結城古文書写、『南関二』一四〇三）。その一方で、顕国は親房と同様、白河結城親朝に引き続き書状を送り、状況報告と参陣を求めながら、苦しい籠城戦を続けたのであった。

しかし、同年六月、小田城以来救援を求めてきた白河結城親朝がついに北朝方に転じたことで、常陸戦線の大勢は決した（有造館本結城古文書写、『南関二』一四二〇）。なおも親朝の翻意と出兵を求め続けた親房・顕国であったが、すでに関・大宝両城は、兵力・兵糧において限界を迎えつつあった。そして同年十一月、両城は落城した（小峰城歴史館所蔵「白河結城家文書」、相馬文書、『南関二』一四五三、一四五四）。城主であった関宗祐《むねすけ》・宗政《むねまさ》父子、下妻政泰《まさやす》らは戦死し、親房は脱出に成功したものの、吉野へ帰還することとなり、常陸における南北朝内乱は事実上北朝方の勝利に終わったのであった。

最後の挙兵

しかし、落城に際し、顕国は親房に同道せず、信世と共に筑波郡内に潜伏していたという（『鶴岡社務記録』康永三年三月四日条）。関東を諦め、吉野に戻って新たな方策を考えようとしたとみられる親房とは異なり、顕国はあくまでも関東における南朝方勢力の復権を考えていたのであろうか。なお、潜伏していたとされる筑波郡の多くは、先に北朝に下った小田氏の所領であったが、その周辺には、なおも南朝方に心を寄せる勢力があったのかもしれない。

大宝城の落城から約四か月後の興国五年三月、潜伏していた顕国・信世はついに挙兵し、駲馬沼田城《なれうまぬまた》（茨城県稲敷市）を攻撃した。筑波郡から、小貝川水系を使っての軍事行動であった可能性が考えられる。同地はかつて南朝方の拠点であったが、北朝方に攻め落とされていた場所であり、顕国らはこの地を奪うことで、南朝勢力の再興を図ろうとしたのであろうか。しかし、この周辺には依然として北朝方の戦時体制が生きていたものと思われ、まもなく顕国らは、北朝方の宍戸朝里《ともさと》らの攻撃を受け、あっさりと敗走した。三月四日のことであった（『鶴岡社務記録』康永三年三月四日条）。

しかし、顕国は諦めない。その三日後の七日、今度はつい先ごろまで籠城していた大宝城に顕国らは姿を現した。駲馬と大宝の位置関係を考えるならば、先に下ってきた小貝川水系を上り、大宝城に迫ったものと思われる。そして、同城に攻撃を仕掛けた顕国らの軍勢は、城将とみられる下妻政所らを討って城を攻略し、数か月ぶりの入城を果たした（『鶴岡社務記録』康永三年三月七日条）。この合戦に際し、顕国らは城に火を放ったとみられ、大宝城に隣接する大宝八幡宮は、その戦火によって全焼してしまったという（大宝八幡宮文書、『南関二』一五〇二）。

こうして再び大宝城へ入った顕国であったが、大宝城の救援に来た北朝方の軍勢は、すぐさま城の奪還に動き出した。このときの敵勢は下総結城直光の軍勢であった（『鶴岡社務記録』康永三年三月七日、八日条）。直光は、顕国が一年前に討ち取った直祐の弟に当たり、直光にとって、顕国は兄の仇であった。彼ら北朝方の攻撃を受けることとなった大宝城だが、前日に落城したばかりの状況で、また、その攻撃時に大宝八幡宮が炎上したということを考えても、城の防御力は本来の状況と比べて大きく弱まっていたと思われる。結果として、八日の夜に大宝城は再び落城し、顕国と信世は村田阿波守に捕らえられた。そして即日処刑されることとなり、関東における南朝方の復権の志半ばにして、二人は処刑されたのであった（『鶴岡社務記録』康永三年三月九日条、『常楽記』八日条）。顕国の年齢は、推測に留まるが、父顕行の生年や甥信世の活動時期などから、五十代後半～六十代前半ぐらいであったと考えられる。

処刑された顕国・信世等の首は、三月末までに京都へ運ばれ、四月二十四日に六条河原に晒されたという（『師守記』康永三年四月廿四日条）。なお、処刑に関する記事において、『鶴岡社務記録』は「顕国・甥兵衛佐」、『師守記』は「春日侍従顕国・前右兵衛佐信世」、『常楽記』は「春日侍従顕邦（国）朝臣、甥右兵衛佐」とみえる。先にも述べたが、顕国は南北朝分裂後に左右どちらかの近衛少将、さらに左近衛中将に、信世も常陸介と左右どちらかの近衛中将に任官したが、これらは南朝における任官であり、北朝方ではそれを認めていない、あるいは任官の事実を知らなかったことによる表記の違いとみられる。北朝方における二人の官途認識は、あくまでも南北朝内乱で彼らが南朝方に従ったことにより、北朝方の朝廷に解官された時点で任官していた侍従・右兵衛佐と認識されていたのであった。

最後に、顕国の妻子について記しておきたい。とはいえ、これに関する明確な史料は確認できず、顕国の室が誰であったかは不明といわざるをえない。また、子については、『尊卑分脈』に「顕尚」なる人物があり、松本氏や吉田氏は彼について、北畠顕信に従い奥州方面で活動していた五辻顕尚と同一人物ではないかとする〔松本一九四〇、吉田一九六六〕。顕国の子であれば、甥である信世と同世代とみられ、信世と同じく関東や奥州で活動していたとしてもおかしくはないと思われるが、顕国と五辻顕尚が親子であったことを示す史料についても確認できず、今後の新たな史料発見が俟たれるところである。

京都に生まれ、朝廷に仕えた春日顕国は、南北朝内乱に際して南朝方に属し、関東の地で戦い始めた。彼は同族である北畠顕家、そしてその父親房の右腕として、また時には一方の大将として、南朝方勢力の拡大を目指し、物資不足や南朝方の内紛に悩まされながら、常陸・下野の各地で戦い続けた。親房の敗走後もその姿勢は変わらず、事実上北朝方の手に落ちた常陸国内に潜伏して機会を俟ち、挙兵して敗れてもなお戦陣に立ち続けた顕国は、ついに東国の地において散ったのであった。

北畠父子の右腕として、最後まで関東の地で南朝方の勢力拡大を目指して戦った顕国は、北朝方にも高く評価され、同時に危険視されていた。それを端的に表現したのが、冒頭に掲げた足利尊氏書状の一文であったといえるだろう。

（中根正人）

【主要参考文献】

糸賀茂男「茨城県史と中世古文書」（『茨城県史研究』八六、二〇〇二年）
亀田俊和『高一族と南北朝内乱』（戎光祥出版、二〇一六年）
高橋典幸「南北朝期の城郭戦と交通」（『東京大学日本史学研究室紀要別冊「中世政治社会論叢」』、二〇一三年）
寺﨑里香「南北朝の動乱と佐竹氏」（高橋修編『佐竹一族の中世』高志書院、二〇一七年）
松本周二「小田・関・大宝の戦」（高柳光寿編『大日本戦史 第六巻』三教書院、一九四〇年A）
松本周二「結城文書による史実の発見」（結城宗広事蹟顕彰会編『結城宗広 史伝・郷国・家系・結城文書の研究』結城宗広事蹟顕彰会、一九四〇年B）
吉田一徳「常陸中将源信世と中郡城について―東国南北朝史研究の一齣―」（『日本歴史』一七五、一九六二年）
吉田一徳「春日中将顕国・常陸中将源信世伝研究序説―東国南北朝史研究の一齣―」（『茨城史学』二、一九六六年）

新田義貞――運命を決めた三つの選択

「足利一門」新田義貞

近年、新田《にった》氏研究は大きく転換したが、その最大のものは、「足利一門」新田義貞《にったよしさだ》の発見（再発見）であろう。

従来、新田義貞といえば、足利尊氏と並ぶ「源家嫡流」などとして語られてきた。だが、それが実際には、「源家嫡流」どころか「足利庶流」にすぎなかったと判明したのである。

このことは、①新田氏と足利氏は並立する存在ではないこと（本来、両者をライバル視するという発想そのものがおかしいこと）、②そもそも両者は異なる一族でもないこと（源氏として同族などという曖昧な関係ではなく、中途から足利一門化したなどという半端な間柄でもなく、その始まりから足利一門の嫡流と庶流という関係であること）が解明されたということである。そして、この二段階の虚偽意識（新田という枝を足利という幹から切り離し、そのうえで両者を同格とする作為）は、『太平記』という物語によって生成されたものであることもわかっている。かくして現在は、『太平記』史観からいかに自由になるかが問われている段階にあり、こうした状況のもと、歴史学や国文学の世界で新たな研究が進みつつある。

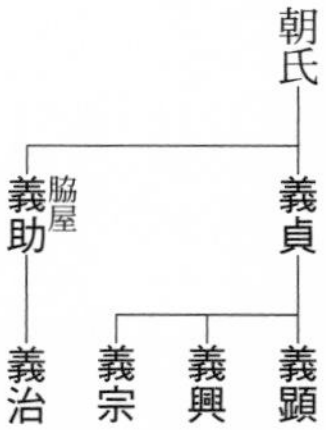

新田氏略系図

他方、「足利一門」新田義貞というイメージを受け入れられない方もいるようで、群馬県の郷土史などでそれは顕著である。まさに「大新田氏」などという主張がそれに当たろうが、①そもそも「大新田」とは里見《さとみ》氏のことであり、新田氏は「小新田」であるから、学術的に問題がある（史実的には「足利一門」「小新田」というほかない）、②「大新田」（大新田公）とは戦前・戦中の群馬県の郷土史に散見されるイデオロギッシュな言説であり（当然、「大楠公《だいなんこう》」を意識している）、現代に復活使用するのは疑義がある、などの諸点から、到底受け入れられるものではない。むろん、地域で熱く顕彰することそれ自体は是とするものであるが、学問的には（学者としては）冷静に検証する姿勢が求められよう。少なくとも、歴史的事実を排斥するなどという愚は犯してはならないだろう。

では、そもそも「足利一門」新田義貞では本当に敬服するに値しないのであろうか。われわれが『太平記』以降、七百年近くもの間、着せさせ続けた「重すぎた鎧」を脱がせたとき、見えてくる姿ははたしていかなるものであろうか。

以下、新田義貞の三つの「選択」の場面に注目しながら、彼の人生を追いかけてみたい。なお、論旨（論述の根拠）そのものに『太平記』は用いないことをあらかじめお断りしておく。

鎌倉幕府か、足利尊氏か――選択①（元弘三年・一三三三）

新田義貞が生まれたのは、正安二年（一三〇〇）頃のことである。文保二年（一三一八）に上野国新田庄内の在家《ざいけ》・畠を売り渡している「源義貞」がその初見とされる。他方、彼のことを鎌倉幕府は「新田孫太郎貞義」と誤認しており、認識の程度がうかがえる。その後、義貞は元亨四年（一三二四）にも同庄内の在家・田畠を売り渡しているが、その際には幕府は「新田小太郎義貞」と認知している（「長楽寺文書」）。いずれにしても、いまだ無位無官の小太郎義貞であった。

元弘三年（一三三三）以前、義貞は京都大番役《おおばんやく》（大番衆）を務めるために在京していたが、折から勃発した元弘の乱に対処すべく、元弘三年正月～三月、鎌倉から進発・西上してきた幕府軍と合流して大和路を南下した。このとき、義貞は反乱軍の護良親王と接触した可能性が指摘されている（ただし、それによってただちに反乱軍に加担したわけではない）。その後、義貞は幕府から許されたのか、それとも勝手に戦場から離脱したのか（この点、義貞に処罰されている様子がない以上、現状、前者の可能性が高いだろうか）、上野国へ戻っていった（なお、『太平記』巻第十は「空病して東国へ帰」とあり、前者と後者の中間的表現である）。

事態が転回したのは、元弘三年四月～五月のことである。配流先の隠岐国から脱出して勢力を拡大する後醍醐天皇に対峙すべく、名越高家（北条一門）と足利尊氏の連合軍が鎌倉から進発・西上するも、四月二十七日、高家は突如戦死し、尊氏は一気に反乱軍へ加担するに至ったのである。

そして、尊氏からは同日（史料には「四月廿二日」とあるが「四月廿七日」の誤記だろう）付けで「先代《せんだい》退罰御内書《たいばつごないしょ》」（北条高時追討命令）が上野国の足利一門岩松《いわまつ》氏へ届けられた。また、「長寿寺殿御書《ちょうじゅじどのごしょ》」（尊氏の書状）や「内状《ないじょう》」（内密の書状）も同氏へ（後者は正確には足利氏の側近紀五氏から岩松氏に近い足利一門田島《たじま》氏へ）届けられている（「正木文書」）。さらに、五月上旬の前後には四歳の足利千寿王《せんじゅおう》（尊氏の子）も鎌倉から上野国世良田《せらだ》（群馬県太田市）へ脱出しており、尊氏は義貞へ、千寿王とともに幕府軍と戦うよう催促・命令している。すなわち、西国の尊氏（足利嫡流）から東国の足利庶流たちへ、続々と蹶《けっ》起《き》指令が届けられたのである。

他方、実は新田氏は、北条氏と密接な関係にあった。従来、新田氏は北条氏から抑圧され困窮（貧乏武士化）していたと見られてきたが、上野国新田庄内世良田長楽寺の再建事業に関する再検討から、むしろ、新田―北条両者は緊密な関係にあったこと、そして、新田氏は都市的な場である世良田宿を押さえるなど地域の有力な武士であったことがわかってきた。また、そもそも、義貞の妻は北条氏（得宗）被官安東《あんどう》氏の娘と見られ、関係は密であった。

このように、義貞は共に生きてきた北条氏と歩み続けるか、はたまた「足利一門」として尊氏とともに蹶起するか、重大な決断を迫られたのである。新田氏は源義国《よしくに》以来の足利一門であり、鎌倉期には政治的にも足利氏の影響下にあった。とはいえ、足利庶流だから自動的に足利嫡流に従うということはない。御家人・武士としては、あくまで自律的な存在である。他方、西国はすでに動乱状態となっており、北条氏と親密な関係にあった足利氏まで離反した。だが、五月上旬の時点で東国に西国のゆくえは伝わっておらず（六波羅探題の陥落は五月七日のことである）、東西の幕府軍（鎌倉軍・六波羅軍・河内国金剛山包囲軍）も弱小ではない。東国で北条氏と戦うとなると、自力で勝ち抜いていかねばならず、敗北は即、滅亡となる。

こうしたなかで義貞が選んだ答えは、幕府との別れであった。

足利尊氏か、後醍醐天皇か――選択②（建武二年・一三三五）

元弘三年（一三三三）五月八日、上野国で蹶起した新田義貞は鎌倉を目指して進軍を開始する。これに足利一門山名《やまな》氏・里見氏・堀口《ほりぐち》氏・大館氏・岩松氏・桃井氏らが付き従った。上野国・越後国・信濃国・甲斐国などの武士も呼応したという。十二日には足利千寿王も続けて挙兵する。これに足利一門世良田氏らが付き従った。上野国・常陸国・上総国・武蔵国などの武士も呼応したという。象徴としての総大将は千寿王であるが、実際の指揮官はいうまでもなく義貞であり、東国の足利氏・足利一門（足利軍団）を挙げての進撃といえよう。

十一日には武蔵国小手指原《こてさしがはら》（埼玉県所沢市）、十四日〜十六日には武蔵国分倍河原《ぶばいがわら》（東京都府中市）での激戦を制した義貞は多摩川を突破、十七日には相模国瀬谷原《せやはら》（横浜市瀬谷区）を越えて、十八日には鎌倉稲村ヶ崎《いなむらがさき》（神奈川県鎌倉市）へ至る。この頃にはもはや新田氏（足利軍）と北条氏（鎌倉幕府軍）の

新田義貞銅像　東京都府中市

はざまにあって日和見をしていた東国武士たちも続々と討幕軍へ味方し、二十二日、鎌倉は陥落、幕府（北条氏）は滅亡した。

その後、鎌倉では千寿王が頂点に君臨する。彼は二階堂を御所とし、武士たちも彼に服属した。東国足利氏のトップゆえに当然であろう。そして、日本全体としての忠功は千寿王の父・足利尊氏のものと見做され、後醍醐天皇（建武政権）は尊氏を、最大限優遇した。そうしたなか、どうしたことか、足利氏による「義貞御退治」「連日鎌倉中空サハギ」（『梅松論』）との風聞が広まってしまう（後述）。その結果、「静謐《せいひつ》」（『梅松論』）を望んだ義貞は鎌倉を離れ、京都へ向かう。

他方、討幕の功績は、間違いなく義貞にあった。例えば、「関東誅伐ノ事、義貞朝臣其功ヲ成」「義貞関東ヲ落ス事子細ナシ」（『梅松論』）などとある如くであり、新田氏による鎌倉陥落は「わづかなる新田などいふ国人に、たやすくいかでかはほろぼさるべきとおぼえしに」（『増鏡』）「いくばくならぬ勢にて鎌倉にうちのぞみけるに、高時等運命きはまりにければ」（『神皇正統記』）と、衝撃をもって受け止められた。『太平記』巻第十一も「西国・洛中の戦に官軍聊《いささか》勝にのりて、両六波羅を責落といへとも、関東を責られむ事は優しき大事なるへし」「縦《たとい》六波羅こそ輒《たやす》く責落とも、筑紫と鎌倉とをは、十年廿年にも対治せられかたし」などとあって、六波羅以上に鎌倉攻略の難しさを語っている。それゆえにこそ、幕府滅亡後、上洛を決断した義貞を、後醍醐は実力者と認めて厚遇したわけである（従四位上〈足利直義より上〉・治部大輔〈後に左中将・右衛門督。足利氏は右衛門佐と呼称〉・越後守護・越後国司・上野国司・播磨国司など）。義貞の能力・力量がうかがえるところである。

こうしたなか、北条氏残党の動きが徐々に活発化していく。建武元年（一三三四）十一月には、尊氏・義貞の両者が名指しで打倒の対象と叫ばれ（「竹内文平氏所蔵文書」）、翌建武二年四月にも、尊氏・義貞の両者を暗殺する計画があったことが発覚する（『五大虚空蔵法記』建武二年四月四日条）。このように、鎌倉陥落から建武政権を通じて、尊氏（足利嫡流）と並ぶほどまでに成長した義貞（足利庶流）の政治的な存在感が確認できる。さきほど見た「義貞御退治」「連日鎌倉中空サハギ」（『梅松論』）というのも、このことの表徴であろう。

事態が転回したのは、建武二年六月～十月のことである。北条氏残党が鎌倉を急襲・奪還すると（中先代の乱）、足利氏はそれに反撃・再占領し、そのまま建武政権から離反する。そして、後醍醐が対足利氏の大将として義貞を抜擢したという風聞が流れると、足利氏は彼の上野国を上杉氏に与えたという。他方、上野国を義貞に与える（戻す）かわりに、足利氏を殺害せよという計画が義貞に語られたともいい、義貞周辺で陰謀は何度もあったという。

このように、義貞は「足利一門」として足利氏（足利嫡流）とともに歩んでいくか、はたまた自らを抜擢してくれた後醍醐とともに進んでいくか、重大な決断を迫られたのである。ただし、この選択は後醍醐をとるほかなかった。すでに足利氏は、十一月二日の段階で義貞誅伐の檄《げき》を諸方に飛ばしはじめており、十日には義貞追討を奏上し、十八日にはそれが京着している。義貞と足利氏の関係は繰り返される数々の陰謀や風聞もあって最悪のものとなってしまっており、在京（義貞・後醍醐）―在鎌倉（足利氏）という点からも選択の余地はない。

こうしたなかで義貞が選んだ答えは、足利氏との別れであった。

後醍醐天皇か、第三極か――選択③（建武三年・一三三六）

建武二年（一三三五）十一月十九日、足利氏を掃討すべく新田義貞は鎌倉を目指して進軍を開始する。これに足利一門堀口氏・脇屋《わきや》氏（新田義重《よししげ》流）らが付き従った。一方、足利氏には足利一門仁木氏・細川氏・畠山氏・岩松氏・今川氏（足利義康《よしやす》流）、山名氏（新田義重流）、吉見《よしみ》氏（源為義《ためよし》―義朝《よしとも》流。この一流は南北朝期に足利一門化した）らが付き従った。まさに、足利一門の分裂戦争と呼ぶにふさわしい状況である（この次の分裂戦争は観応の擾乱である）。

事実、「義貞ハ尊氏カ一族也。彼命ヲ受テ不レ背ハ可レ然カリケルヲ、是モ驕心《きょうしん》有テ、高官高位ニシテ如レ此ナルコソ不思議ナレ」（『保暦間記』）とあるように、足利庶流として、足利嫡流（尊氏）に従っておけばよかったものを、義貞は慢心して無位無官（小太郎）から高位高官となったのに滅びてしまった、と結果的に批判されているように、当時から足利一門の分裂戦争という感覚はあったようである。

この点、『太平記』においてすらも、「新田・足利一家の好《よしみ》をわすれ、自敵の思をなして、次あらは互に亡する企を心中に挟けるか、果早天下の乱と成にけり」（巻第十四）「尊氏超涯の皇沢《こうたく》にほこりて、朝家を傾とせし刻、義貞も其一家なれは、定て逆党にそ与すらむと覚しに、氏族をはなれて志を義にせき、傾廃をたすけて命を天に懸しかは、睿感更に浅からす」（巻第十七）と描いてしまっているのはたいへん興味深い。新田氏（足利庶流）と足利氏（足利嫡流）の全面戦争は、まぎれもなく足利一門の分裂戦争そのものであったといえるのである。これ（同族戦争論）は、新田氏と足利氏は別の一族などと見ていては出てこない視角である。

のみならず、新田氏と足利氏の戦いは、足利庶流が足利嫡流に挑んだ、との意味合いも持つ。そうである以上、これはまさしく下剋上（的状況）といえよう。「下克上スル成出者」（『二条河原落書』）という有名な言葉に象徴されるように、当時（中世・南北朝期）はまさに下剋上の時代であり、義貞の行為はまさしくそれを体現しているといえるだろう。これ（タテの関係）も、新田氏を足利氏のライバル（ヨコの関係）などと見ていては出てこない視角である。そして、彼の挑戦がその後続いていく足利庶流による足利嫡流への敵対行動の先例となるのである。

義貞は足利一門のほか、在京の武士や畿内・西国の軍勢なども率いて東海道を進撃したが、建武二年十二月、箱根・足柄両峠で押し返され、東海道を京都まで敗走。往復で状況は一変して、「追う足利氏」「追われる新田氏」という構図となってしまう。なお、当時、全国各地にも義貞に与同する勢力が複数いたが、いずれも足利氏方からの追討の対象となっている。

翌建武三年正月、足利軍と新田軍（をはじめとする後醍醐軍）は京都とその周辺の支配圏をめぐって激しく衝突し、一時、後醍醐は近江国東坂本（日吉社）大宮《おおみや》彼岸所《ひがんしょ》へ行幸。義貞は北国へ下向したとの情報が流れた。だが、これは虚報の類だったのではないかと考えられ、北畠顕家の陸奥国からの到着もあって、一進一退の末、足利軍のほうが丹波国へ敗走。二月、義貞や足利一門一井氏らは摂津国へ移動した足利軍を撃破し、尊氏を西国へと没落させたうえで、帰京した。

なお、『尊卑分脈』によれば、顕家は上洛の途中、近江国観音寺《かんのんじ》城（滋賀県近江八幡市）において足利一門大館氏を討ち取っている（つまり、大館氏は足利軍となろう）。他方、この同じ記事が『太平記』巻第十五によれば、大館氏は顕家とともに観音寺城を攻略したことになっている（つまり、大館氏は新田軍となろう）。『太平記』は「越後・上野・下野・常陸にある新田一族幷千葉・宇都宮か手勢とも聞レ之、此彼より馳加ける」とし、顕家が彼らを糾合したとして、大館氏を在東国の新田一族＝足利一門と描いている。このあたり、判断が難しいところである。

その後、義貞は九州へと向かうべく、三月～五月、足利一門脇屋氏・江田《えだ》氏らとともに、まずは尊氏方の播磨国・備前国・備中国などを包囲・攻撃していたが、長期化している間に、鎮西から復権し怒涛の上洛を図る足利軍の前に粉砕され、撤退を余儀なくされる。そして、五月二十五日、摂津国にて大敗を喫し、ここに楠木正成は戦死、義貞は京都を目指して敗走。二十七日には、攻め上ってくる足利軍の前に、在京の後醍醐も再び近江国東坂本へ行幸し、義貞もこれに従った。

なお、この間の四月、京都では、義貞の子・新田義顕《よしあき》が武者所《むしゃどころ》の一番頭人《とうにん》に、脇屋氏（在西国は義貞の弟・脇屋義助《よしすけ》であり、在京はその子・脇屋義治《よしはる》）が同じく武者所の五番頭人に、世良田氏（江田氏）がやはり武者所の三番頭人に、それぞれ就いていたことがわかる（このほか、一番のメンバーに一井氏、二番頭人に堀口氏が就いていた）。このように、武者所の構成員には足利一門新田氏関係者が多く、後醍醐による新田系一流への信頼がうかがえる。

六月〜九月、義貞・後醍醐軍と足利軍は近江国や京都などで激戦を繰り返し、義貞や脇屋氏らは奮闘したものの、義貞の親類や名和長年《なわながとし》などは戦死。義貞については東国に没落したとの風聞も流れるなど、総じて形勢は不利であった。

なお、義貞に呼応して蜂起する者は「挙二中黒幡一」（「山内首藤家文書」）とあって、「中黒」の旗を掲げた。ここから、このときの義貞の旗（紋）が「中黒」＝「一引両」であることがわかる。だが、この後、新田義重流の足利一門の旗（紋）が「二引両」であることは『見聞諸家紋《けんぶんしょかもん》』『関東幕注文《かんとうまくちゅうもん》』などの諸史料（中世史料）から確実である。そのため、足利一門の分裂戦争という同族争いの発生にともなって、義貞は旗（紋）をかえたものと考えられよう。

そうしたなかで、十月十日、あろうことか後醍醐は尊氏と和睦の道を選択し、京都へ戻る。『太平記』巻第十七は、後醍醐の独断に義貞や足利一門堀口氏らが激怒したとする。この点、『梅松論』は、これ以前の段階で、楠木正成が後醍醐に、「義貞ヲ誅罰セラレ候テ、尊氏ヲ被二召返一テ、君臣和睦候ヘカシ」と主張していたとしており、義貞の切り捨てと尊氏との和議は過去に一度話に上がっていたようであるが、後醍醐はそれをついに行ってしまった。

このように、義貞は自らを裏切った後醍醐（および天皇と和睦した足利氏）とそれでもなお離れずに生きていくか、はたまたもはや後醍醐（および足利氏）からは距離を置くか、重大な決断を迫られたのである。後醍醐および足利氏に従うとなると、新田氏は再び足利一門として活動していくことになるが、はたしてそれを足利氏が許してくれるのか、帰るべき場所などあるのか、まったくもって未知数である。他方、後醍醐および足利氏から離反するとなると、朝敵となったうえで、足利氏と対抗していかなくてはならないが、そんなことは可能なのか。

こうしたなかで義貞が選んだ答えは、後醍醐との別れであった。

義貞の死とその後

建武三年（一三三六）十月十日（一説には九日とも）、後醍醐天皇と決別した新田義貞は越前国を目指して進軍を開始する。義貞は北国を経由して東国を目指したようである。その際、彼は後醍醐の皇子

（恒良《つねよし》親王・尊良《たかよし》親王）とともにあり、恒良を（後醍醐にかわる）新たな天皇として君臨させ、自らの正統性を確保したうえで、越前国敦賀津金ヶ崎《かながさき》城（福井県敦賀市）にあって、北国・東国の諸勢力と連絡している。義貞は北国・東国地域で自らの勢力の拡大を企図した。

これに対して、足利氏の動きは早かった。越前守護（足利一門斯波氏）や足利一門仁木氏・細川氏らを出陣させ、大軍をもって義貞の籠もる金ヶ崎城を包囲し、そして、越後国・信濃国などの軍勢にも動員をかけ、義貞に与同する北国の勢力の分断・撃滅も図っている。さらに、すでに正月以来、東国における新田氏の拠点（上野国新田城・笠懸原《かさがけはら》）も攻撃しており、足利一門額戸《ごうど》氏の被官を討ち取るなど、北関東における義貞与党・地盤の制圧にも着手していた。

建武四年正月一日、足利軍は金ヶ崎城への攻撃を開始する。これには東国や西国・九州の武士らも加わっている。一方、新田軍は「無双ノ要害」（『梅松論』）といわれた金ヶ崎城で徹底抗戦し、二月十六日には足利一門脇屋氏らが足利軍の背後を突くなどの奮戦をするも、三月六日に落城。新田義顕（義貞の子）らをはじめ一族十余人が戦死し、足利一門一井氏・里見氏・鳥山《とりやま》氏・綿打《わたうち》氏なども討ち死にした。また、尊良親王も自害し、恒良親王（新天皇）は足利軍の手に落ちた。義貞や脇屋氏（脇屋義助。義貞の弟）は陥落直前に金ヶ崎城から脱しており、没落していった。

こうして自らの天皇（恒良）＝正統性を喪失した義貞だったが、その後も彼は戦い続ける。三月十三日には越後国からの連絡を受け、十四日にはその返答をし、四月には越後国で挙兵した義貞与党と足利軍が衝突。五月には越後国での義貞与党の蜂起に足利氏が驚いている。この点、越後国にはこれ以前の二月、「式部卿親王家御息明光宮」（「村山文書」）が下向しており、義貞与党の新たな旗頭となることが想定されたであろうか。八月にも越後国・信濃国で義貞与党と足利軍が激突、同月には陸奥国から北畠顕家が南下を開始し、九月には新田軍の上洛が、十月にはその威勢が伝えられるなど、義貞およびその与同勢力の復活がうかがえる。

十二月、上野国・武蔵国と南下して、鎌倉を陥落させた顕家は、翌建武五年、畿内を転戦するも、五月に戦死する。この北畠軍には足利一門西谷氏・綿打氏などがいたことがわかるが、彼らは潜伏していた上野国から合流してきたのだろうか。『太平記』巻第十九は「義貞次男徳寿丸、上野国より起て二万余騎、武蔵国え打越て入間川にて着到をつけ」としている。

しかし、義貞は北国（越前国）から動かなかった。何度声をかけられても上洛しなかった。上洛できなかったのか、それとも上洛しようとしなかったのか、今となってはわからないが、現在は上洛しようとしなかったと考えられており、その理由は義貞と後醍醐の関係決裂にあったのではないかとされている（なお、これ以前、建武三年十二月の段階で後醍醐は尊氏と別れ、吉野に行幸している）。義貞は中央（京都）ではなく、地方（北国・東国）で自らの勢力圏（地域ブロック・第三極）を固め、後醍醐や尊氏に対峙しようとしたのであろう。事実、建武五年五月以前には金ヶ崎城を奪還するまでに至っているのであり、越前守護斯波氏・足利軍団の苦戦・劣勢も著しく、義貞の路線はそのまま成功しても決しておかしくはなかったと考える。

だが、建武五年閏七月二日、義貞は越前国で足利一門斯波氏に討ち取られて死んだ。三十代の死であった。

以上のように、新田義貞の人生には大きな三つの「選択」があった。すなわち、鎌倉幕府・足利尊氏・後醍醐天皇との出会いと別れである。いずれも義貞が深く関係した相手ばかりであり、結局、彼はその全員と壮絶な戦い（別れ）を展開することとなり、死んでいった。

義貞の死について、当時の意見は「云ばかりなし」（『神皇正統記』）「云甲斐ナク討レテ」（『保暦間記』）「運の極」（『太平記』巻第二十）などといろいろと手厳しい。

だが、はたしてそれだけか。「虎は死して皮を留め、人は死して名を残す」という。義貞は死後、その名を歴史・文学など多方面に残している。それだけではない。彼による足利一門の分裂戦争、下剋上、実力主義、地域ブロック構想などは確実に次の時代を切り拓いている。

それゆえ、新田義貞はまさしく南北朝期を象徴するにたる人物であるといえるのである。

（谷口雄太）

【主要参考文献】

奥富敬之『上州新田一族』（新人物往来社、一九八四年）
久保田順一『新田一族の盛衰』（あかぎ出版、二〇〇三年）

呉座勇一編『南朝研究の最前線』（洋泉社、二〇一六年）
田中大喜『新田一族の中世』（吉川弘文館、二〇一五年）
谷口雄太『中世足利氏の血統と権威』（吉川弘文館、二〇一九年）
峰岸純夫『新田義貞』（吉川弘文館、二〇〇五年）
山本隆志『新田義貞』（ミネルヴァ書房、二〇〇五年）
『南北朝動乱と新田一族』（群馬県立歴史博物館、一九九一年）
『大新田氏展』（群馬県立歴史博物館、二〇一九年）

新田義顕・義興・義宗
――義貞の恐るべき子どもたち

父・義貞の後に続く

新田義顕《にったよしあき》・義興《よしおき》・義宗《よしむね》の三兄弟は、新田義貞の子どもたちである。いずれも父・義貞とともにあり、その遺志を継いで戦い続けた。それゆえ、彼らの評価はすこぶる高い。

戦前、義貞個人の評価は、楠木正成個人と比較すると、「楠公は金なり。新田公は銀なり」というもので、それはまた群馬県（義貞の故郷）のなかにおいても然りであったという。

だが、これに対して新田一族と楠木一族の評価・比較となると一転して、正成の子どもが足利氏（室町幕府）に服属したのとは異なり、義貞の子どもたちは足利氏と戦い続けたため、「神の織り成せる紅の錦」などとも称されているのである（千々和實『新田義貞公根本史料』群馬県教育会、一九四二年）。

かかる戦前の評価がそのまま戦後にも通用するかどうかは議論の必要があるだろうが、この新田三兄弟の事績を追究した最新の成果である久保田順一『新田三兄弟と南朝』（戎光祥出版、二〇一五年）も、やはり足利氏に抵抗し続けた三兄弟が辿った歴史は「驚嘆に値する」と結論しており、事実として義貞の子どもたちにはまこと戦慄すべきものがあることは、もはや言を俟たないだろう。筆者自身も彼らの生涯に興味を覚えている一人である。

そこで、以下、その戦慄すべき新田三兄弟の歩みを具体的に紹介していくことにしたい。なお、論旨（論述の根拠）そのものに『太平記』は用いないことをあらかじめお断りしておく。

新田義顕――金ヶ崎に死す

新田義顕は、新田義貞の子である。各種系図（小太郎を名乗り、また、兄弟のなかで長男の位置付けである）やその活動時期などから、彼が義貞の正統な後継者であったと見られる。

また、義顕の母は、各種系図によれば、北条氏（得宗）被官安東《あんどう》氏の娘であったことが知られる。十四世紀前半、鎌倉幕府末期における北条氏（幕府）と新田氏の近さがうかがえる。

だが、そうした北条氏との関係があると同時に、新田氏はまぎれもなく「足利一門」でもあった。そして、新田系一流のもとには反逆した足利氏から続々と蹶起指令が届いていた。

こうした二つの選択肢のはざまで、新田氏が選んだ答えは、足利一門として幕府（北条氏）を打倒することであった。

元弘三年（一三三三）五月八日、義顕（おそらく、この頃まだ十代）は父・義貞とともに上野国で蹶起したものと思われ（この点、当時、義顕は鎌倉にはいなかったのか、はたまた足利千寿王のように上野国へ逃れたのか、おそらく前者なのであろう）、討幕に成功する。

この功績により、義顕は後醍醐天皇（建武政権）から越後国（と従五位上）を拝領したと見えている。なお、この頃（討幕後）、鎌倉では足利氏による「義貞御退治」「連日鎌倉中空サハギ」（『梅松論』）との風聞が広まってしまう。その結果、「静謐」（『梅松論』）を望んだ義貞は鎌倉を離れ一族たちと京都へ向かう。義顕も義貞とともに上洛したものと思われる。

その後、建武二年（一三三五）における中先代の乱（北条氏残党の挙兵）を経て、後醍醐と足利氏は決裂するに至り、義貞はここで後醍醐を選択する。そして、義貞やその弟・脇屋義助らは足利氏のいる鎌倉へ向けて東海道を進発するも敗れ、帰京。続く翌建武三年正月～二月の足利氏—後醍醐の畿内攻防戦では、新田氏や北畠氏の奮戦もあり、後醍醐が勝利し、足利氏は九州へ敗走。三月～五月、義貞・義助らは足利氏を討つべく、西国へと出陣した。

その間の四月、京都では義顕（このとき、越後守）が武者所の一番頭人に就いていたことがわかる（なお、武者所の五番頭人には義顕の従兄弟・脇屋義治が就いている）。後醍醐による新田系一流への信頼がうかがえよう。

しかし五月、義貞・義助らは、鎮西から怒涛の勢いで東上する足利軍の前に敗れ、中央まで戻ると、後醍醐とともに近江国東坂本へ移動する。だが、その後、後醍醐は新田氏を切り捨て、足利氏と和睦する道を選ぶ。

新田義顕らを祀る絹掛神社　福井県敦賀市

当然、新田氏はそれに激怒した結果、後醍醐とは決裂してしまう。十月、義貞は北国（越前国）へと行軍し、義顕もそれに従ったものと見られる。

翌建武四年正月、新田軍は越前国敦賀津金ヶ崎城に籠もって、足利軍に徹底抗戦していく。二月には義助が足利軍の背後を突くなどの奮戦をするも、結局、三月六日に城は陥落。義貞・義助はそこから脱するも、義顕（越後守）はそこで戦死した。父よりも早い、二十歳前後の死であった。『太平記』巻第十八は「朝敵の統領義貞の長男」ということで、その首は大道を渡して獄門《ごくもん》に懸けられたとしている。まさしく、義貞の後継者としての最期といえよう。

新田軍は北国で徐々に勢力を回復させていく。だが、翌建武五年閏七月、義貞は戦死した。

新田義興・義宗――父と兄を継いで

新田義貞・義顕の跡を継いだのは、新田義興と義宗である。

義興は義顕の弟であり、義宗の兄である。

父・義貞、兄・義顕の戦死後、彼は関東にいたと見られ、暦応四年（一三四一）五月頃、義興（ときに、兵衛佐）は常陸国にあって、北畠親房らと連絡していたことがうかがえるが、この頃にはすでに元服していることもわかるので、彼の生年は鎌倉幕府滅亡の少し前あたりだろうか。また、「新田子息」「新田か跡」（「松平基則氏所蔵結城文書」）ともあるので、彼は義貞・義顕亡き後の新田氏の若き当主と目されていたらしいこともうかがえよう。さらに、義興は、吉野にいる後村上天皇に対して、東国武家の官途推挙を行うこともあったようで、晩年の亡父・義貞らとは異なって、南朝（後村上）に従うかたちをとっていたこともわかる。

他方、新田義宗は義顕・義興の弟である。

父・義貞、兄・義顕の戦死後、彼は越後国にいたと見られ、暦応三年六月、義宗（ときに、武蔵守）は同国の所職を安堵している。また八月、義宗（武蔵守）は一族および越後国の軍勢多数を引き連れて信濃国へ進軍している。越後国は鎌倉期以来、新田系一流とは関係の深い国であり、父・義貞、兄・義顕がともに地盤を固めてきた地域でもあるなど、新田軍の牙城ともいえる場所である。義宗はかかる基盤のうえに存在していた。また、この頃にはすでに元服していることもわかるので、彼の生年は鎌倉幕府滅亡の少し前あたりだろうか。

『百将伝』に描かれた新田義興　当社蔵

義宗が活動した暦応三年には、越前国で脇屋義助（義宗の叔父）も活躍しており、北国での新田軍の躍動がうかがえる。越前国―越後国は呼応していた可能性もあるだろう。しかし、九月には越前国で義助が没落し、翌暦応四年五月～六月、越後国・信濃国の境界地域で足利軍が新田軍を撃破、越後国の新田方の拠点は焼き払われた。

このように、義興・義宗兄弟は北国（越後国）・東国（常陸国）を拠点に、叔父（脇屋氏・越前国）らとともに足利氏と戦っている。まさに、父・義貞、兄・義顕が果たしえなかったこと（北国・東国エリアをベースとして、足利氏に抵抗し続ける）を実践しているのである。

義興・義宗は北国・東国に潜伏し、復活の日を待ち続ける。そして、ついにときは訪れる。

鎌倉を攻め落とす——討幕の再演

観応三年（一三五二）閏二月十五日、新田義興・義宗・脇屋義治（脇屋義助の子）らは、故郷・上野国に集結した。

二月、足利直義（足利尊氏の弟）が鎌倉で死去すると（この頃、尊氏も在鎌倉）、閏二月十五日、義興（兵衛佐・武衛）、弟・義宗（武蔵守）、従兄弟・義治らは上野国で挙兵する。現地・世良田の長楽寺に禁制を交付しているのが義興である（より正確にいえば、長楽寺が求めたのが義興であった）ことから、彼が新田軍の総司令官であったことは明らかである。

そして、十六日には同国を攻略、その日のうちに武蔵国へ進軍し、十八日には鎌倉を占拠、尊氏を同所から没落させた（なお、尊氏は十七日には武蔵国神奈川へ移動していた）。まさに、亡父・義貞による鎌倉討幕の再現である。否、討幕に二週間かかった義貞よりも圧倒的に早い、四日というあまりにも電撃的で鮮やかな首都鎌倉攻略戦だったといえるであろう。

こうした新田軍には、先月死去した直義方から転身してきた者なども加わった。そして、新田軍は二手に分かれ、義宗は鎌倉を警固して、信濃国・上野国から南下してくる宗良《むねよし》親王の到着を待ったうえで、他方、義興・義治は武蔵国へ向かい、十九日には同国鶴見《つるみ》（横浜市鶴見区）・関戸《せきど》（東京都多摩市）を経たうえで、二十日には武蔵国金井原《かないはら》（同小金井市）・人見原《ひとみがはら》（同府中市）などで足利軍と衝突し、いったん鎌倉へ戻った。

新田義宗木像　群馬県沼田市・白佐波神社蔵　画像提供：沼田市教育委員会

そして、二十二日には鎌倉を出て、義興は二十三日には相模国三浦《みうら》（神奈川県三浦市）へ移動。このとき、彼については安房国へ没落したか、との風聞が流れている。その後、二十八日には義宗・宗良が武蔵国小手指原・入間河原・高麗原《こまがはら》・苦林《にがばやし》などで、義興（・義治）は鎌倉で足利軍と激突。義興は勝利するが、義宗は敗れ、義興も三月二日には鎌倉を離れて、三日頃には相模国平塚《ひらつか》（神奈川県平塚市）へ移動、十五日には同国河村《かわむら》城（同山北町）で足利軍と戦うも敗北。北国方面へ落ちて行った。

一連の戦いにおいて、義興は武士に対して武蔵国内の所領宛行（その後、彼が同国に出没することは意味深である）や官途推挙（これはすでに暦応四年頃にも見られた）などを行っている。これらから、彼が新田軍の代表的存在であったことが改めて確認されるところである。

このように、潜伏・抵抗活動の果てに、義興・義宗は足利軍（尊氏）の拠る鎌倉を攻め落とすまでに至ったのであり、一瞬とはいえ、確実にその光を南北朝期に放ったといえよう。

そして伝説へ――新田義貞の家を興し、親の敵の首を獲れ

その後、義興・義宗・義治は越後国に現われた。

文和二年（一三五三）十月～十一月には、義宗・義治・宗良は越後国で足利軍と戦うも没落。そして、翌文和三年九月にも義興・義治・宗良はやはり越後国で尊氏方と戦うも再び没落。さらに、翌文和四年四月にも義治・宗良は三度越後国で尊氏方と戦うも結局敗れてしまう。このように、義興・義宗は関東から越後国へ赴いて足利軍と戦ったようだが、再び潜伏する。

延文四年（一三五九）十月十日頃、義興（左兵衛佐）は武蔵国で自害した。ここから、彼が北国から東国へ移動していたことがわかるが、延文三年には足利尊氏が死去していたので、最後まで足利軍中枢部の混乱を狙っていたのであろうか。なお、彼が同国矢口渡《やぐちのわたし》（東京都大田区）で自害し、怨霊・鬼神・神霊となったことは有名な話だろう。義興は今も伝説のなかに生き続けている。

いずれにしても、義興は義貞・義顕亡き後の新田氏を牽引して、北国・東国方面で戦い続けて死んでいっ

たのであり、それはまさに、『太平記』巻第三十三が「誠に武勇の器用なり、尤《もっとも》義貞か家をも興へき者也」と記した通りの人生だったであろうと思われるのである。

他方、義宗のその後のゆくえはわからない。応安元年（一三六八）七月十日に死んだというが、定かではない。ただ、日本各地にさまざまな伝説（複数の墓や生存伝承）を残して、消えていった。

ともあれ、義宗もまた北国・東国地域（新田氏の基盤）において兄・義興とともに戦い続けた生涯であったといえるのであり、そして、それは彼が戦場で言い放ったというセリフ、「（足利氏は）天下の為には朝敵なり、我等か為には親敵なり、只今尊氏か首をとりて軍門に曝さすは、何時をか期へき」（『太平記』巻第三十一）に象徴されているといえるだろう。

新田義顕・義興・義宗の三兄弟は、新田義貞の恐るべき子どもたちであった。

（谷口雄太）

【主要参考文献】
奥富敬之『上州新田一族』（新人物往来社、一九八四年）
久保田順一『新田一族の盛衰』（あかぎ出版、二〇〇三年）
久保田順一『新田三兄弟と南朝』（戎光祥出版、二〇一五年）
田中大喜『新田一族の中世』（吉川弘文館、二〇一五年）
峰岸純夫『新田義貞』（吉川弘文館、二〇〇五年）
山本隆志『新田義貞』（ミネルヴァ書房、二〇〇五年）

余録

新田嫡流を支えた脇屋義助・義治

新田義貞の舎弟

足利一門脇屋《わきや》氏（父・義助《よしすけ》、子・義治《よしはる》）は、新田義貞の弟（舎弟）の流れを汲む一族である。例えるなら、足利兄弟（尊氏―直義）のうち、弟（舎弟）・直義に相当する存在といえよう。

元弘三年（一三三三）五月八日、脇屋義助（次郎）は兄・義貞（小太郎）と上野国で蹶起する。そして、鎌倉幕府攻略の功績により、後醍醐天皇（建武政権）から駿河国を拝領したと見えている。なお、この頃、義助は義貞とともに鎌倉を離れ、京都にいたようである。

建武二年（一三三五）十一月十九日、建武政権から離反した足利氏を掃討すべく、義助は義貞とともに京都から鎌倉へ進発する。このとき、義助が駿河国丸子《まるこ》神社（「当所」、静岡県沼津市）に願文を納めたと伝わっている。なお、当該史料（「駿河丸子神社・浅間神社文書」）には建武二年「三月十五日」とあるが、「今度為二鎌倉追討一」とあるので、「十二月十五日」の誤記だろうか。ただし、本文書はそもそも偽文書の可能性も高いかと思われるので、注意が必要である。義助関係文書には偽文書が多く、『太平記』以外の史料も少ないため、復元は容易ではない。

いずれにせよ、義助は新田軍の大将であったが、箱根・足柄両峠で押し返され、東海道を京都まで敗走した。その後、畿内での激戦を制し、足利氏を西国へと没落させた後醍醐は、新田氏に九州追撃を命じ、建武三年三月〜五月、義貞・義助らはそれぞれ大将として播磨国（赤松《あかまつ》城）・備前国（三《み》石《いし》城）・備中国（福山《ふくやま》城）などの尊氏方を包囲・攻撃し、その際には中国地方の武士も動員している。この間の四月、京都では義貞の子・新田義顕（越後守）が武者所の一番頭人に、義助の子・脇屋義治（新田式部大夫）が同じく武者所の五番頭人に、それぞれ就いていたことがわかる。後醍醐による新田系一流への信頼がうかがえよう。

だが、五月、鎮西から上洛・反撃してきた尊氏方の前に義貞・義助らは敗北し、撤退した。その後、六月～九月の畿内攻防戦では、後醍醐とともに近江国東坂本に赴き、義助は大将として琵琶湖を渡り、東部方面で敵と散々に戦っている。だが、十月、後醍醐と義貞は決裂し、新田軍は北国へ移動する。新田氏は、後醍醐の豹変（尊氏との和睦）に激怒したのである。

建武四年正月、越前国敦賀津金ヶ崎城に籠もる義貞に対し、足利軍は猛攻を加え、二月には義助が足利軍の背後を突くなどの活躍をするも、三月には落城。義貞・義助らは没落、義顕は戦死した。このとき、城内の兵糧は断絶してしまい、城兵たちは馬を殺して食べ、何日間も飢えを凌ぐなど、まるで生きながらにして鬼類の身となってしまうような、地獄の有様であったという。その後、新田氏は北国で徐々に勢力を回復させていき、建武五年五月以前に金ヶ崎城を奪還するに至るも、閏七月、義貞は戦死した。

義貞の死後も

こうして兄・新田義貞を失った弟・脇屋義助であったが、その後も彼は戦い続けていく。

建武五年（一三三八）五月以前には越前国金ヶ崎城が再征服されたのをはじめ、国内所々で足利方との合戦が展開される。新田方の勢力拡大である。こうした状況は暦応三年（一三四〇）にも続いたが、足利軍も反撃を開始すると、九月、義助の拠っていた越前国平葺城は陥落した（同じ頃、越後国・信濃国では義貞の子・新田義宗が活躍していたが、暦応四年に撃破された）。以後も越前国内で紛争は続いていくが、義助の姿は見えなくなり、その後、伊予国に現われ、同国の忽那《くつな》氏が兵糧を沙汰していることがわかる。

だが、康永元年（一三四二）六月五日、義助（このとき、前刑部卿）は死去した。享年、四十二歳。兄・義貞とはほぼ同年齢であり、兄弟が珍しく不和になることなく、同じ方向を歩み続けた生涯であったといえるであろう。

その後、義助の子・脇屋義治は、東国に現われ、文和元年（一三五二）～四年、新田義興・義宗らと行動をともにするが、これについては「新田義顕・義興・義宗」の項を参照されたい。義治のその後のゆくえはわからない。父・義助の遺志を継いだ生涯であったといえよう。

（谷口雄太）

【主要参考文献】

奥富敬之『上州新田一族』（新人物往来社、一九八四年）
久保田順一『新田一族の盛衰』（あかぎ出版、二〇〇三年）
久保田順一『新田三兄弟と南朝』（戎光祥出版、二〇一五年）
田中大喜『新田一族の中世』（吉川弘文館、二〇一五年）
峰岸純夫『新田義貞』（吉川弘文館、二〇〇五年）
山本隆志『新田義貞』（ミネルヴァ書房、二〇〇五年）

宗良親王——東国各地を転戦した後醍醐の分身

誕生から元弘の乱まで

宗良親王《むねよししんのう》の生涯を追っていくうえで重要な史料に、『李花集《りかしゅう》』がある。これは宗良の私家集であり、全部で九一二首ある。書名は、宗良が式部卿《しきぶきょう》に在任していたので、その唐名《とうみょう》（李部《りぶ》）にちなんだものだと考えられている。同集には異母弟の後村上天皇（義良親王）や懐良親王、和歌の師である二条為定《にじょうためさだ》（二条為世《ためよ》の孫、宗良の従兄）らとの贈答歌がある。『李花集』は宗良の活動を考えるうえで重要な史料であり、『太平記』や他の史料からは見えない側面を明らかにしてくれる。

なお、宗良は出家してから尊澄法親王《そんちょうほっしんのう》、その後還俗して宗良親王と名乗るが、本項では説明の都合上「宗良」の名前で統一することをお断りしておく。

宗良は応長元年（一三一一）に生まれた。父は大覚寺統の後醍醐天皇。母は御子左《みこひだり》（二条）為世の娘である為子。為子は後二条《ごにじょう》院や後醍醐の女房を務めた女性であった。『太平記』では二宮《にのみや》とあるが、他では三宮《さんのみや》と表記されることが多い。同母兄には尊良親王がいる。

時期は明らかではないが、宗良は天台宗の妙法院《みょうほういん》に入室した（『太平記』）。また、正中二年（一三二五）

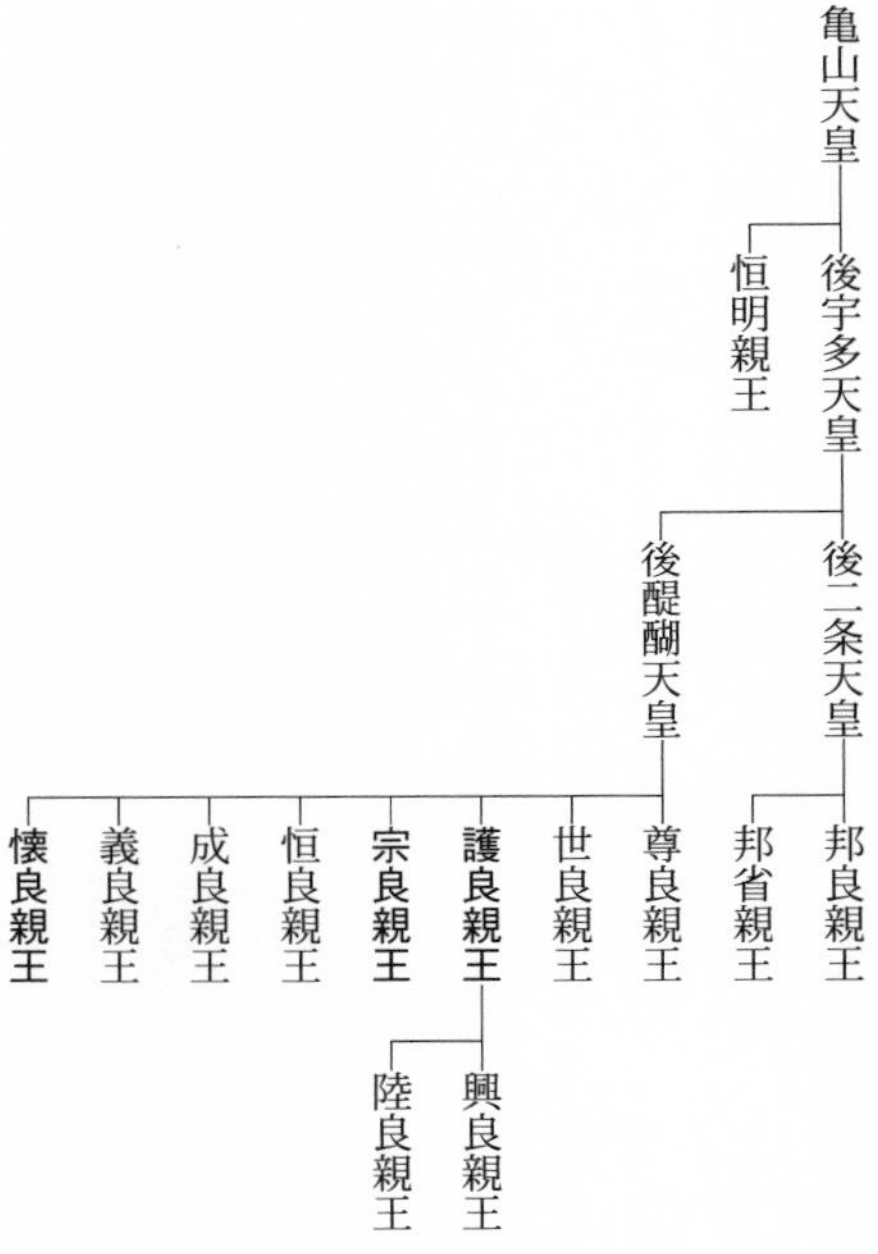

天皇家略系図

二月に妙法院門跡《もんぜき》に就任し、同時に三品《さんぽん》に叙され、尊澄法親王と名乗った（『妙法院門跡相承次第』）。門跡とは、皇族や有力貴族の子弟などが出家して居住する寺院やそのトップのことを指す。元徳二年（一三三〇）十二月から元弘元年（一三三一）正月まで天台座《てんだいざ》主《す》の地位にあり、元弘三年七月から建武三年（一三三六）十月頃まで再任している（『法中補任』）。後醍醐が比叡山に行幸した際に大講堂《だいこうどう》の供養が行われ、天台座主尊雲法親王（後醍醐皇子、のちに護良と改名）が呪願《じゅがん》、宗良が導師を勤めた（『大乗院日記目録』元徳二年三月二十七日条、『太平記』）。このののち、護良のあとを受けて宗良は天台座主に就任することになる。

一般的に、後醍醐は討幕のために延暦寺の武力を必要としていたので、護良や宗良を天台座主として送り込んだという説明がされるが、後醍醐の倒幕による元弘の乱時には宗良が天台座主の地位にあった。

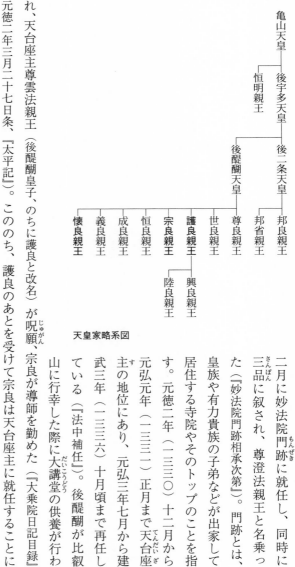

宗良が二度目の天台座主に就任した一ヶ月後、後醍醐は元弘の乱を起こし、幕府との戦いを始めることになる。後醍醐は天台座主宗良のいる比叡山の軍事力を頼みにしたのだろうが、次第に劣勢となり、宗良は後醍醐のいる笠置城（京都府笠置町）に向かった。

宗良と後醍醐が籠もった笠置城も、幕府の猛攻により陥落した。笠置が陥落すると宗良は後醍醐とともに幕府方により捕縛され、長井《ながい》高広《たかひろ》に預けられた（『楠木合戦注文』）。尋問に対して宗良はさめざめと泣き、それを聞いた花園《はなぞの》院は「とても不憫である。後醍醐・護良らによって討幕計画に協力することになったのだろう」と記している（『花園天皇宸記』元弘元年十月八日・十日・十一日条）。宗良の倒幕計画への消極性に同情する雰囲気があったことがわかる。

元弘二年三月八日、宗良は讃岐（香川県）に配流となった（『花園天皇宸記』）。宗良の御座所は詫間とする説、松山とする説、複数あったとみる説がある。

討幕活動において、宗良の積極的な行動を確認することができない。むしろ、後醍醐のもとに身を寄せる消極的な姿しか見えてこない。この消極的な行動により、後醍醐のような遠島への配流という重い処分よりは軽い讃岐への配流と決まったのだろう。讃岐配流後の様子については史料上確認できない。讃岐で積極的に討幕活動に加わったとは考えにくい。

建武政権成立から南朝誕生まで

建武政権の成立後、宗良はどのような行動をとったのだろうか。元弘三年（一三三三）六月十三日に、宗良は讃岐の軍勢を伴って入洛した（『大乗院日記目録』一）。入洛後の宗良は天台座主に還補した（『続史愚抄』二十の元弘三年六月条）。また、宗良は二品《にほん》に叙されている（『続史愚抄』二十の建武二年三月十六日条）。

建武政権が成立すると、再び天台座主に還任し、建武三年十月頃まで天台座主の地位にあった。後醍醐は護良に対して天台座主に還補するように勧めるも護良が固辞し、尊氏との対抗から征夷大将軍を求める姿が描かれている（『太平記』）。しかし、元弘の乱までは宗良が天台座主の地位にあったわけであり、護良よりも宗良が天台座主に還補するという流れのほうが自然ではないだろうか。護良の天台座主還補の話は、後醍醐と護良との関係悪化を強調するための脚色ではないかと考えられる。

話を宗良に戻そう。宗良は、鎌倉幕府再興を目指して蜂起した北条時行による中先代の乱に際して反乱鎮圧の祈祷を行っている（『続史愚抄』二十の建武二年八月一日・八日条）。また、尊氏によって中先代の乱が鎮圧され、今度は尊氏が建武政権に反旗を翻すようになると、宗良によって戦勝祈願の祈祷が行われた（『続史愚抄』二十の同年十一月二十日・十二月条）。尊氏の九州西走後の延元元年（一三三六）四月十一日にも戦勝祈願の祈祷が行われた（『続史愚抄』）。

このように、建武政権において宗良は政治的な活動は見受けられず、宗教面において政権を支える立場にあった。宗良の宗教活動は、当然ながら後醍醐の意向であっただろう。

その後、宗良は座主として初めて一品《いっぽん》に叙され、日吉社や比叡山に荘園の寄進が行われた（『続史愚抄』二十の六月条・『天台座主記』）。これは尊氏の東上に対して、後醍醐が比叡山の軍事力を頼みにしていた証である。九州から攻め上った尊氏軍を防ぐことができず、京を維持することが困難となった後醍醐は、宗良のいる比叡山に逃れることになった。ここからも、後醍醐の比叡山に対する信頼がわかるだろう。

後醍醐と尊氏との間に和議が成立し、後醍醐が下山して花山院に入るも吉野に走る事態となり、南北朝の対立が始まった。このとき、天台座主の地位にあった宗良はどのように行動したのだろうか。

後醍醐が比叡山を下山した同じ日に宗良も下山し、伊勢に逃れた。延元二年（一三三七）春に伊勢国一瀬《いちのせ》（三重県度会町）に在住したという（『李花集』）。比叡山を離れた宗良はこの地に避難してきたのだろう。この頃に還俗して尊澄法親王から宗良親王へと改名したようである。

このように、建武政権下において宗良は天台座主の地位にあり、中先代の乱の鎮圧祈祷や尊氏との戦勝祈願を挙行するなど、宗教面で建武政権を支える存在であった。その後の宗良の転戦する姿を次にみていくことにしたい。

東国各地を転戦する

伊勢国一瀬に逃れた宗良は、その後どのような行動をとったのだろうか。これ以降の宗良は、後醍醐の分身として各地で転戦していく。これは宗良の意思によるものとは考えにくく、後醍醐の意向が強く反映された結果であろう。

延元二年（一三三七）の秋から冬の間に宗良は遠江に移り、有力武士である井伊《いい》氏により井伊《いいのや》城（浜松市北区）に迎え入れられた。井伊谷《いいのや》は浜名湖の北東部に位置している。なぜ、宗良は遠江に派遣されたのだろうか。その理由として、京・東国とを結ぶ東海道を遮断するためという説、京を奪還するためという説がある。延元二年八月十一日、後醍醐からの命令により北畠顕家率いる奥州軍の二度目の西上が開始された。その後、鎌倉での攻防に打ち勝ち、翌延元三年の正月に遠江国橋本（静岡県湖西市）を通過した。このときに宗良は顕家軍とともに西上し、同年二月に奈良から吉野に向かった（『李花集』）。

ここで注目したいのは、宗良が南朝の動静をしっかりと把握していることである。南朝は足利方との戦いで劣勢であったけれども、吉野と地方との連絡は密に行われていたのである。

吉野滞在中に後醍醐の大規模な計画が練られた。義良親王・北畠親房・同顕信を陸奥に、宗良・新田義顕・北条時行を東国に派遣し、各地の勢力を集結させて京を奪回するというものである。延元三年九月、伊勢国大湊を出港した大船団は遠州灘で大風に遭遇するも、宗良は遠江国しろわの湊に到着し、再び井伊城に入ることになった。しろわ（白羽）という地名は静岡県浜松市・磐田市・御前崎市にあり、いずれの地を指すか確定することはできないが、少なくとも遠江に到着したことは間違いないようである。

宗良の東国再下向を命じたのは当然後醍醐であり、ここからも宗良の後醍醐に対する従順な姿を垣間見ることができる。

延元四年（暦応二、一三三九）七月に、足利方が遠江攻略のために高師泰《こうのもろやす》・同師兼《もろかね》らを派遣した（『瑠璃山年録残編』）。足利方にとって、遠江の宗良勢力が一定の存在感を示していたことを意味しているだろう。

「親王難破の図」　当社蔵

この頃、南朝内に大きな変化があった。同年八月に後醍醐が吉野で崩御したのである。このときの宗良の心情が『李花集』から読み取ることができる。延元五《（ママ）》年八月十六日に井伊城にあった宗良のもとに、後醍醐が崩御したという情報が届いた（『李花集』三七十）。

注目すべきは、東国の下向を推し進めた後醍醐亡き後も宗良が東国に滞在し続けたことである。東国滞在は南朝の意向もあるだろうが、後醍醐からの遺命として影響し続けることになったのである。

遠江の攻防で南朝方は敗北し、宗良は駿河・信濃を経由して越後に避難したようである。越後は新田氏の勢力が強い国であるので、この地に避難したのだろう。

暦応三年（一三四〇）二月、鎌倉の鶴岡社に遠江井伊城が没落したことを足利方の高師泰と仁木義長《よしなが》が伝えてきた（『鶴岡社務記録』）。

なぜ、足利方は鶴岡社にそのようなことを伝えたのだろうか。おそらく鶴岡社のネットワークを使い、南朝劣勢・足利方優勢という戦況を喧伝する目的があったのではないだろうか。もしくは、鶴岡社にとって遠江を横断する東海道の確保に関心を寄せていたのかもしれない。同年八月二十四日にも井伊城没落という記述がみられるので、鶴岡社が井伊城の攻防に関心を寄せていたことは間違いないようだ。別な見方をすると、井伊城が南朝と足利方との攻防の重要拠点であったことを物語っているだろう。井伊城に宗良が入ったことは、このような意味があったのかもしれない。

宗良は、遅くとも興国二年（一三四一）の春には越後国寺泊《てらどまり》（新潟県長岡市）に滞在していた（『李花集』）。寺泊は古くから佐渡への渡海の港であり、港を押さえる意味もあって滞在したのだろう。また、『吾妻鏡』承久三年（一二二一）七月二十日条に、承久の乱に敗れた順徳《じゅんとく》上皇が佐渡配流の際に当地を訪れたと記されている。港を掌握する意味もある一方で、順徳上皇を意識していたのかもしれない。

『鶴岡社務記録』暦応四年（興国二年）六月七日条に、越後の南朝方の城がすべて陥落したという記述がある。信ぴょう性に問題があるが、南朝が劣勢に立たされていたことは間違いないであろう。越後の情勢が悪化したことにより、宗良は越中に逃れることになった。

興国三年、宗良は越中に滞在していた（『李花集』）。越中では、軍事活動よりも和歌製作という文芸活動のほうが熱心だったようである。その理由は、宗良の滞在した土地柄が関係していたのかもしれない。宗良は名子の浦に滞在した。名子の浦は古くは放生津《ほうじょうづ》（富山県射水市）と呼ばれ、万葉集《まんようしゅう》にも歌枕として詠まれた地であった。歌人でもある宗良にとって、一度は訪れてみたい場所であったのかもしれない。内乱の最中にも、歌人宗良の文芸活動を垣間見ることができる。

次に、宗良は信濃に移動し、遅くとも興国五年には信濃国大川原（長野県大鹿村）に滞在した（『李花集』）。大川原は天竜川支流の小渋川《こしぶがわ》上流域の赤石《あかいし》山脈に位置し、諏訪と東海地方を結ぶ最短通路にあり、交通の要衝を押さえる意味もあったのだろう。大河原以外にも伊那《いな》・浅間山麓《あさまさんろく》・更科《さらしな》などに滞在した。伊那は、近世には伊那谷を縦貫し塩尻《しおじり》と三河地方とを結ぶ伊那街道があり、おそらく南北朝期にもある程度の道があったと考えられる。浅間山も修験者による登山が古くから行われており、南朝と修験との関係が想定できる。また、伊勢物語をはじめ、多くの歌集にも歌枕として詠まれた地であり、歌人宗良にとっては関心のある地であったのだろう。また、浅間山の信濃側である軽井沢は、時期は下るが武田信玄《たけだしんげん》が関東侵攻のために重視していた地であり、宗良ら南朝方も当地を東国攻めの重要拠点として押さえていたものと考えられる。更科は善光寺《ぜんこうじ》から草津《くさつ》方面へ抜ける往還が通っていた。

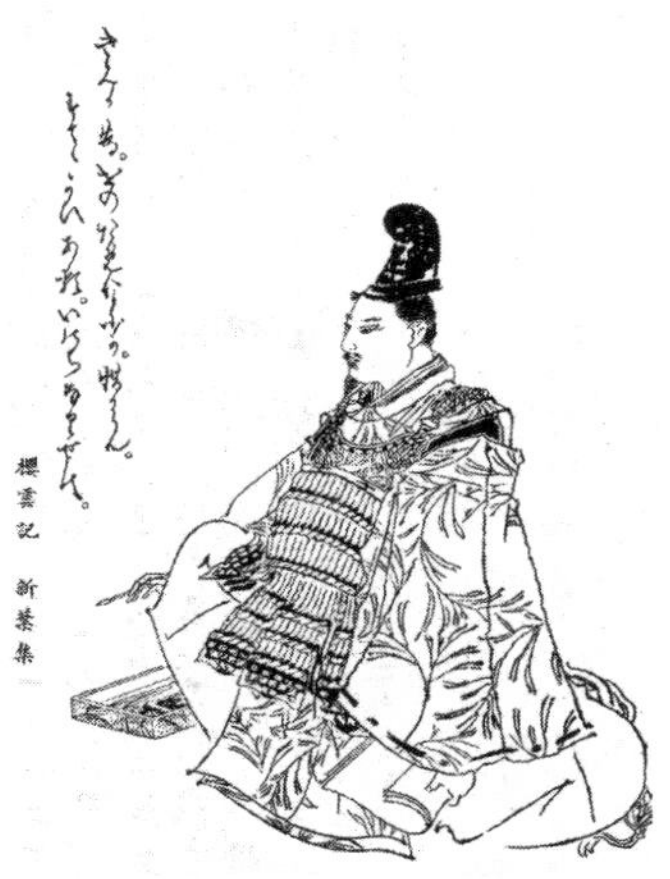

『前賢故実』に描かれた宗良親王　国立国会図書館蔵

このように、宗良が滞在したと思われる地は交通路の重要拠点であり、これを掌握することが宗良の役目であったことがわかる。また、歌枕に思いを馳せるなど、宗良の歌人としての側面を見て取ることができる。

信濃滞在中に注目すべきことが一つある。文和元年（一三五二）閏二月六日、宗良は征夷大将軍に任命された（『新葉集』・『李花集』）。これは、南朝による作戦の一環だろう。それではなぜ、宗良は征夷大将軍に任命されたのだろうか。背景に観応の擾乱があることは間違いない。観応の擾乱とは足利政権内部の抗争であり、足利家執事の高師直と直義との対立から端を発し、終盤では尊氏と直義との対立へと発展した。その中で当初は直義が、のちに尊氏が南朝と和議を結び戦いを有利に進めようとした。観応三年（一三五二）二月に鎌倉で直義が亡くなることで終結したが、その後も尊氏党と直義党との抗争は続いていく。

南朝は、直義の死を知って尊氏へ戦いを挑み、直義党の上杉憲顕らも動員して、鎌倉の尊氏との戦いを開始した。この東国での戦いは武蔵野合戦と呼ばれている。このときに鎌倉攻めの大将として宗良が選ばれ、征夷大将軍に任命されたものと思われる。同時に、京にあった尊氏の子義詮を北畠親房・楠木正儀《まさのり》らの軍勢が攻撃する両面作戦を敢行した。

武蔵野合戦において宗良は笛吹峠（碓氷峠）まで進軍するも、これ以上進むことはできなかったという（『南北朝遺文関東編Ⅲ』二二二一号文書）。宗良は足利方から上野親王と呼ばれており、上野にしばらく滞在するなど、この地に何らかの関係をもっていたのかもしれない。

遠国の生活が長くなり都の振る舞いを忘れ、弓馬の道に従事して征夷将軍（征夷大将軍）の宣旨を受け取り驚いている（『李花集』七四〇）。宗良にとって、武芸に関わるだけでなく将軍宣旨を受け取ることも意外であったと読み取ることができる。

その後、文和二年十月から文和四年四月の間、宗良は越後に滞在し、足利方との戦いを繰り返していたようである（『南北朝遺文関東編Ⅳ』二五一五・二五八九・二六四五号文書）。

次に活動が確認できるのは、正平十五年（一三六〇）のことである。正平十五年に入洛のために後村上天皇が住吉（大阪市住吉区）に行宮《あんぐう》を移した際に「信濃から力を合わせて攻め上るように」と命令があったが、秋冬になっても攻め上らないので、「遅い」と後村上から和歌による催促が届いたという（『李花集』六七六）。正平十五年の南朝入洛戦が大規模に計画されていたこと、後村上自らが宗良に命令を下していることなど興味深い内容である。しかし、冬の信濃での行動は難しく、このときに信濃の南朝軍は入洛戦に参加しなかったようである（『李花集』六七七）。また、南朝にとっての至上命題は京の奪還にあったこともわかる。地方に南朝勢力を扶植する目的は、京都を奪還するときの軍事力の確保にすぎなかった。

しかし、正平十年八月に足利方の信濃守護である小笠原貞宗《おがさわらさだむね》らと信濃国桔梗《ききょう》ヶ原《はら》（長野県塩尻市）で合戦し敗北した。この敗北により、宗良の信濃における勢力は衰退していったようだ。

その後も宗良は、信濃を中心に活動したようである。建徳二年（一三七一）十二月には鎮西にいた懐良親王（後醍醐の皇子、宗良の異母弟）から和歌が届き、返歌したという（『李花集』八九八）。宗良と九州の懐良とが連絡を取っていたことは興味深い。

文中三年（応安七年、一三七四）冬、宗良は信濃から吉野に戻った。吉野では文芸活動に専念し、『李花集』もまとめられた。これ以降の足跡は不明であるが、至徳二年（元中二、一三八五）に没した（『南方紀伝』）。七十五歳であったという。没した地は信濃という説、遠江という説があり確定していない。

宗良の活動を振り返る

『李花集』は宗良の主観により書かれたものであるので、扱う場合にはその点を注意する必要がある。ただ、宗良が内乱の中でも和歌を楽しむ姿を見ることができるのも興味深い。宗良の住んだ地が、名子の浦など万葉集などに詠まれた地であったことは偶然であろうか。筆者は宗良が足利方との戦いという軍事活動よりも、古跡を訪れながら和歌製作に勤しむという文芸活動のほうが優勢であったような気がする。他の後醍醐皇子ほど足利方との戦いに積極性はなく、後醍醐や親房などの計画によって行動する受け身の姿が浮き彫りになった。

戦いにはあまり関わらず、文芸活動を楽しんだからこそ、後醍醐皇子の中で最も長生きすることができたのだろう。後醍醐皇子の中で、最も文化的な人物であったということもできる。

『李花集』の中では、和歌の贈答が二条為定・北畠親房らとの間で行われていたことが確認できる。一般的な和歌の贈答だけではなく、吉野と地方との情報交換としての意味合いもあったのだろう。宗良は和歌を通じてさまざまな情報交換を行っていた。

『李花集』六三五では「心細く思ったときに頼る所がない」と心情を吐露している場面がある。これが詠まれた時期を判断することは難しいが、地方での活動が長くなった宗良の苦悩が読み取れる。地方での活動を宗良に課していたものとは何であったのだろうか。これは推測の域を出ないが、後醍醐の執念であったと思う。後醍醐の死後も東国での活動を担った宗良は、後村上や親房などの作戦に忠実に従っていた。天皇の皇子としての貴種性を持ったがゆえに、南朝公家では負うことができない特別な任務を与えられてしまったのだろう。護良のように軍事行動を積極的に推し進めた親王がいる一方で、宗良には後醍醐の執念を体現するために翻弄された姿を読み取ることができる。そのような地方生活の中で宗良の支えとなったのが和歌作りであったのだろう。

神奈川県山北町共和地区には、宗良親王に関わる「お峯入り」という行事が残っている。宗良が河村城に難を逃れることになったのが起源だという。これは、正平七年（一三五二）に宗良・新田義宗（新田義貞の子）・義興（義宗の異母兄）らと尊氏とが戦った武蔵野合戦に敗北したのちに、宗良が河村城に逃れたという伝承が由来だとし、この行事は国指定重要無形民俗文化財に指定されている。

しかし、武蔵野合戦に敗れた宗良は信濃に逃れたと考えられており、河村城に入ったとは考えにくい。ただ注意すべきは、当地が鎌倉時代より箱根修験・大山修験の山岳修行の場であったと考えられていることだ。南朝が本拠としたのは修験道の聖地というべき吉野であり、南朝が全国各地の修験修行の場を拠点として活動していたことが想定できるのではないだろうか。「お峯入り」と宗良が修験によって結びつけられたという点では興味深いことである。

また、『新編武蔵風土記稿』には東京にある宗良に関する史跡が記されている。東京都新宿区にある天台宗寺院の宝泉寺《ほうせんじ》に旗立桜という木がある。これは、宗良が足利方との戦いに際して旗を立てた地という由来があるという。詳細は不明であるが、武蔵野合戦に関する伝承であろうと思われる。

明治維新後に、宗良が再び歴史に登場することになった。龍潭寺《りゅうたんじ》（臨済宗、当地で没した宗良が寺の後背地で荼毘に付されたという伝承がある）と彦根藩主井伊直憲《なおのり》の働きかけにより、明治二年（一八六九）、宗良が長期間滞在した引佐（現浜松市北区）に宗良を祭神とする井伊谷宮《いいのやぐう》が完成し、明治六年には官幣《かんぺい》中社《ちゅうしゃ》に列せられている。

（牡丹健一）

【主要参考文献】
佐藤進一『日本の歴史9　南北朝の動乱』（中公文庫、二〇〇五年、初出一九六五年）
村井章介「宗良親王の駿河滞在はいつか」（『古文書研究』八十一、二〇一六年）
森茂暁『皇子たちの南北朝―後醍醐天皇の分身―』（中公文庫、二〇〇七年、初出一九八八年）
安井久善『宗良親王の研究』（笠間書院、一九九三年）
山北町『山北町史　通史編』（山北町、二〇〇六年）

北条時行——南朝に投じた北条氏嫡流

誕生から中先代の乱まで

本項の主人公である北条時行《ほうじょうときゆき》をご存知の方は少ないかもしれない。鎌倉時代に執権を独占した北条氏の末裔である時行とは、どのような人物なのであろうか。彼は鎌倉幕府滅亡、建武政権への反旗、南朝への帰順、尊氏との戦いを経験する、北条氏の中でも戦いに人生を費やした人物であった。

時行の生年は明らかになっていない。のちに述べるが、鎌倉幕府滅亡の際には得宗被官の手で鎌倉を脱出しているので、正慶二年（元弘三、一三三三）までに生まれていたことは確実だ。

父は鎌倉幕府最後の得宗である北条高時《たかとき》。母は不詳である。時行は次男であり、史料上では相模次郎という名で記されている。幼名は、史料により勝長寿丸・勝寿丸・亀寿・全寿丸・亀寿丸とさまざまであり、確定していない。

鎌倉幕府滅亡のときには、北条泰家《やすいえ》（高時の弟）の命令を受けた得宗被官の諏訪盛高《すわもりたか》によって時行は鎌倉を脱出し、諏訪（長野県諏訪市）へと逃れた。このとき、泰家自身も武蔵に向けて逃亡した。時行が無事に鎌倉を脱出した一方で、兄の邦時《くにとき》は伊豆山《いずさん》神社（静岡県熱海市）を目指すも叔父でもある得宗

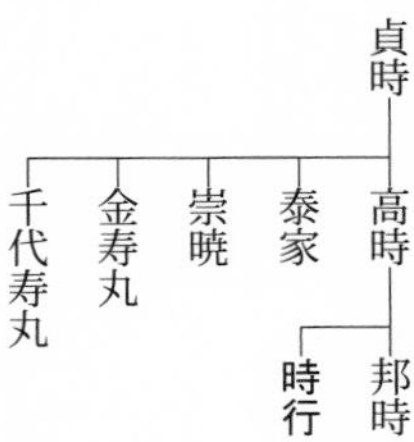

北条氏略系図

被官の五大院宗繁《ごだいいんむねしげ》の裏切りにあい、相模川で殺害された（以上『太平記』）。こうして、高時の後継者は時行だけとなった。なお、このときに邦時が伊豆を目指して逃走したことを覚えておいていただきたい。

時行が逃れた信濃は、北条氏が代々守護を務めた国であり、北条氏の影響力が強い地であったと言われている。そのために時行は信濃で匿われることになったようだ。

建武政権が成立するも、全国的に北条与党による反乱が頻発した。その中でも政権を最も震撼させたのは、膝下の京における反乱計画であった。関東申次《かんとうもうしつぎ》（鎌倉時代に朝廷と幕府との連絡にあたる朝廷側の役職）であった西園寺《さいおんじ》公宗《きんむね》が、京で持明院統（天皇家を二分した後深草院《ごふかくさ》を祖とする皇統）の後伏見院《ごふしみ》を擁立し、時興《ときおき》（泰家から改名）が北陸で、時行が信濃で挙兵する計画が建武二年（一三三五）六月に発覚した。しかし、公宗の弟である公重《きんしげ》の密告により公宗は捕縛され、計画は失敗するかに見えた（以上『太平記』）。

それでは、信濃に匿われていた時行はこのときどのような行動をしていたのだろうか。次に、時行の行動に注目していくことにしたい。

鎌倉奪還を目指した中先代の乱

「中先代《なかせんだい》の乱《らん》」という言葉は、高時以前の北条氏による治政下の時代を先代、足利氏の治政下を後代と呼んだことから、その中間期の反乱であるので「中先代の乱」と名付けられたようである。

この反乱について述べる前に、その少し前の時期から説明することにしよう。

建武元年（一三三四）十一月十九日に、中務権大輔が足利尊氏・新田義貞らと戦うために尾藤《びとう》氏・八木《やぎ》氏・平野《ひらの》氏に対して軍勢催促をしている（『南北朝遺文関東編Ⅰ』百六十六号文書）。また、同月晦日に中務大輔が八木一族に対して同様の命令を出している（『南北朝遺文関東編Ⅰ』百七十七号文書）。これは、建武政権に対する反抗のための軍勢催促であることは明らかである。

では、この命令を出した主体は一体誰であろうか。その答えを導き出すヒントになるのが、文書を発給した中務権大輔・中務大輔という人物である。これらの人物を特定することはできないが、鎌倉期に中務権大輔・中務大輔の官職を得ていたのは北条氏の一族のみである。そう考えると、北条氏の一族が文書の発給を請け負う人物としては、得宗家の時行しか考えられないだろう。つまり、時行は建武元年十一月から建武政権への反乱を計画していたことになる。

この時期に、建武政権では何が起きていたのだろうか。同年十月に後醍醐皇子の護良親王が捕縛され、翌月には鎌倉に配流となった。推測ではあるが、護良の捕縛が政権内に与えた影響が大きく、それゆえ、政権が動揺している間隙を突く計画であったのだろうか、もしくは、時行が鎌倉に配流された護良を奪取して、鎌倉幕府を再興する計画をもっていたのかもしれない。

それでは、中先代の乱についてみていくことにしよう。

諏訪頼重《よりしげ》・滋野《しげの》一族に擁立され、建武二年に時行が信濃で蜂起した。蜂起の時期は六月とみる説、七月とみる説がある。諏訪氏は得宗被官の一族であり、滋野氏も得宗被官であった。つまり、時行の軍勢の中核は得宗被官層であった。

信濃で挙兵した時行は七月十四日に船山郷青・八幡河原・篠井河原・四宮河原で、十五日に八幡河原・福井河原・村上河原で合戦をした（『南北朝遺文関東編Ⅰ』二六一・二七九文書）。建武政権は時行の蜂起に対して尾張の防備を固めた（『梅松論』）。建武政権が信濃の時行に対して尾張の防備を固めたということは、建武政権では時行が京を目指して進軍するものと考えていたことになる。つまり、時行の鎌倉進撃は建武政権にとって予想外の行動であったようだ。

ここで注目すべきは、時行が京ではなく鎌倉を目指したことである。時行の目的は鎌倉の奪還にあった。

次に、時行の進軍を時系列で列挙することにしたい。日付は不明だが上野国蕪川《かぶらがわ》（利根川の支流）、次に武蔵国久米川《くめがわ》、七月二十二日に女影原《おなかげはら》では足利一族の岩松経家《いわまつつねいえ》・渋川義季《しぶかわよしすえ》（直義の義弟）を自害に追い込み、日付不明だが小手指原では足利一族の今川範満《いまがわのりみつ》を討ち取り、府中（東京都府中市）では小山《おやま》秀朝《ひでとも》を自害させた。井出沢《いでのさわ》（同町田市）では東国の実質的支配を行っていた足利尊氏の同母弟である直義を破り、七月二十五日には鎌倉を三方から攻め、奪還に成功する。

この乱の最中に、鎌倉へ配流となっていた護良が直義の配下である淵野辺義博《ふちのべよしひろ》により殺害された。殺害理由は、護良が時行の手に落ちることを恐れたためと説明されることが多い。先にも推測したが、時行と護良が連携した場合、護良が将軍、時行が執権という形で鎌倉幕府の再興が可能となってしまう。実際に護良は征夷大将軍に就任したことがあるので、この可能性はより一層現実味を帯びたものになっただろう。

鎌倉を奪還した時行は、次にどのような行動をとったのだろうか。あまり史料は残されていないが、時行が正慶四年（建武二）八月十二日に鎌倉の法華堂《ほっけどう》に対して寺領を安堵している（『南北朝遺文関東編Ⅰ』二二六五号文書）。注目すべきは、鎌倉幕府が使用した「正慶」という年号を使用したこと、史料中に「関東静謐《かんとうせいひつ》」という言葉が記されていることである。また、時行軍に属した三浦時明《みうらときあき》が、正慶四年八月十五日に鶴岡八幡宮へ「天下泰平・自身の寿福長遠《じゅふくちょうおん》・息災康楽《そくさいこうらく》・子孫繁栄」を願って上総国市東郡内の年貢五十貫文を寄進した（『南北朝遺文関東編Ⅰ』二二六九号文書）。鎌倉奪還に成功した時行軍は幕府再興が近いと感じ、一時の平和を甘受していたのだろう。しかし、時行の鎌倉掌握は長く続かなかった。

建武政権の反撃

次に、京に目を転じてみよう。このときに建武政権はどのような対応をとったのだろうか。

当時天台座主であった尊澄法親王（後醍醐の皇子、のちに宗良と改名）が反乱鎮圧の祈祷を行っている（『続史愚抄』二十の建武二年八月一日・八日条）。建武政権は軍事行動よりも先に戦勝祈願を行っていた。

直義救援のために尊氏は征夷大将軍・総追捕使《そうついぶし》の任命をもって反乱鎮圧のための東国下向を望んだが、後醍醐は許可しなかった。しかし、尊氏は無許可のまま東国下向を実行する。あわてた後醍醐は、尊氏に征東将軍を与えるという配慮を怠らなかった（以上『太平記』）。

『南北朝遺文関東編Ⅰ』二七〇号文書から、尊氏の行動を詳細に追うことができる。八月二日に京を出発し、九日には遠江国橋本で合戦があった。時行方は敗北したようで、その後、十二日に小夜中山《さよなかやま》（佐夜中山、静岡県掛川市）、十四日に駿河国府（静岡市葵区）、十七日に箱根（神奈川県箱根町）、十八日に相模川（同平塚市と寒川町・茅ヶ崎市の間を流れる河川）、十九日に辻堂《つじどう》・片瀬原《かたせはら》で勝利し、同日鎌倉に入ったことが確認できる。

ここから尊氏は、東海道を使って鎌倉に進軍したことがわかる。また、十八日の相模川合戦以降は激戦になったようで、尊氏方で討ち死にする武将の数が増加している。つまり、鎌倉のある相模国内に入ってから時行方の防備が強化されたことを物語っているだろう。

尊氏方に敗北した時行方は、どのような行動をとったのだろうか。このときの詳細が『太平記』に記されている。尊氏が鎌倉入りをした十九日、時行を擁立した諏訪頼重らは大御堂《おおみどう》（勝長寿院《しょうちょうじゅいん》）において自害した。このときに時行方の武士の顔の皮が剥がされていたので人物の特定ができなかったという。のちに触れるが、これは時行の逃亡を隠す撹乱行為であった。

ここで一つ注目したいことがある。時行方の三浦介入道時継《ときつぐ》一族が乗った大船が尾張国熱田浦（名古屋市熱田区）に漂着し、熱田大宮司により捕縛され、京で斬首・梟首《きょうしゅ》されたことである（『太平記』『南北朝遺文関東編Ⅰ』二八四号文書）。つまり、時行方は船で鎌倉を脱出したのである。推測の域を出ないが、時行は大御堂で諏訪頼重らとともに自害したかのような偽装工作を行い、船で鎌倉を脱出したのではないだろうか。

このように信濃を出発し、七月二十五日に鎌倉奪還に成功した時行も、八月十九日には尊氏によって鎌倉を奪い返されてしまった。時行は、わずか一ヶ月も鎌倉を確保することができなかったのである。

南朝武将としての活躍

時行は鎌倉を脱出したのち、どのような行動をとったのだろうか。時行の行動が次に確認できるのは、建武四年（延元二、一三三七）七月になってからである。中先代の乱に敗北し、尊氏によって鎌倉を逐われた約二年間の行動を追うことはできないが、得宗被官などによって匿われていたのだろう。

建武四年（延元二）七月、潜伏していた時行が後醍醐のもとに使者を派遣し、勅免を求めてきた（『太平記』）。つまり、時行は後醍醐に降伏し、南朝の武将として活躍することを求めたのである。そのときの手紙には、次のように書かれていたという。

時行は後醍醐・新田義貞に対しては恨みはない。後醍醐との対立のために北朝の権威を借りて反抗したこと、恩義ある北条家に対して裏切ったことから尊氏が北条氏の敵であること。

これは時行の一方的な主張であり、脚色の可能性もあるが、時行にとっての敵は尊氏であったという点は注目に値するだろう。

時行が後醍醐に降伏し、それを後醍醐が許可したことを不思議に感じる読者がおられるかもしれない。しかし、観応の擾乱のときにはまずは直義が、ついで尊氏が南朝に降伏を申し入れ、南朝は両者とも許している事実を考えれば、南朝の劣勢を挽回するために、時行を勅免することは十分にありえることだった。

南朝武将となった時行はどのような行動をとったのだろうか。結論から述べると、まずは奥州にいた北畠顕家とともに鎌倉を奪還した。延元二年八月十一日、後醍醐からの上京要請により、奥州にあった顕家は義良親王（後醍醐皇子、のちの後村上天皇）を奉じて西上を開始した。時行は伊豆で蜂起し約五千騎を率いて足柄箱根に陣を取り、同時に上野で新田義興（義貞の子）も蜂起し、顕家軍・時行軍・義興軍が三方から鎌倉を攻める形となった（『太平記』）。

ここで注目すべきは、時行が伊豆で蜂起したということである。おそらく時行は伊豆に潜伏していたのだろう。北条氏の本拠地はもともと伊豆であり、鎌倉時代を通じて北条氏が守護を歴任した国であり、時行を匿う勢力があっても何ら不思議ではない。先にも触れたが、時行が中先代の乱の際に鎌倉を脱出する手段として船を想定したが、行き先が伊豆であったならばあながち間違いではなさそうである。また、幕府滅亡の際に兄の邦時が伊豆山神社を目指したことからも、北条氏の本拠地である伊豆で再起を図ろうとする意図であったのだろう。

話を本線に戻そう。十二月二十五日から、鎌倉支配を任されていた足利一族の斯波家長との鎌倉攻防戦が始まり、家長は自害し、顕家・時行・義興連合軍が勝利した。時行は顕家軍に味方する形で鎌倉奪還に成功した（『太平記』）。これが時行にとって二度目の奪還になった。

ここで興味深いことは、時行が義興と協力していることである。時行の父は最後の得宗である高時、義興の父は鎌倉攻めを行った義貞。両者の父同士は敵であったが、その子たちは協力して足利方と戦う共同戦線をはった。両者にとって憎むべき敵が尊氏であったことが、これを成さしめたのだろう。

近年では、義貞による鎌倉攻めは尊氏によって事前に計画されていたという指摘がある。こう考えるならば、六波羅攻めや鎌倉攻めを計画した主体は尊氏ということになり、実質的に幕府を滅亡させたのは尊氏ということになる。すると、時行の義貞に対する恨みはなく、尊氏のみに敵意を向けることにも納得できる。つまり、鎌倉幕府を倒すきっかけを作ったのは後醍醐であるが、実質的に幕府を滅ぼしたのは尊氏ということになるだろう。そして、時行の生涯の敵は尊氏であり、目標は鎌倉の奪還にあった。

時行はそのまま顕家軍とともに西上し、翌年正月には美濃国青野原合戦に参加し、墨俣川で高師兼《もろかね》との戦いに勝利した（『太平記』）。『佐野本系図』をみると、暦応元年（延元三、一三三八）五月、顕家が高師直との戦いで敗死した摂津国阿倍野合戦に時行も参加し、敗北後は吉野に逃れたという。系図の内容なので信ぴょう性には疑わしい点もあるが、このときの時行の行動については信用してよいと思う。

次に時行の行動が確認できるのは、同年八月である。南朝の劣勢を挽回すべく、義良親王・北畠顕信・

結城宗広を奥州に、宗良親王・義興・時行らを東国に派遣し、各地の勢力を集結させて京を奪回しようとする計画がなされた（『太平記』）。翌九月、伊勢国大湊を出港した大船団は遠州灘で大風に遭遇してしまい、時行の消息は不明となる。どこに漂着したかは不明だが、おそらく足利方に捕まることなく東国にたどり着くことができたのだろう。

次に時行の行動が確認できるのは、暦応三年（一三四〇）六月のことである。六月二十四日に信濃国伊那郡大徳王寺城に立て籠もり、諏訪頼継《よりつぐ》（直頼《なおより》）を味方として守護の小笠原貞宗と合戦するも勝敗がつかない状況であり、他の味方を募ることができずに十月二十三日に大徳王寺城は「開落」になった（『南北朝遺文関東編Ⅱ』一一六〇号文書）。

ここから時行は、中先代の乱のときと同じく諏訪氏を頼って信濃で活動していたようである。しかし、諏訪氏以外の味方を募ることができなかった点から、時行の影響力が低下していたとみることができる。つまり、時行は信濃における南朝の核となることができなかったのだ。時行が立て籠もった大徳王寺城は高遠城（長野県伊那市）ではないかと考えられているが、詳細は不明である。

次に行動が確認できるのは、文和元年（正平七、一三五二）閏二月二十日に、時行が鎌倉に入ったときである（『鶴岡社務記録』の同日条）。観応二年（一三五一）閏二月、新田義宗（義貞の子）・義興らが上野で挙兵し、鎌倉にあった尊氏が二十日に武蔵国小手指原で敗北し、二十三日の鎌倉合戦に勝利した新田軍が鎌倉を奪還することに成功する（『太平記』）。

同月二十二日に、新田と時行は鎌倉を出たという（『鶴岡社務記録』）。日付の異同があるが、新田軍とともに時行が鎌倉奪還に成功したと考えておきたい。これが時行にとって三度目の、そして最後の鎌倉奪還となった。今回も鎌倉を長く維持することができなかったようである。

このときは鎌倉だけの行動ではなく、京との共同作戦であったようである。京を預かる義詮（尊氏の子、室町幕府二代将軍）は南朝軍の攻撃を受け近江に逃れた（『太平記』）。このときに義詮は失態を犯す。北朝の皇族を残したまま単独で近江に逃れたので、彼らを南朝に奪われ賀名生《あのう》（奈良県五條市）に移されてしまったのである。このあと足利政権は厳しい政権運営を余儀なくされてしまう。

このように、文和元年（正平七年）閏二月の京・鎌倉での共同作戦が南朝にとって最大の好機であり、短期間ながらも成功した。そして、時行も鎌倉奪還に成功したのである。

南朝残党狩りと時行の最期

文和二年（一三五三）五月八日・九日・十日・十一日に凶徒《きょうと》が捕縛された（『鶴岡社務記録』）。この頃、足利方による南朝の残党狩りが行われていたのではないだろうか。おそらくこのとき捕らえられた凶徒の中に時行がいたのだろう。

同月二十日に、時行は長崎駿河四郎・工藤二郎とともに鎌倉の西の入口である龍口《たつのくち》で斬首された（『鶴岡社務記録』）。時行とともに斬首された長崎氏・工藤氏は得宗被官であり、両者は最後まで時行と行動を共にした得宗被官の生き残りであったのだろう。龍口で処刑されたことからすると、おそらく鎌倉近辺で四度目の鎌倉奪還を計画している中で捕らえられたものと考えられる。

最後に一つ注目しておきたいことがある。史料上において、時行の名前は「相模次郎」とあらわれており、官職を授けられていないことである。建武四年（延元二、一三三七）に後醍醐から勅免を獲得し、南朝武将として活躍する時行がまったく官職を授けられていないことをどのように考えればよいのだろうか。南朝にとって味方を勧誘する方法の一つが官職の叙任であるが、時行による申請がなかった可能性もありえる。鎌倉時代の北条氏が朝廷の官職に興味関心を示していなかった事実からすると、時行の行動は北条氏の伝統を引き継ぐものであったということになるだろう。

龍口刑場跡　神奈川県藤沢市

以上のように、時行の生涯について概観してきた。時行の悲願は鎌倉を奪還することであり、北条氏の敵《かたき》である尊氏を倒すことであった。そのためには、幕府を倒すきっかけをつくった後醍醐に降伏するという態度をとった。中先代の乱や信濃での活動、最期の処刑までの時行の活動に鑑みると、時行を一貫して支持していたのは得宗被官たちであった。得宗被官たちは、時行の死後どのような行動をとったのかは興味深いことである。
時行は最終的には尊氏に捕らえられ、鎌倉時代からの刑場である龍口で処刑されることになった。鎌倉に程近い地で生涯を閉じることができたのが唯一の救いであったかもしれない。

（牡丹健一）

【主要参考文献】

新井孝重「第二章　南北朝の動乱と『太平記』―三浦氏の動きをみる―」（関幸彦編『相模武士団』吉川弘文館、二〇一七年）
奥富敬之『鎌倉北条一族』（新人物往来社、一九八三年）
阪田雄一「中先代の乱と鎌倉将軍府」（佐藤博信編『関東足利氏と東国社会』中世東国編五、岩田書院、二〇一二年）
鈴木由美「中先代の乱に関する基礎的考察」（阿部猛編『中世の支配と民衆』同成社、二〇〇七年）
高橋典幸「第一章　元弘・建武の乱と相模」（関幸彦編『相模武士団』吉川弘文館、二〇一七年）
田中大喜『新田一族の中世』（吉川弘文館、二〇一五年）
山田邦明「第三章　三浦氏と鎌倉府」（『鎌倉府と関東―中世の政治秩序と在地社会』校倉書房、一九九五年、初出一九九二年）

諏訪直頼

——小笠原氏打倒にかけた生涯

実名をめぐって

信濃国の南北朝・室町時代は、守護小笠原《おがさわら》氏と有力国人たちとの対立・抗争の歴史と言っても過言ではない。諏訪上社《すわかみしゃ》神官の一族を出自とする諏訪直頼《すわただより》は、そのような有力国人の代表格であった。以下、直頼の生涯について述べていく前に、実名の問題に触れておきたい。というのも、直頼は生涯のうちに複数回、改名したと考えられているからだ。

南北朝時代に活動する諏訪氏の惣領として、頼継《よりつぐ》・頼嗣《よりつぐ》・直頼・頼寛《よりひろ》（普寛《ふかん》）という順に四人の名が史料上確認できるが、これらは同一人物であることが指摘されている。例えば、中世の成立とされる諏訪氏の系図である前田本『神氏系図《じんしけいず》』には頼継に「信濃権守法名普寛」「改頼嗣亦頼寛」と注記があり、頼継・頼嗣・頼寛（普寛）が同一人物であったとされている。また、本項のタイトルである直頼は観応年間に活動が見られるが、活動状況や諸系図の注記などから頼嗣が改名したものと判断される（実は明確に「直頼」と記す同時代史料は一点しかない）。所見史料を通観しても、四人を同一人物とみることに不自然な点はなく、本項もこの立場に立って叙述していく。実名の表記はその時期ごとの名乗りを用いた。

中先代の乱で北条時行を支援

鎌倉時代、幕府の実権を握った北条氏が多くの武士の信仰を集める諏訪社（上社・下社）を支配下に置き、信濃の掌握を図ったことで、諏訪氏は鎌倉で御内人《みうちびと》として活動する人物を多数輩出した。元弘三年（一三三三）、新田義貞の鎌倉攻めにより得宗高時以下、多くの北条氏一門・被官が自害、鎌倉幕府は滅亡するが、このとき、諏訪盛高《もりたか》なる人物が高時の遺児（のちの時行）を奉じて鎌倉を落ちのびた。これを匿ったのが上社の諏訪頼重《よりしげ》・時継《ときつぐ》父子であった。諏訪氏と北条氏との結びつきがうかがえよう。

幕府滅亡後、京都で建武新政が始まるが、地方では北条氏与党人の反乱が続発し、北条氏の影響下にあった信濃でも断続的に反乱が起こっている。そして、建武二年（一三三五）六月、頼重・時継父子は小県《ちいさがた》郡の滋野《しげの》氏らとともに、北条時行を旗印に蜂起した。中先代の乱である。挙兵に先立つ二月九日、大祝《おおほうり》であった時継はその地位を退き、子息の頼継を七歳で大祝に就かせた（逆算すると頼継の生年は元徳元年〈一三二九〉となる）。大祝とは、諏訪上社の神官の頂点に位置する地位である。諏訪明神の依り代で現人神《あらひとがみ》とされ、童男を立てるものとされた。大祝に就くことを職位（即位）というが、頼継の活動初見となるこのときの記録が、職位式の記録として最古のものである。大祝は清浄保持のため諏訪郡外へ出てはならないとされており、頼継の大祝職位は時継による挙兵の準備であったとされる。

頼重―時継―┬直頼―貞信
　　　　　　├継宗
　　　　　　└信嗣

諏訪氏略系図

信濃から関東を目指した北条時行軍は、七月二十四日には鎌倉を占領した。信濃でも残存勢力が活動し、八月から九月にかけて守護小笠原貞宗《さだむね》が討伐に追われている。しかし、八月二日には足利尊氏が鎌倉に向けて出京、同月十九日には鎌倉を奪還する。北条時行は鎌倉を逃れたが、頼重・時継父子は自害した。祖父と父が朝敵となり敗死したことは、信濃にいた頼継に影響を与えた。延文元年（一三五六）に京都諏訪氏の諏訪円忠《えんちゅう》によって制作された諏訪社の縁起『諏訪大《すわだい》明神《みょうじん》絵《え》詞《ことば》』（以下、『絵詞』）によれば、頼継は神の告げで諏訪郡原郷（長野県原村）に身を隠したという。

そして、代わって一門の藤沢政頼《ふじさわまさより》が「勅裁《ちょくさい》」すなわち建武政権の決定により大祝に就いた。藤沢氏は鎌倉時代に独立した御家人として活動する有力一門だったが、庶流の藤沢氏が大祝に就くことに反発する一門も多かったようである。『絵詞』には、神慮に叶わないとして異議を申し立てる輩がいたという記述や、政頼が大祝となったことで郡内で怪異《かいい》が続発したという記述がみられる。一方の頼継は厳しい状況に置かれた。やはり『絵詞』によれば、頼継には従者四・五名がついたが、穴を掘って火を見せないようにしたり、深夜に食事をとったりするなどして、みつからないようにしたという。大規模な捜索があった際は自害する準備もしたという。『絵詞』はこのような頼継をさまざまな奇特が救ったと記すが、実際には藤沢政頼に反発する一族が頼継を支援していた可能性もある。

大祝への復帰と南北朝動乱のはじまり

足利尊氏の建武政権からの離反は、頼継の転機となる。鎌倉で反旗を翻した尊氏は建武二年（一三三五）

十二月に京都に攻めのぼり、一度は敗れるも再挙して翌年六月には京都を制圧、十一月には室町幕府が成立した。一方、『絵詞』によれば、信濃では建武三年正月一日、足利氏に与した小笠原貞宗が甲斐の武田政義《たけだまさよし》と諏訪郡に攻め入って藤沢政頼を追い落とし、頼継を大祝としている。タイミングからみて小笠原・武田による諏訪郡への侵攻は尊氏の上洛と連動したものと考えられる。建武政権によって擁立された大祝を廃し、一門の支持を得る頼継を立てることで、諏訪社および信濃を足利方で押さえるねらいがあったのだろう。尊氏は元弘三年に伊那郡飯田郷（長野県飯田市）を上社に安堵しており、上社との関係は本来的には悪いものではなかったようである。

ただし、ここまで述べてきた頼継の苦難と復位までの経緯は『絵詞』にしか見えない。また、それも『絵詞』成立後の室町時代のうちに、足利氏と諏訪氏との結びつきの強調など、何らかの目的で追加された巻（四・五巻）にみえるものである。そのため、史実とみることに懐疑的な意見もあり注意が必要である。

この点については、中世の諏訪信仰や大祝のあり方は、南北朝時代に諏訪社の権威の再構築という目的のもと、『絵詞』の成立とともに体系化がすすめられたという青木隆幸氏の指摘が重要である。特に、『絵詞』の追加巻に叙述される頼継の姿は南北朝内乱の中でその権威がゆらぎつつあった「大祝の存在と、その正当性を強調する」ものであったという。また、記録として残るものとしては最古となる建武二年の頼継の大祝職位式は密教的要素が含まれており、そのあり方は鎌倉後期を遡らないことも指摘している。青木氏は明言を避けてはいるが、これまで知られてきた大祝のあり方は、頼継に仮託する形で南北朝期以降に創出された部分が多分に含まれることを示唆している（なお、青木氏は幼童をもって大祝とする例の初見である初代大祝の有員《ありかず》が八歳で職位したとする『絵詞』の記述は、頼継をモデルとする可能性もあるという見通しを述べる）。

ただし、この問題についてこれ以上踏み込む準備は筆者にはない。厳密な史料批判を行い、「大祝頼継」の実像に迫ることで中世の諏訪信仰や大祝の実態を明らかにしうる可能性が指摘されていることをここでは紹介するにとどめておき、頼継に関する『絵詞』の記述は史実を反映したものとひとまずは考えておきたい。

さて、南北朝時代に入って最初に頼継の活動が確認できるのが暦応三年（一三四〇）である。中先代の乱後、南朝に帰順していた北条時行は、この年の六月二十四日に信濃国伊那郡大徳王寺《だいとくおうじ》城（長野県伊那市）で挙兵した。諏訪にいた頼継は、「父祖の忠節忘れ難し」という理由で時行を支援して守護小笠原貞宗と戦っている。ただし、頼継はまだ数えで十二歳であり、自身の意思というよりは一族の意思として時行に与したことになろう。七月一日、城の大手で合戦となり、頼継自身も負傷しながら「数十箇度」にわたり勝利を挙げたという。しかし、その後は時行方が劣勢となり、四ヶ月後の十月二十三日には落城し、頼継は諏訪に戻った。

ちなみに、この合戦の際、頼継は郡外への出陣にあたり大祝を一時的に降り、帰還後、再び大祝についている（これを「立直」という）。また、頼継は神職の身でありながら手負人・死人と交わる禁忌を犯したが、父祖の賢慮によって許されるとして、「三七日勤行」によって葬送を行い、種々の秘印を結ぶ十三所参詣を行って穢れをはらったという。

なお、頼継は貞和二年（一三四六）十一月に十八歳で大祝を降り、弟の継宗《つぐむね》が七歳でその地位に就き、以降は頼信《よりのぶ》（文和元年）、為員《ためかず》（延文五年）、信員《のぶかず》（応安三年）、信有《のぶあり》（応安七年）、頼貞《よりさだ》（康暦二年）、有継《ありつぐ》（応永四年）と継承していったという（『諏訪市史 上巻』）。ただし、次項でみるように、頼継（嗣）は貞和三年以降も大祝と呼ばれており、先行研究で示された大祝の継承には再検討の余地もある。

話を大徳王寺城合戦に戻そう。このとき、なぜ頼継は北条時行に与したのだろうか。むろん、前代以来の北条氏との関係があったことは間違いないが、より重要なのは、合戦の相手がこれ以降一貫して敵対していく守護小笠原氏であったということである。鎌倉幕府滅亡後、信濃に入部してきた守護小笠原氏は、南信《なんしん》の伊那郡伊賀良《いがら》荘（長野県飯田市）や中信《ちゅうしん》の府中（同松本市）を拠点に勢力拡大をはかったが、そのようなうごきが有力国人たちの権益と衝突したのである。特に、旧北条氏所領で、信濃の各地に散在していた春近領《はるちかりょう》（奥春近・近府春近・伊那春近）と呼ばれる国衙領《こくがりょう》群をめぐって鋭い対立が生じた。このような事情から、諏訪氏をはじめとする有力国人層の多くは、南朝や次にみるように足利直義に与するという形で小笠原氏に対抗していったのである。

観応の擾乱で直義方に付く

次に頼継の動向が確認できるのが、貞和三年（一三四七）九月三日、「諏方《(訪)》上宮大祝頼嗣」が北朝へ信濃守任官を所望した結果、信濃権守に任じられたという事例である。最初に述べたように、頼嗣は頼継と同一人物とみてよく、大徳王寺城合戦では南朝の北条時行に与した頼継が、改名してこの頃までには幕府（北朝）に帰順していたことになる。改名の理由は不明だが、あるいは中先代の乱で足利直義・尊氏と交戦した父から継承した「継」の字を憚ったのだろうか。

さて、この事例で興味深いのは、頼嗣が権官《ごんかん》に満足せず、再度、信濃守への任官を求めている点である。当時、地域支配をめぐって対立関係にあった小笠原氏もまた信濃守を称していた。頼嗣が信濃守に固執した背景には、小笠原氏への対抗意識があったとみられる。その後、頼嗣は信濃守に任官したようであり、この後しばらくは史料上、「諏訪信濃守」とみえる。

中央では貞和年間頃から執事高師直と足利直義の対立が深まり、幕府を尊氏党と直義党とに二分する観応の擾乱へと発展する。信濃の地域支配をめぐる対立はこの中央の抗争と結びつく。貞和年間までには尊氏党の守護小笠原貞宗と、直義党の有力一族上杉氏の上杉藤成《ふじなり》とで信濃春近領を分有するという状況が生まれているが、諏訪氏をはじめとする信濃の有力国人の多くは小笠原氏への対抗から直義党に与した。直義も、旧北条氏系や南朝方の信濃武士を自陣営に引き込むために諏訪氏と結んだとみられる。

頼嗣から直頼への改名がこの頃とみられる。「信濃守頼嗣」とみえる最後の事例が、観応元年（一三五〇）十二月に所願成就（直義方の勝利か）のため所領を上社に寄進した際の願文であり、「信濃守直頼」とみえるのが観応三年正月付の国人武田文元《ふみもと》の軍忠状である（なお、この文書が「直頼」という名を明記した唯一の同時代史料である）。これは、両党派の対立が深まるなか、直義と関係を深めた頼嗣が観応元年十二月以降に直義より偏諱を得て改名したものと考えられている。

花押も注目される。観応元年十二月段階の頼嗣の花押は足利様の影響を受けながらも、亡父時継の花押（参考）を継承している部分も大きいように思われる（花押A）。ところが、観応二年三月付の国人市《いち》河《かわ》氏の軍忠状（市河文書）にすえられた直頼のものとされる花押（花押B）は、当該時期の直義の花押形により近いものとなっている。これは、改名とともに花押も変更した可能性が想定できるだろう。ただし、市河文書にみえる花押Bを直頼のものとみることには慎重な意見があり、また、守矢《もりや》文書には花押A・Bとは異なる花押がすえられた「信濃守頼継」の書状（年未詳、検討の要あり）もあるため、引き続き検討が必要である。

参考「安芸権守時継（花押）」　元弘２年正月11日諏訪時継寄進状（「守矢文書」）

花押Ａ「信濃守頼嗣（花押）」　観応元年12月15日諏訪頼嗣願文（「守矢文書」）

花押Ｂ「承了（花押）」　観応２年３月日市河経助軍忠状（「市河文書」）

観応元年後半より両派の武力衝突が開始すると、在京して直義に仕えていた直頼は信濃に下向した。このとき直頼は、尊氏党の守護小笠原政長《まさなが》（貞宗の子息）に対抗して、直義より信濃守護に補任されていたとみられる。翌年正月二日には、雨境峠《あまざかいとうげ》・大門峠《だいもん》を通じて諏訪郡と佐久・小県郡を結ぶ諏訪郡湯河宿《ゆかわ》（長野県茅野市）で国人を集めている。史料上明らかなのは市河氏・上原氏《うえはら》・英多氏《あがた》などだが、多数の国人が直頼に従ったとみられる。同月五日には、小笠原氏の守護所があった埴科郡《はにしな》船山郷《ふなやま》（同千曲市）を攻めて守護館を炎上させている。十日には小笠原政長の弟政経《まさつね》・兼経《かねつね》らを筑摩郡《ちくま》放光寺《ほうこうじ》（同松本市）に攻めて降伏させ、十六日には甲斐国に転じて尊氏党の関東執事高師冬を須沢城《すさわ》（山梨県南アルプス市）に攻めて、自害に追い込んでいる。

中央でも直義方が優位を築いており、同月十六日には京都で小笠原政長が直義方に降った。信濃が直義党によって制圧されたのをみて、直頼は二月頃には再び上洛し、二十日には京都での合戦に参加している。

結集点としての宗良親王

その後、直義は尊氏方の反撃を受けて立場が劣勢となると、観応二年（一三五一）七月三十日、京都を脱出して北陸をめざした。このときまで直頼は直義の側近として在京していたとみられ、『観応二年日次記』は直義の京都脱出に従った腹心の一人に直頼の名を挙げている。なお、『太平記』はこのとき、各地に存在する直義の「二心なき御方」として「諏訪下宮祝部《ほうりべ》」を挙げており、下社も直義党の有力な勢力であった。

これに先立つ六月二十九日～七月三日、高井郡《たかい》野辺宮原《のべみやはら》（長野県須坂市）で直頼の代官祢津宗貞《ねつむねさだ》が小笠原方と合戦に及んでいる。直義方に降っていた小笠原政長であったが、尊氏方が盛り返すなかで再び尊氏党に与し、信濃での諏訪氏との抗争を再燃させていたのである。さらに、直頼の信濃下向の情報が流れると、八月三日には更級《さらしな》郡冨部原（長野市）で直義党国人の香坂《こうさか》美濃介が尊氏方の小笠原・高梨《たかなし》勢と合戦に及び、同月十日には善光寺横山で祢津宗貞が小笠原勢と戦っている。

十月、直義はさらに自派の上杉憲顕の勢力下にある鎌倉を目指した。おそらく越後・上野を経由して向かったとみられる。直頼も信濃に下向し、東・北信各地で直義党国人を糾合しながら戦闘を展開してこれを援護した。一方、小笠原政長は北陸からの直義の関東下向を防ぐよう尊氏より命じられており、小笠原方は越後から信濃水内《みのち》郡に入る際の要衝にあたる野尻《のじり》城（長野県信濃町）や信濃高井郡から鳥居《とりい》峠を越えて上野に抜ける大笹《おおざさ》街道上に位置する米子《よなご》城（同須坂市）などの防衛にあたっている。九月十九日には信濃に入った直頼は、その米子城を攻撃している。結果として直頼は信濃にとどまったようだが、直義と合流する意図もあったかもしれない。

十一月三日には直義は直頼宛てに、金沢《かねさわ》称名寺《しょうみょうじ》領信濃国太田荘内大倉郷（長野市豊野）における高梨・島津《しまづ》氏等の押領停止を命じる御教書を発給している。これは、称名寺が東国を目指す途上の直義から獲得したものと考えられ、依然、直義が直頼を信濃守護に認定していたことを示すが、戦闘が激化するなかで履行されることは難しかったであろう。

その後、十二月十日に直頼は小県郡夜山（尾野山）中尾（長野県上田市丸子）で守護代小笠原為経《ためつね》の軍勢と戦っている。このときの直頼は「数千騎」を率いたとされ、直義方劣勢の情勢下でも直頼に与する国人が多かったことを示すが、この戦いは小笠原方が勝利したとみられる。

なお、この年の十一月二十一日付で直頼の弟信嗣が上社への社領安堵状を発給している。このときの信嗣が大祝であったかどうかは意見が分かれるが、兄直頼が在京したり、各地を転戦したりしているのに対して、弟が本拠の統括にあたっていることがうかがえる。このように、南北朝期には戦乱や政治情勢に対応して武士の兄弟による分業体制がとられた。

さて、十一月に直義は鎌倉入りしたものの、翌年正月に東下した尊氏に敗れ、後に死亡する。勝利した尊氏は直義党の東国守護を一斉に改替して尊氏党の人物を任命し、薩埵山《さったやま》体制と呼ばれる新たな東国統治体制を構築する。信濃では再び小笠原政長が守護となり、春近領の一元的掌握が認められている。

しかし、以後も諏訪氏などの旧直義党国人は幕府への抵抗を継続していく。その結集点が、この時期、信濃・越後などを拠点に活動していた南朝の宗良親王であった。宗良親王は観応三年閏二月十七日頃、信濃から碓氷峠を越えて関東へ兵を向けた。これに先立って、南朝方の新田義興らも上野で挙兵、旧直義党の武士たちが参集して鎌倉に侵攻した。足利尊氏は新田勢に鎌倉を奪われるものの態勢を立て直し、武蔵国を舞台に足利方と宗良親王・新田方との間で激戦が展開された。『太平記』によれば「諏訪祝」も関東へ出陣、武蔵国小手指原における足利勢との決戦に参加したとされており、これは直頼を指しているとみられる。

なお、信濃勢としてはその他にも仁科《にしな》兵庫助・高梨越前守・伴野《ともの》十郎・滋野八郎・祢津小次郎といった一貫して南朝・直義党として活動してきた面々が親王方に与している。この合戦は激戦であったが親王方が敗れ、親王は信濃に逃れている。直頼も同様であっただろう。ちなみに、この年の四月二十五日、病となった小笠原政長は一族の女性に後事を託す書状を認めており、そのなかで「心残りは「しなの、かみ」(直頼)を討てなかったことである」と述べている。諏訪氏と小笠原氏が宿敵の関係にあったことを物語るといえよう。

その後も諏訪直頼は、信濃を拠点とする宗良親王と結びつき幕府(小笠原氏)への抵抗を続ける。文和四年(一三五五)六月には上社の神官権祝の一族の矢島正忠《やじままさただ》が南朝より従五位下に叙されており、南朝が上社を重視していたことがうかがえる。同年八月、やはり直頼とみられる「諏訪祝」が仁科氏や下社とともに宗良親王に従い、信濃府中攻略をめざして守護小笠原長基《ながもと》(政長の子息)と筑摩郡桔梗ヶ原《ききょうがはら》(長野県塩尻市)で合戦に及んでいる。この合戦も激戦だったようで、公家の洞院公賢は日記『園太暦』に、この合戦により信濃からの馬の貢進が滞ったと記している。このときも親王方が敗れ、以降は信濃の南朝勢力は衰退に向かう。直頼も逼塞を余儀なくされたとみられる。

旧直義党の復権と大祝職

しかし、その後、延文三年(一三五八)の尊氏の死を契機に旧直義党の復権がすすむ。東国では貞治二年（一三六三）に上杉憲顕が関東管領に復帰し、守護の多くを上杉氏ら旧直義党の有力者が再び占めるようになる。信濃は小笠原氏に代わり上杉朝房《ともふさ》が守護となった。これ以前より旧直義党の国人も復権している。『太平記』によれば、延文四年十二月の足利義詮による南朝攻めに、直頼とみられる「諏訪信濃守」が祢津氏とともに従軍している。これを信じるならば、このときまでに直頼が復権して幕府に帰順していたことになる。

ただし、小笠原氏も信濃での政治的立場や領主的基盤を完全に失ったわけではない。薩埵山体制崩壊後の信濃は、両党派の対立を包摂する形で地域秩序が再編された。そのため、小笠原氏と旧直義党国人たちとの間で地域支配をめぐる合戦が再燃する。その焦点の一つが春近領である。薩埵山体制下で小笠原氏が一元的に掌握していた春近領は、復権した新守護の上杉朝房《ともふさ》や旧直義党国人が支配に関与するようになっており、直頼が伊那春近領の伊那郡片桐郷内七窪（長野県飯島町）に対する免状を国人飯島氏に発給している徴証がある。

また、「守矢満実書留《もりやみつざねかきとめ》」（室町後期の神長官《じんちょうかん》の守矢満実による記録）によれば、貞治四年（一三六五）十二月、「信濃守直頼」が近府春近領の筑摩郡塩尻郷金屋（同塩尻市）で小笠原長基と合戦となり敗れ、翌年正月には村上《むらかみ》・香坂・春日《かすが》・長沼《ながぬま》氏らとともに再び小笠原勢と戦い勝利したという。諏訪郡と府中とを結ぶ要地にある塩尻郷は、小笠原氏も関与を主張しており、春近領である同郷をめぐる対立が背景にあったと考えられる。

なお、「守矢満実書留」は、このときの「信濃守直頼」は合戦に際して大祝の地位を降り、合戦後、再び大祝に立ったと記す。これに従うならば、直頼は三十代後半にして再び大祝に就いていたことになる。これを不審とする細田貴助氏は、「守矢満実書留」が暦応三年（一三四〇）の大徳王寺城合戦の際の大祝を「信濃守頼継」、貞治年間の大祝を「信濃守直頼」と書き分けていることもふまえ、貞治年間の「信濃守直頼」は、『神氏系図《じんしけいず》』（『諏訪史料叢書 巻二十八』所収）に「為員、又直頼」と注記される祝方（直頼〈頼継〉の猶子信嗣の子）を指しており、これまでみてきた直頼とは別人であるとしている。祝方の別名が直頼で、さらに延文五年（一三六〇）に大祝となった為員と同一人物というのであれば確かに整合的であり、重要な指摘である。ただし、細田氏が依拠する『神氏系図』は明治初年の写しとされるものであり、根拠とすることに不安が残る（中世成立の前田本には同様の注記はない）。短期間のうちに「信濃守直頼」が二人いたとみることの不自然さもある。また、大祝は年長者が立てられた例もあるとされ、前述したように大祝の継承については再検討の余地もある。ひとまず貞治年間の「信濃守直頼」はこれまでみてきた直頼と同一人物とみておき、今後の検討課題としたい。

さて、応安年間より諏訪兵部大輔頼寛の活動がみられるようになるが、冒頭で述べたように、これは直頼（頼継・頼嗣）がさらに改名し、官途も信濃守から兵部大輔に転じた姿ということになる。三度目の改名の理由は不明であるが、幕府への帰順に際し、直義党の象徴であった名乗りを捨てたのだろうか。また、遅くとも至徳元年（一三八四）に沙弥《しゃみ》と称する寄進状が残ることから（応安五年に「諏方（訪）兵部大輔入道」

とみえる文書があるが検討の要がある)、この時期までに出家していたことがわかる。法名は普寛と称し、花押も変更したようである。

その後、信濃は上杉氏に代わって至徳元年(一三八四)に管領斯波《しば》義将《よしゆき》の弟義種《よしたね》が守護に補任され、代官二宮《にのみや》氏が入部してくる。これに対して小笠原長基は翌年四月以降、北信濃の有力国人村上・高梨氏らと結んで抵抗運動を展開している。至徳四年六月には、管領の斯波義将自身が守護となっているが、これに対しても小笠原・村上・高梨氏らが抵抗している。守護の地位を失った小笠原氏は、今度は国人たちと結んで守護に抵抗する存在となっているのである。

一方、諏訪頼寛は守護斯波氏に与している。頼寛の帰順以降、幕府は諏訪上社の保護を積極的に行っていた。永和三年(一三七七)に上社の造営料足の負担を難渋する国人への奉仕の催促を守護上杉朝房に命じている。至徳二年には社領への国人らによる押領の停止命令、同四年には社領の安堵状がのこる。また、至徳年間より上社御射山《みさやま》祭の主旨を述べた文書に「将軍の宝祚《ほうそ》延長」(幕府将軍の安穏)という文言がみられるようになり、幕府との結びつきが明瞭となる。

このような関係を背景に、頼寛は守護斯波氏の支援を受ける形で小笠原氏との抗争を展開していく。嘉慶元年(一三八七)七月、伊那郡田切(長野県飯島町)において小笠原長基の軍と戦い勝利しているが、九月には筑摩郡熊井原《くまいはら》(同塩尻市)で小笠原勢に敗れている。七月の合戦の後には前述したように幕府より社領安堵を受け、九月の熊井原合戦後も守護斯波義将よりその戦功を賞されている。

小笠原氏との対決に捧げた生涯

南北朝動乱の収束後も、頼寛は上社内部で影響力を持っていたようである。応永二年（一三九五）に、上社の禰宜大夫の勝間《かつま》殿なる人物が口論によって上社前宮の阿弥陀堂で討たれるという事件が起こった。その跡として伯耆守なる人物が自身の子をその後の禰宜職に就けようとした。それに対して、一族以外の者は神職には就けないとして、これを非難するうごきがおこる。そこで、頼寛は以前に在京した際、信濃に帰ってくる途中の尾張で供とした牛山《うしやま》なる人物を養子として禰宜職に就けたという。そして、後に伯耆守の子についてては、頼寛の「御意」をもって牛山の養子とすることで神職として出仕させて争いを収めたという。六十七歳となる頼寛のこのときの立場をどう表現すべきかは難しいが、神職をめぐる問題に対して裁定を下す様子からは、依然として一門全体を統括する地位にあったことがわかる。

頼寛の没年は明らかにならないが、応永四年が史料上の終見であり、この年を大きく下らない時期に没したとみられる（『信濃史料　七巻』は応永五年に筑摩郡平出〈長野県塩尻市〉で合戦に及んだ人物を頼寛とするが年齢的に考えにくいだろう）。なお、頼寛の子息の貞信《さだのぶ》は、伊那郡高遠《たかとお》の地を根拠地として高遠諏訪氏の流れとなる一方、諏訪氏の惣領および大祝の地位は弟信嗣の系統が継承していく。

南北朝動乱を生き抜いた諏訪直頼の生涯の大半は、小笠原氏との対決に捧げられた。南朝・足利直義・幕府（守護）など、さまざまな上位権力と結びながら、一貫して小笠原氏との抗争を繰り広げた直頼は、南北朝時代の到来によって発生・顕現した信濃の地域支配をめぐる諸矛盾を体現する存在であった。

（花岡康隆）

【主要参考文献】

青木隆幸「中世的神話世界の形成―諏訪上社大祝と『諏訪大明神絵詞』をめぐって」（『長野県立歴史館研究紀要』十八号、二〇一二年）
石井裕一朗「中世後期京都における諏訪氏と諏訪信仰―『諏訪大明神絵詞』の再検討―」（『武蔵大学人文学会雑誌』四十一巻二号、二〇一〇年）
亀田俊和『（中公新書）観応の擾乱』（中央公論新社、二〇一七年）
阪田雄一「足利直義・直冬偏諱考」（『史翰』二十一号、一九九四年）
鈴木由美「中先代の乱に関する基礎的考察」（阿部猛編『中世の支配と民衆』同成社、二〇〇七年）
諏訪市史編纂委員会編『諏訪市史 上巻 原始・古代・中世』（諏訪市、一九九五年）
茅野市編『茅野市史 中巻 中世・近世』（茅野市、一九八七年）
中澤克昭「神を称する武士たち―諏訪「神氏系図」にみる家系意識―」（歴史学研究会編『シリーズ歴史学の現在　系図が語る世界史』青木書店、二〇〇二年）
長野県立歴史館編『一九九八年度秋季企画展 諏訪信仰の祭りと文化』（長野県立歴史館、一九九八年）
花岡康隆「鎌倉府体制成立期における信濃小笠原氏について」（『信濃』六十三巻十号、二〇一一年）
花岡康隆「南北朝期信濃守護小笠原氏の権力形成過程」（『信濃』六十一巻十二号、二〇〇九年）
細田貴助『県宝守矢文書を読むⅡ』（ほおずき書籍、二〇〇六年）
宮地直一『諏訪史 第二巻 後編』（諏訪教育会、一九三七年）
渡辺世祐『諏訪史 第三巻』（諏訪教育会、一九五四年）

第二部　西国武将編

護良親王――尊氏打倒に燃える悲劇の親王将軍

誕生から元弘の乱まで

護良親王《もりよししんのう》の名前を、どれだけの方がご存知だろうか。護良は後醍醐天皇の皇子として誕生し、天台《てんだい》宗《しゅう》に入り、天台座主《てんだいざす》を二度経験する。その後、鎌倉幕府との戦いにおいては後醍醐の隠岐配流後、活動の中心となっていく。それが足利尊氏との競合関係を生み出し、敗北し、鎌倉へ追放となる。そして、中先代の乱によって悲運な最期を迎える悲劇の親王といえる。

なお、護良は僧籍にあったときには尊雲法親王《そんうんほっしんのう》、還俗後も大塔宮《おおとうのみや》・兵部卿《ひょうぶきょう》親王などさまざまな呼称が確認されるが、本項では説明の都合上、「護良」という呼び方で統一することをお断りさせていただく。

護良は延慶元年（一三〇八）に誕生した。父は大覚寺統《だいかくじとう》の後醍醐天皇。母は民部卿三位《みんぶきょうさんみ》。母の実名は伝わっておらず、日野経光《ひのつねみつ》の娘経子とする説、北畠師親《きたばたけもろちか》の娘親子とする説があり確定していない。『太平記《たいへいき》』では護良が幼少の頃、後醍醐は護良に皇位を譲る気があったと記されているが、他の史料では確認することができず、のちの後醍醐と護良との対立からして物語上の脚色と考えられる。

正中二年（一三二五）十一月二十五日、護良は梶井門主《かじいもんしゅ》となり、嘉暦二年（一三二七）十二月六日、天台座主となり、同月に梶井門跡《もんぜき》にもなった。元徳元年（一三二九）二月十一日に辞任し、十二月十四日に還補《げんぽ》された。

梶井門跡は天台宗のトップである天台座主を輩出する三門跡（他に青蓮院《しょうれんいん》門跡、妙法院《みょうほういん》門跡）の一つであり、当時の梶井門跡には承久の乱の敗者の子孫が多く、反幕的な気風が強かったという。実際に、護良の師である承鎮《しょうちん》法親王は、承久の乱で敗北し佐渡に配流となった順徳《じゅんとく》上皇の曽孫にあたる。また、三門跡の一つである妙法院門跡には、護良の異母弟にあたる宗良《むねよし》（当時は尊澄《そんちょう》法親王）が入室している。門跡とは、皇族や有力貴族の子弟などが出家して居住する寺院やその僧自身のことを指す。

このように、後醍醐は護良を梶井門跡に入室させることで比叡山の掌握をはかったとみることができる。その理由は、比叡山のもつ軍事力が幕府との戦いには必須であり、また、比叡山のもつ祈祷という宗教的な霊力にも期待がかけられたからだという。

それでは、僧としての護良はどのような活動をしていたのだろうか。嘉暦二年（一三二七）十二月六日に天台座主に就任した。そして、嘉暦四年には辞任したようである。一度目の在任期間は約二年であった。元徳元年（一三二九）十二月十四日には還補され、翌年四月二十三日までには辞任したようである。二度目の在任期間は約四ヶ月と短期間であった（以上『法中補任《ほうちゅうぶにん》』）。

天台座主時代の護良に対して、『太平記』では武芸の鍛錬に励む姿を「今までこのような天台座主はいなかった」と書かれているが、比叡山大御堂供養の際には「呪願《じゅがん》」（施主の願意を述べる役）を務めており、決して僧としての修業を怠っていたわけではない。天台座主であった頃から武芸をたしなんでいたというのは、その後の討幕活動からさかのぼって想像された物語上の脚色と言える。

討幕活動の急先鋒

元弘元年（一三三一）、鎌倉幕府討幕を企図した元弘の乱が起こる。後醍醐に近い公家や僧が幕府により捕縛され、後醍醐による討幕計画が幕府の知るところとなった。これを受けて幕府は後醍醐の処分を決めた。幕府の使者が京に到着し、幕府の決定を伝えた。その決定とは後醍醐を遠国に、護良を硫黄島に配流するという内容であった。一方、護良がつかんだ情報では後醍醐が遠国へ配流、護良は死罪というのが幕府の決定であり、これを受けて護良はある作戦を後醍醐に提案した。後醍醐が南都（奈良の興福寺《こうふくじ》）へ逃れ、影武者を比叡山に派遣してその軍事力で六波羅軍を抑え、その間に伊賀・伊勢・大和・河内の兵をもって京を制圧するというものであった（以上『太平記』）。

ここでまず注目すべきは、後醍醐が目指した先が奈良だったということである。これは推測の域を出ないが、後醍醐は吉野（奈良県吉野町）を目指した可能性がある。のちに護良が吉野で挙兵し、後醍醐が吉野を南朝の拠点とすることを考えれば十分ありえることだろう。

二点目は、天台座主であった護良が後醍醐（の影武者）を利用しなければ比叡山の軍事力を頼みとできなかったことである。護良や宗良を天台宗に入室させたのは、比叡山の軍事力を掌握するためであったと考えられがちだが、実際にはそのような目的がなかったのではないだろうか。両者の天台宗における役割は、宗教的に後醍醐を支えることにあったのではないだろうか。

三点目は、護良が伊賀・伊勢・大和・河内に頼るべき兵力をもっていたということである。伊勢の竹原八郎入道という武士が護良の発給した令旨《りょうじ》を受けて、伊勢守護代や地頭らと合戦したことが確認できる(『花園天皇宸記《はなぞのてんのうしんき》』正慶元年六月二十八日・二十九日条)。河内の兵力とはおそらく楠木正成のことだろう。つまり、護良がこれらの国々に何らかの繋がりをもち、一定の軍事力を掌握していたと思われる。

しかし、計画通りに後醍醐は奈良へ進むことができず、元弘元年八月二十四日に笠置城《かさぎ》(京都府笠置町)に入ったことで後醍醐の討幕の意思が公然になった。二十八日には幕府の猛攻により笠置城は陥落し、脱出した後醍醐らは三十日に幕府により捕縛された。これ以降の討幕活動は、護良が中心となって進められていく。

護良と楠木正成が幕府によって指名手配を受けている。特に護良については以前には逮捕命令であったものが、次には「誅罰《ちゅうばつ》」せよと命令の度合いが重くなっている。また、誰であっても護良を誅罰した者には近江国麻生庄を与えると伝えている(『楠木合戦注文《くすのきかっせんちゅうもん》』)。ここから、幕府が護良に相当手を焼いていることが読み取れるだろう。逆にいうと、護良の倒幕活動が有効であったという裏返しにもなる。

護良は笠置まで後醍醐と行動を共にするも、陥落前に脱出し、河内の楠木正成館に向かった(『増鏡《ますかがみ》』)。

その後しばらくの間、護良のゆくえはわからなくなる。

正慶元年（元弘二、一三三二）六月、姿をくらましていた護良の活動が再度確認できるようになる。護良が令旨を発給することで味方を募ったのである。そして、同年十一月に吉野で挙兵する。

次に、護良が発給した令旨（以下、護良令旨）を通して護良の討幕活動をみていくことにしたい。現在、討幕活動における護良令旨は約六十通確認されており、元弘二年半ばから翌元弘三年十月までの間に集中して出されていたことが明らかにされている。後醍醐は元弘二年三月から隠岐へ配流となるので、護良は後醍醐の配流中に討幕活動を進めるために令旨を発給していたことがわかる。また、護良令旨は畿内の寺社や武士だけではなく、全国的に発給されていたことがわかっている。これに関して、全国的な武士に発給されたのではなく、河内の楠木攻めのために畿内に集まっていた武士に対して発給されたという指摘もある。

それでは、具体的に護良令旨を分析してみる。護良令旨の中でも、紀伊国の木本宗元《きのもとむねもと》という武士に対して出された令旨を例として挙げたい。

討幕活動に関する木本宗元の文書は九通あり、それらは『師守記《もろもりき》』（南北朝期に事務官人として仕えた中原師守《なかはらもろもり》の日記）の紙背文書《しはいもんじょ》（古文書の裏が利用されて新たに文書が記された場合、先に書かれた文書のこと）として残されており、そのうち護良令旨は二通である。

一通目は元弘三年二月二十五日付であり、大和国波津坂合戦において宗元の軍功を護良が賞したものである。幕府軍が大和道を進撃したことが『楠木合戦注文』により確認できるので、その途中の波津坂において合戦になったのだろう。宛先は木本孫三郎館となっており、宗元と同一人物と考えられる。二通目は元弘三年五月十四日付であり、宗元の軍功を賞するものである。宛先は木本新左衛門尉館となっている。

ここで注目すべき点が二点ある。一点目は、一通目の宛先は木本孫三郎館となっていたが、二通目では木本新左衛門尉館と変化していることである。当時、後醍醐は隠岐を脱出して伯耆国船上山《せんじょうさん》（鳥取県琴浦町）におり、後醍醐が宗元を叙任したとは考えにくく、左衛門尉の官職を与えたのは護良と考えるのが妥当だろう。つまり、討幕活動の中で護良が叙任権を行使していた。この叙任権こそが、護良の討幕活動における武器であったと思われる。建武政権によって宗元に発給された文書を見ても、左衛門尉の官職が認められているので、後醍醐によって護良の決定が追認されたことになる。

二点目は、宗元の一連の文書が紙背文書になった時期である。つまり、中原師守によって宗元の文書がいつ破棄されたかということである。当然ながら紙背になるということは、その文書が機能しないと判断されたからである。その答えは、宗元の文書の裏がいつ使用されたかを見れば明瞭である。その時期は暦応二年（一三三九）十一月である。それでは、この頃に何があったのだろうか。一つ契機となる出来事がある。それは同年八月十六日に吉野で後醍醐が崩御したことである。つまり、後醍醐の死が南北朝内乱の一つの節目として、建武政権下で扱われた文書が破棄されたと考えられる。後醍醐の死が文書行政においても影響を与えていたことがわかる。

護良令旨を考えるうえで、もう一つ考えておくべきことがある。それは、護良の「将軍呼称」問題である。護良令旨をみると、元弘三年五月十日から同年八月二十二日まで「将軍」の語が確認できる。しかし、護良の征夷大将軍任命は六月十三日であり、任命前から将軍を自称していたことになる(『太平記』『増鏡』)。

それではなぜ、護良は「将軍」を自称したのだろうか。この問題について、護良自身が征夷大将軍の地位を望んだという説、武家政権樹立を目論む尊氏の動向を制御するためという説、尊氏との闘争において劣勢の立場を挽回するためという説が挙げられている。ただ、「将軍」呼称を用いた令旨が出された先は、御家人クラスの武士ではなく寺院や地侍層の武士であったという点にも注意する必要があるだろう。

足利尊氏との激しい対立

六波羅陥落に成功した護良は、その後どのような行動をとったのだろうか。時期は不明であるが、『光明寺残編《こうみょうじざんぺん》』所収の「入洛輩が存知るべき条々」の中に、「梨本《なしもと》門跡・青蓮院門跡は捕縛し、諸事については大塔二品親王の命令を伺い、「勅」に従わない比叡山の僧は命令通りにすぐに追罰せよ」と書かれている。

ここで注目すべきは、比叡山の諸事について護良が命令を出していることである。前天台座主の尊澄法親王が讃岐にいるので、天台座主経験者である護良が代行したのだろう。また、「勅」を持ち出している点からも護良の影響力には限界があり、後醍醐の威光を借りる必要があったことを物語っていよう。その後、護良は大和国信貴山《しぎさん》（奈良県平群町）で軍勢を集め、尊氏への対抗を試みて、後醍醐に対して尊氏討伐と征夷大将軍就任を要求した（『太平記』）。そして後者のみが認められ、元弘三年（正慶二、一三三三）六月十三日に入京し、正式に征夷大将軍に就任した。このときの入京の様子が『太平記』に記されている。行例の先頭には赤松円心《あかまつえんしん》、次に殿法印良忠《とののほういんりょうちゅう》（護良の執事、関白二条良実《にじょうよしざね》の孫）、次に四条隆資《しじょうたかすけ》、次に中院定平《なかのいんさだひら》、そして護良、そのあとを千種忠顕《ちぐさただあき》、畿内近国の軍勢が続いたという。護良は意気揚々と入京したが、これが栄華の絶頂であった。

護良令旨を分析すると、将軍呼称は遅くとも九月二日以降には確認できず、護良の官位であった二品も令旨中から消えるので、護良は征夷大将軍の官職と二品の官位をほぼ同時に剥奪されたようである。それも建武政権が成立してそれほど時間が経っていない段階であり、護良が早い段階で没落したことがわかる。

なぜ、護良は建武政権においてこのような処遇を受けることになったのだろうか。『太平記』に興味深い話がある。六波羅の陥落後、殿法印良忠の配下が京の土倉《どそう》（金融業者）を襲撃して強盗行為に及び、尊氏の軍勢によって処刑・梟首《きょうしゅ》になった。このとき高札《こうさつ》に、「護良に仕える殿法印良忠の配下が強盗行為を行ったので処刑した」と書かれた。これを良忠から聞いた護良は、尊氏に対する憤りを募らせたという。

ここでまず注目すべきは、尊氏が京の警察権を掌握している点である。六波羅陥落後に尊氏が京において軍忠状への証判を加えていたことは知られている。これと同時に、尊氏は京の警察権を握ったと考えるのは自然であろう。軍勢の掌握で対立した護良と尊氏は、京の警察権をめぐっても対立した可能性が考えられる。

次に、護良の勢力が武士だけではなく、強盗行為を行うような階層を含んでいた点である。討幕のために護良はさまざまな階層にまで令旨を発給し、武士以外の雑多な勢力を寄せ集めることにより討幕活動を推進することができた。しかし、六波羅陥落後、彼らの掌握が十分にできなかった護良は、彼らの悪行の責任を負うことになったと考えられる。

つまり、護良の失脚原因は統率能力の欠如ということになる。これは討幕が武士だけの戦いではなく、比叡山などの僧兵や山賊なども巻き込んだ総力戦で行われたためではないだろうか。尊氏は幕府の御家人などの武士層をまとめあげ、護良は僧兵や地侍層などの雑多な勢力をまとめあげ、両者の軍事力によって六波羅を陥落させることができた。つまり、護良の雑多な勢力は初めから危険性をはらんでいたということになり、ここに護良の限界を感じる。

建武政権において失脚した護良の末路はどのようなものだったのだろうか。建武元年(一三三四)十月、護良は名和《なわ》長年《ながとし》・結城《ゆうき》親光《ちかみつ》などの武者所《むしゃどころ》(建武政権の警察機関)によって捕縛され、翌十一月には尊氏の弟・直義がいる鎌倉に配流となった。当時の武家社会では、私闘の解決法として加害者の身柄を被害者側に引き渡し、その処分を委ねるということが行われていたようだ。

しかし、この論理に従えば、護良と尊氏との対立は私闘ということになり、護良が公的機関である武者所に捕縛される説明がつかない。また、護良の鎌倉配流直後の十二月十三日に六条河原で護良配下の南部・工藤らの武士数十人が処刑された（『梅松論《ばいしょうろん》』『保暦間記《ほうりゃくかんき》』）。すなわち、護良の処分だけではなく、配下にまで処分が及んでいることには十分注意する必要がある。

護良逮捕の理由は尊氏への襲撃未遂や皇位簒奪計画などが挙げられている（『太平記』）。尊氏への襲撃未遂は同年六月であるので、処分までの時間が少し長いように感じられる。また、私闘に武者所が出動することにも違和感がある。では、皇位簒奪計画だろうか。この場合だと、護良配下の武士まで処刑される必要がないように思う。もう一度処分内容をみると、護良は鎌倉配流、配下の武士は処刑であり、処分の主因は配下の武士にあるのではないだろうか。つまり、配下の武士が処刑に値するほどの罪を犯し、護良はその監督責任を追及されたと考えたい。

それでは、護良配下が犯した罪とは何であろうか。ここで思い出していただきたいのは先に触れた、殿法印良忠の配下が京の土倉を襲撃して強盗行為に及んだ事件である。このような事件が当時の京において頻発していた可能性が考えられる。

護良の入京によってさまざまな階層が京に入り、土倉などの金融業者を襲撃するなどの犯罪行為に及んだ。統率力に欠ける護良により事態は改善することなく、警察権を握る尊氏によって治安が維持されることになる。そして次第に尊氏の声望が高まり、護良の勢力は衰退し、ついには責任を問われた護良の逮捕・配流となった。

護良に関して注目しておきたいことがもう一つある。それは、護良の兵部卿の官職である。兵部省は武官人事や軍事を司る役所であり、その長官が兵部卿である。時期は不明であるが、護良が兵部卿であったことは『保暦間記』、『太平記』、『関城書裏書《かんじょうしょうらがき》』などから確認することができる。征夷大将軍を罷免された護良が、劣勢を挽回しようと求めた切り札が兵部卿だったのではないだろうか。

殺害は尊氏の意向か、直義の独断か

建武元年（一三三四）十一月十五日、鎌倉へ配流となった護良は二階堂《にかいどう》にある土牢で幽閉されることになった。そして、翌年七月に起きた中先代の乱（鎌倉幕府最後の得宗《とくそう》である北条高時《ほうじょうたかとき》の次男時行《ときゆき》による反乱）により、直義が鎌倉を脱出する際の混乱に紛れて直義配下の淵野辺義博《ふちのべよしひろ》によって殺害された（『太平記』『関城書裏書』）。護良殺害は、尊氏の意向を受けた直義の行動であったのだろうか、それとも直義独断の行動であったのだろうか。護良の死は、中先代の乱という偶発的な出来事によって引き起こされたことを考えると、尊氏の意向があったとは考えにくく、直義の独断であったのだろう。

ここで一つ注目すべきは、護良が殺害されたのは直義が鎌倉脱出を決めたときだということである。

護良親王の最期　『国史画帖大和櫻』　当社蔵

もし尊氏が護良のことをライバルと認識し、足利勢力にとって邪魔な存在だと認識していたならば、鎌倉への移送中や到着後すぐに殺害してもよかったのではないだろうか。しかし、乱の当初ではなく、直義の鎌倉脱出時まで幽閉されていたということは、護良を預け置かれた罪人として認識されていたということになる。

護良を殺害した直義は、観応の擾乱（足利政権内部の抗争）の際に南朝へ帰順することになるが、護良を殺害した直義の帰順を南朝が許可したことはどのように考えればよいのだろうか。これは後醍醐が直義による護良殺害を不問に付したことを意味するだろう。つまり、後醍醐は護良よりも南朝の勢力拡大＝京の奪還を優先していたことになる。後醍醐にとって、還京段階において護良の役目は終わっていたのである。

悪例となった護良

護良の死後について、少しだけ述べておくことにしたい。ある僧が仁和寺《にんなじ》の六本杉で死んだ護良らの直義に対する謀議を目撃した

『太平記』）。これは、観応の擾乱の遠因が護良ら怨霊の仕業だという脚色のもとで書かれている。護良は非業の死を遂げた怨霊として、『太平記』の中で復活するのである。

また、貴族たちには護良の先例が悪例として意識されていた。暦応三年（一三四〇）四月二十六日に法親王の叙任の例として護良の例が意図的に外されていたという（『師守記』）。また、応永三十五年（一四二八）正月、青蓮院門跡義円《ぎえん》（のちの室町幕府六代将軍義教《よしのり》）の還俗が護良と同じで軽率であるとして、護良が悪例として挙げられている（『建内記《けんないき》』）。

このように、護良は怨霊や忌避すべき悪例として後世の人々によって認識されることになった。

護良に対する意識が大きく変化するのが明治時代になってからである。明治二年（一八六九）に護良を祀るために明治天皇の命により鎌倉宮《かまくらぐう》が建立された。摂社として護良の非業の死を後醍醐に伝えた南御方を祀る南方社、討幕活動の最中に吉野で護良の身代わりとなって討ち死にした村上義光《むらかみよしてる》を祀る村上社がある。また、鎌倉宮の東の小高い所に護良の墓がある。

明治になり、護良は再び脚光を浴びるようになった。これは、鎌倉幕府を倒し朝廷の権威を取り戻した護良を、江戸幕府を倒し王政復古を成し遂げた明治の元勲たちが自己と結び付けようとする意図が働いたからではないだろうか。

（牡丹健一）

【主要参考文献】

新井孝重『護良親王』（ミネルヴァ書房、二〇一六年）
市沢哲編『太平記を読む』（吉川弘文館、二〇〇八年）
亀田俊和『征夷大将軍・護良親王』（戎光祥出版、二〇一七年）
佐藤進一『日本の歴史9　南北朝の動乱』（中公文庫、二〇〇五年、初出一九六五年）
永山愛「鎌倉幕府滅亡時における軍事編成：護良親王令旨の検討を中心に」（『鎌倉遺文研究』四十一、二〇一八年）
牡丹健一「悲劇の征夷大将軍となった護良親王」（関口崇史編『征夷大将軍研究の最前線』洋泉社、二〇一八年）
森茂暁「第一章　大塔宮護良親王令旨について」（『中世日本の政治と文化』思文閣出版、二〇〇六年、初出一九九一年）
森茂暁『皇子たちの南北朝―後醍醐天皇の分身―』（中公文庫、二〇〇七年、初出一九八八年）
山浦紗季「護良親王令旨についての一考察」（『鴨台史学』十三、二〇一五年）

楠木正成——後醍醐忠臣という虚像

楠木正成の実像

南朝の武将として最も著名な人物は誰かと問われたら、楠木正成《くすのきまさしげ》を挙げる人は圧倒的に多いだろう。その事績については、寡兵《かへい》で鎌倉幕府の大軍を巧みな戦術によって却けた話や、息子正行《まさつら》との別れ、湊川《みなとがわ》合戦での壮絶な最期などが広く知られている。

しかし、それらの逸話のほとんどは、正成の死後に成立した軍記物語の『太平記』に記載されたものであり、すべて史実であったかどうかは定かではない。

それどころか、正成は死の直後に伝説化していることもあり、世間には、正成の幼少期の頃の逸話や、『太平記』などの史料にもみえない数々の伝承が流布している。もはや正成の実像がいかなるものだったのかを追究することは困難だといえよう。

実際に、古文書や古記録等の一次史料で正成の事跡を追えるのは、その初見の元徳三年（一三三一。八月に元弘に改元）から、摂津の湊川合戦で足利尊氏に敗死する建武三年（延元元、一三三六）五月までのわずか五年にすぎない。

それゆえ、確たる史料から復元された正成の実像はあまりに素朴であり、正成にまつわる無数の逸話を知る人にとっては、どこか深みがなく物足りないと感じてしまうであろう。

だが、逆にそうした素朴な正成の姿を改めて鮮明にすることで、これまでの正成像とは異なる角度から、その実態について解明できると考える。

そこで本項では、正成に関する新説や近年の南北朝期研究の成果を参照しつつ、改めて一次史料に基づいた正成の実像を復元し、楠木正成という一武将の足跡をたどっていきたい。

諸説ある楠木氏の出自

楠木正成の出自をめぐっては、古くから諸説ある〔生駒二〇二〇〕。楠木氏の諸系図や『太平記』では、敏達《びだつ》天皇・橘諸兄《たちばなのもろえ》を祖先とし、河内・和泉に広がっていた橘氏の後裔とされるが、真偽は不明である。それに関連して、河内の千早赤坂《ちはやあかさか》（大阪府千早赤阪村）を本拠地とする楠木氏は、当地の土豪《どごう》であったという通説的な見解についても疑問が呈された。

その結果、近年では、楠木氏が駿河国の入江《いりえ》荘内楠木村（静岡市清水区）を名字の地とする得宗被官（北条得宗家の被官）であり、得宗領であった河内の観心寺《かんしんじ》荘（大阪府河内長野市）などを管理する、得宗家の代官として同地に送り込まれたという説が提起されている〔筧一九九七〕。

この説をめぐっては異論も出されているが〔今井二〇二〇〕、少なくとも正成自身は、『後光明照院《ごこうみょうしょういん》

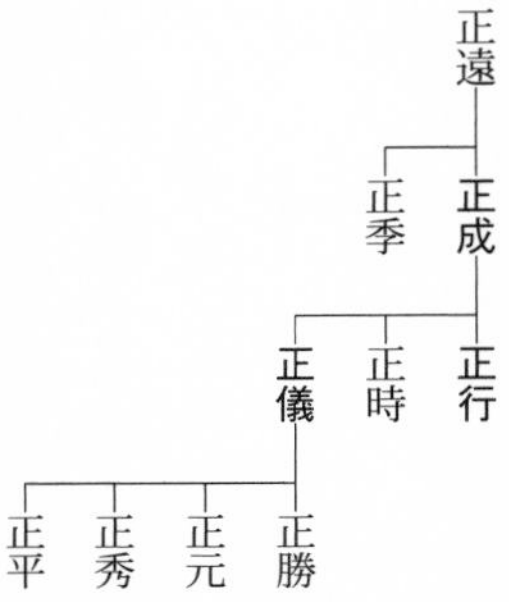

楠木氏略系図

関白記《かんぱくき》』正慶二年（一三三三）閏二月一日条に載せられた、正成の籠もる千早城をなかなか落とせずにいる幕府を揶揄した「楠の木の根ハかまくらになるものを枝をきりにと何のほるらん」（楠木の根っこは鎌倉に成っているのに、なぜわざわざ鎌倉幕府軍はその枝を切りに畿内へとのぼってくるのだろう）という、正成と鎌倉幕府との繋がりを示唆する和歌から、鎌倉幕府関係者であったことは疑いない。

　また、その父祖または一族と考えられる「河内楠入道」が、永仁三年（一二九五）正月以前に、東大寺領播磨国大部《おおべ》荘（兵庫県小野市）で濫妨《らんぼう》をはたらいたとして訴えられていることから（「筒井寛聖氏所蔵文書」）、これ以前に一族は河内に拠点を移しており、時期的にも正成は河内の千早赤坂で誕生したとみてよかろう。

御家人か、「悪党」か

　一般的に、正成が得宗被官、あるいは鎌倉幕府の御家人であったという見方については、後醍醐天皇のために戦った（「忠臣《ちゅうしん》」）という先入観から、否定される傾向が強い。だが、御家人であった足利尊氏や新田義貞《にったよしさだ》も鎌倉幕府を裏切り、後醍醐に仕えたという点では正成と何ら変わりはないのである。

　また、正成は「悪党《あくとう》」（鎌倉後期から南北朝期にかけて、朝廷・幕府や荘園領主と敵対し、追捕の対象とされた集団）であったという理解が、正成研究の重要な論点として通用している。それは、前記した一族の「河内楠入道」の濫妨行為や、元徳三年（一三三一。八月に元弘に改元）に正成自身が「悪党」として非難されたこと、『太平記』にみえる正成の投石やゲリラ戦といった「悪党」的とされる戦闘スタイルなどから導き出されたものである。

だが、正成が当初から恒常的に「悪党」として活動していたかどうかは不明であり、明確に「悪党」と呼ばれたのも元徳三年の事件の一度きりだったことや、当時の「悪党」という語には訴訟用語としての用法があったことを考慮すれば、正成を社会集団としての「悪党」と一括りに捉えるのには再考を要すると考える。その一方で、後述するように、正成が「悪党」と呼ばれた交通・流通に携わる畿内の武士たちとのネットワークを有していたのも確かである。

このように、正成には御家人や「悪党」など、多様な側面がみえるわけであるが、これは公武両政権に属しながら、交通・流通に関与し、ときには荘園領主との対立から「悪党」と非難された畿内の武士たちと同じ特徴であり、正成はまさにその一人だったのである。

したがって、正成を何か一つの属性に分類して捉える必要はなく、こうした多面的な顔を持つ存在とみるのがふさわしい。正成は、そのような多面的な顔を持っていたがゆえに後醍醐天皇とも結び付くことになったと考えられるのである。

倒幕勢力との結びつき

『太平記』での正成は、元弘元年（一三三一）八月に、二度目の鎌倉幕府打倒の計画が露顕して笠置山に籠城した後醍醐天皇に呼び出され、幕府への対抗策を述べて河内へと帰り、翌月に赤坂城で挙兵する（『太平記』第三巻）。しかし、後醍醐と正成はそれ以前から繋がっていたようであり、後醍醐は笠置山に籠城する段階で正成を頼みの綱としており、正成は自分の館を堅固にして笠置陥落の際にはそこに天皇を迎え入れようとしていたという（『増鏡』第十五）。

このように、後醍醐天皇と正成との結びつきは、正確な時期はわからないものの、天皇の笠置籠城の直前頃にはすでに存在していた。

正成の活動が一次史料で確認できるのは、前記した元徳三年（一三三一）のことである。元徳三年二月から九月にかけて、「悪党楠兵衛尉」、すなわち正成が和泉国の臨川寺《りんせんじ》領若松荘《わかまつ》を押妨《おうぼう》したという風聞により、和泉国守護代が当地を差し押さえるという事件が起こった（「天竜寺文書」）。

この若松荘は、正成が現れる直前には、後醍醐が天皇側近の真言僧道祐《しんごんそうどうゆう》に与えていたことから、事件の背景に道祐と正成との繋がりを想定し、道祐が後醍醐と正成とを媒介した可能性と、事件が正成の最初の挙兵前であることから、同荘が正成に軍費として与えられていたとする説もある。

また、最近では江戸時代中期に近江国金剛輪寺《こんごうりんじ》で編纂された、平安から鎌倉期の古筆を集成した「湖《こ》山集《ざんしゅう》」という書物に収録される正成の書状の分析により、正成が、道祐とも関わりのある後醍醐の側

後醍醐天皇を迎える楠木正成　『国史画帖大和櫻』　当社蔵

近の真言僧隆誉《りゅうよ》と、元徳三年以前の一三二〇年代に関係を有していたことから、元亨二年（一三二二）以降に後醍醐の倒幕計画に加わっていたという説が出された〔小西二〇一七〕。これは非常に魅力的な説ではあるが、その根拠となった「湖山集」には検討の余地があると考えられるため〔生駒二〇一七b〕、今後、あらゆる角度からの検証が必要となるだろう。

ともあれ、正成は元弘元年九月に赤坂城で挙兵するも、後醍醐の籠もる笠置山を陥落させた鎌倉幕府軍の兵粮攻めに遭い、赤坂城は十月二十一日に落城する（「鎌倉年代記裏書」）。正成自身は死んだふりをして城を脱出し、一年ほどゆくえをくらました。

そして、正慶元年（元弘二、一三三二）十二月に紀伊国で再び挙兵して隅田《すだ》荘（和歌山県橋本市・奈良県五條市）を攻めたあと（「隅田家文書」）、河内へと入り、幕府方の湯浅《ゆあさ》氏によって接収されていた赤坂城を奪還する。その後、河内の諸所で幕府軍を制しながら北上を続け、正月十九日に、摂津の四天王寺《してんのうじ》（大阪市天王寺区）・渡辺《わたなべ》（同北区・中央区）で六波羅の軍勢を撃破すると、およそ五ヶ月に及ぶ千早城（大阪府千早赤阪村）での籠城に入るのである（「楠木合戦注文」『後光明照院関白記』）。ちなみに、前記した「楠木の」ではじまる『後光明照院関白記』に書き留められた、正成と幕府との関係をほのめかす歌が詠まれたのは、この間のことである。

正成の再挙兵から千早籠城に従っていたのは、正成に降った湯浅氏や、河内国石川（大阪府河南町）の石川判官代、摂津国平野（大阪市平野区）の平野但馬前司、同渡辺の渡辺孫六、同喜連《きれ》（同平野区）の切判官代、和泉国の八田（大阪府岸和田市）といった武士たちであった。

このうち、平野・切（喜連）・渡辺の三名は、元徳二年（一三三〇）九月に東大寺領摂津国の長洲《ながす》荘（兵庫県尼崎市）で起こった大規模な「悪党」の乱入事件に加わっていたメンバーであり、いずれも摂津から河内・大和へと繋がる淀川・大和川や主要な街道などの交通・流通の要衝に拠点を置く武士であった〔熊谷二〇〇七〕。

また、平野・渡辺両氏は在京活動を行っていた武士であり、本拠地が近接しているという点のみならず、京都で接点を持ち関係を構築していた可能性がある。

もし正成が得宗被官だったならば、同じく得宗被官として著名な安東蓮聖《あんどうれんしょう》が京都で活動していたように、正成も同様に京都で活動していたとしてもおかしくはなく、渡辺・平野といった「悪党」化する在京武士たちとの繋がりも、河内と摂津という地域的な関係に加えて、正成が在京活動をするうちに結ばれたものだったと想像されるのである。

だとすれば、なかなか具体的な接点のみえない真言僧道祐ら、反幕府の人脈とのネットワークも、京都で結ばれたと捉えられるのだが、正成が在京活動を行っていたという徴証はないため、現時点ではあくまで想像として留めておくしかない。

建武政権下での破格の待遇

五ヶ月の籠城戦を耐え抜いた正成は、正慶二年（元弘三、一三三三）五月に幕府が亡ぶと、ただちに後醍醐天皇から京都に召し出されて（「光明寺文書」）、数々の恩賞にあずかることになった。

それも倒幕の功労者であり、本来は身分の異なる足利尊氏と、ほぼ遜色のない破格の待遇であった。例えば、諸大夫（五位から四位程度）の尊氏が武蔵・常陸・下総の三ヶ国を与えられたのに対して、侍身分（六位から五位程度）にすぎなかった正成は、摂津・河内の二ヶ国を与えられているのである。

また、所領もいくつか拝領しており、史料で判明するものとしては、河内国新開荘（大阪市中央区・東成区、東大阪市あたり。「東寺文書」）、摂津国昆陽寺荘（兵庫県伊丹市。ここはのちに土佐安芸荘と交換。「西明寺文書」）、同大島荘（同尼崎市。「伏見宮家文書」）、同山本荘賀茂村内成安名（同宝塚市。「成簣堂文庫大乗院文書」）、出羽国屋代荘（山形県米沢市。「由良文書」）、常陸国瓜連（茨城県那珂市。「吉田薬王院文書」）の六ヶ所を挙げることができる。

このように、建武政権下での正成の所領は、摂津・河内を中心に関東・東北にまで広がっていたが、正成の死後、北朝・室町幕府に没収されるなどして、息子の正行や他の楠木一族に継承されることはなかった。常陸には正成の弟といわれる正家が代官として派遣されていたように、もし正成が湊川合戦後も存命で、これらの所領を維持することができていたならば、列島の各地に楠木一族が展開した可能性もありえよう。

さらに正成は、恩賞方《おんしょうがた》・雑訴決断所《ざっそけつだんしょ》といった事務方のポストにも抜擢されていたが、基本的な職務は、建武政権の武者所を勤めているように、武士としての軍事・警察活動がその中心であった。とりわけ、さまざまな矛盾を抱えたまま始動した建武政権に対して反乱が頻発したこともあり、その鎮圧に動員されることが多かった。

目立ったものとしては、建武元年（一三三四）十月に紀伊国飯盛《いいもり》城で蜂起した北条高時一族の佐々目《ささめ》顕法《けんぽう》・六十谷定尚《むそたさだなお》らの鎮圧〔牡丹二〇一八〕、同二年四月に京都の毘沙門堂に立て籠もった高時一族の「高安」の討伐〔坂口二〇一一〕、そして同年六月に謀反が発覚した西園寺公宗《さいおんじきんむね》を、同じ武者所であった高《こうの》師直《もろなお》と捕縛したこと（「匡遠記」）などである。

こうして後醍醐の破格の朝恩に浴し、建武政権ではその手足となって活動した正成であったが、そこに後醍醐に対する「忠」のようなものが存在したかといえば、それは別問題である。

足利尊氏への共感

周知のように、足利尊氏は、建武二年（一三三五）七月に起こった中先代の乱の鎮圧をきっかけに後醍醐から離反する。翌建武三年正月には鎌倉から京都へと攻め上ったものの、正成らによって京都を逐われ、二月に九州へと落ち延びる。

『梅松論』では、正成が尊氏の九州西走後に後醍醐に、新田義貞を討ち九州の尊氏を呼び戻して和睦することを提案し、その際の使者は自分が勤めると述べたという。この提案は一笑に付されるも、正成はさらに続けて、尊氏こそが武士たちの人望を多く集めていること、それに対して尊氏に勝利したはずの天皇には武士たちが誰も付き従っていないこと、この現状をみて自身の徳の無さをお知りになったほうがよろしい、と辛辣な言葉を投げかける（『梅松論』下）。

楠木正成銅像　大阪府河内長野市・観心寺

ここから、正成は、不安定な建武政権を立て直すには、人望の厚い尊氏なくしては不可能であると認識していたこと、そして、後醍醐天皇の行状については極めて冷静な目でみていたことがわかる。

それまで正成と尊氏は、身分が異なることもあり、直接面と向かうことはなかっただろうが、武者所の同僚であった尊氏の執事の高師直を介して知遇を得て、関係を取り結んでいた可能性が指摘されており〔森二〇一七〕、正成が足利尊氏という人物に、早くから共感を抱いていたとも推測されよう。

なお、右の『梅松論』には続きがあり、正成の意見は結局採用されず、建武三年（延元元、一三三六）五月の尊氏の東上に際しては、兵庫への出撃命令だけが下され、正成は、兵庫へと下る途中の尼崎から京都の天皇たちに、今回の天皇と尊氏との戦いは、倒幕のときとは違って人望を失った天皇が負けるであろうこと、そこで自身が命を長らえることも無益ゆえ、最前に命を落としてみせるということを申し伝えたとされる。

同様の話は、数ある『太平記』の写本の中でも最も古いかたちを残す西源院本『太平記』にもみえている。そこでは、九州から尊氏たちが東上した際、兵庫への出撃を命じられた正成は、天皇を比叡山へと逃し、カラになった京都に尊氏軍を招き入れ、義貞とともに挟撃するという作戦を提案するも却下されたことで、天皇が勝ち戦に導く作戦も立てず、大軍に自分をぶつけようとするのは討ち死にせよとの勅命であるとして、義を重んじて死を顧みないのは、「忠臣勇士」の望むところと吐き捨てて、兵庫へと下向する（『太平記』第十六巻）。

つまり、これら二つの性格の異なる史料に同様の話が載っていることは、正成が最晩年には後醍醐に対して批判的な目を持っていたこと、それは誰の目にも明らかであったにもかかわらず、建武政権下では正成に同調する理解者がおらずに孤立していたことを物語っているのである。

湊川合戦での死

こうして正成は、尊氏への共感と後醍醐に対する批判的な思いを抱きながら、兵庫へと向かい、建武三年（延元元、一三三六）五月二十五日、摂津国の湊川（神戸市兵庫区）で尊氏・直義軍との戦いに敗れて命を落としたのである。正成には尊氏方に転じるという選択肢もあったはずだが、それをしなかった。だからといって、それが後醍醐への忠義を貫いた結果かというと、必ずしもそうとはいい切れない。いずれにしても、正成はさまざまな葛藤を抱きながら、湊川に赴き戦いに身を投じるしかなかったのではないだろうか。

後日、湊川合戦の様子を伝え聞いた興福寺大乗院の僧朝舜《ちょうしゅん》の書状によると、正成とその一党は、戦場にあった小家に火をかけて、そこで一族ら二十八人と切腹したという。さらに、正成たちの首を回収した尊氏らは、湊川近くの魚御堂（神戸市兵庫区阿弥陀寺）に五十町の所領を寄進して、正成らの供養をさせたという（「諸庄々文書案全」）。

『太平記』にも、尊氏が正成の首を京都の六条河原にさらしたのち、「正成が跡の妻子ども、今一度、空しき容貌をも、さこそ見たく思ふらめ」と、子息の正行のもとへ送ったという話があり（第十六巻）、尊氏も敵対したとはいえ、正成に対する共感を抱いていたとみてよかろう。

楠木正成の首塚　大阪府河内長野市・観心寺

正成の遺産

正成を倒した尊氏は、翌月には京都を占領する。そして、後醍醐天皇は正成の言葉どおり、尊氏に敗北した。その後、天皇は吉野へと逃れ南朝を樹立し、約六十年に及ぶ南北朝時代が本格的に幕を開けることになるのである。

正成の死後、南朝は畿内で北朝・幕府との戦争を繰り広げることになる。その中心に位置したのが正成の子の正行と正儀《まさのり》の兄弟である。正行は挙兵から一年足らずで戦死するが、正儀はおよそ二十年にわたって南朝軍の主力として活躍する。

後世、正行は正成と同じように南朝の「忠臣」として注目されるが、弟の正儀は南朝から北朝・室町幕府に降り、再び南朝に帰参するという人生を歩み、父・兄とは異なる存在として評価されることになる。

しかし、正行はあくまで短命に終わっただけで、正儀のように長命であったならば、どのような生き方を選んでいたかはわからない。それは、二人の父の正成についても同じことがいえるのではないか。南北朝期において北朝・幕府方から南朝へ、またその逆に南朝から北朝・幕府方へと転身する存在はいくらでもあった。正成にも足利尊氏と共闘するという選択肢があって、それを選んでもおかしくはなかった。それを選ばなかったことで、二人の息子の評価を対照的なものとすることになったのである。

そうした意味で、正成は南北朝期の武将の中で、極めて特殊な存在だったといえるだろう。ただし、その正成の特質が旧来の「忠臣」という見方で捉えられないことは、もはや多言を要すまい。

（生駒孝臣）

【主要参考文献】

網野善彦「楠木正成の実像」（『網野善彦著作集　第六巻　転換期としての鎌倉末・南北朝期』岩波書店、二〇〇七年。初出一九八六年）
網野善彦「楠木正成に関する一、二の問題」（同右書。初出一九七〇年）
新井孝重『楠木正成』（吉川弘文館、二〇一一年）
生駒孝臣『楠木正成・正行』（戎光祥出版、二〇一七年a）
生駒孝臣「解説」（『大阪市史史料第八十五輯　楠木正成関係史料（上）』二〇一七年b）
生駒孝臣「楠木正成は、本当に〝異端の武士〟だったのか？」（呉座勇一編『南朝研究の最前線』朝日新聞出版、二〇二〇年。初出二〇一六年）
今井正之助「『太平記秘伝理尽鈔』と「史料」―楠木正成の出自をめぐって―」（『日本歴史』第八六二号、二〇二〇年）
筧雅博「得宗政権下の遠駿豆」（『静岡県史　通史編2　中世』静岡県、一九九七年）
海津一朗『楠木正成と悪党』（筑摩書房、一九九九年）
小西瑞恵「悪党楠木正成のネットワーク」（『日本中世の民衆・都市・農村』思文閣出版、二〇一七年）
坂口太郎「東京大学史料編纂所蔵『五大虚空蔵法記』について」（『古文書研究』第七十二号、二〇一一年）
牡丹健一「紀伊国飯盛城合戦の実像」（悪党研究会編『南北朝「内乱」』岩田書院、二〇一八年）
森茂暁『足利尊氏』（KADOKAWA、二〇一七年）

楠木正行――“悲劇の武将”の実像

楠木正成の後継者

楠木正成の長子である正行《まさつら》は、古くから南朝の「忠臣」として知られている。その根拠となったのは、父正成と同じく『太平記』に記された数々のエピソードである。

それらをいくつか挙げると、建武三年（延元元、一三三六）五月、正成が湊川合戦に赴く際に摂津国の桜井《さくらい》の宿《しゅく》（大阪府三島郡島本町）で、正成から自分が死ねば足利尊氏の天下となるが、それに屈することなく徹底的に戦えという遺言を与えられて河内へと帰された話や、父の死を嘆き自害しようとしたのを母から止められ、臥薪嘗胆《がしんしょうたん》を誓って一族を扶持しながら研鑽に励んだ話。

そして、正行の生涯最後の戦いとなる貞和四年（正平三、一三四八）正月の四條畷《しじょうなわて》合戦の直前に、大軍を擁する室町幕府軍（高師直軍）との決戦に死を覚悟して吉野の後村上《ごむらかみ》天皇に別れの挨拶に赴いた際にとった行動などである。

だが、これらのエピソードは、いずれも古文書や古記録といった一次史料で裏づけることはできない。一次史料で確認できないからといって、すべてがフィクションだったと断言することもできないが、戦前以来、南朝の「忠臣」という見方に代表されるような、さまざまなバイアスによって形作られてきた正行像を、冷静かつ客観的に捉え直すためには、いま一度、確かな史料・史実に基づいて再検証することも必要であろう。

ただし、一次史料からわかる正行の活動期間は、暦応三年（延元五、一三四〇）四月八日に、河内国の建水分《たけみくまり》神社（大阪府千早赤阪村）に正行が奉納した鳥居の扁額《へんがく》に「左衛門少尉正行」と署名したのを初見として、貞和四年（正平三）正月五日の四條畷合戦で敗死するまでの約七年と九ヶ月にすぎない。

父正成の活動期間が五年ほどであったのに比べれば、長いといえるかもしれない。しかし、正成と正行の決定的な違いは、正行は正成のように京都にいたことがなかったため、京都（北朝）側の公家日記等の一次史料には、その人となりについて記したものが一切ないことである。それゆえ、正行の実像を追究するには、父正成以上に限られた史料と状況証拠をもとに、類推を重ねるしか手立てがないのである。

南朝の河内国司・守護に任じられる

そうした限られた史料のなかで、最も長い期間にわたって正行の活動がみられるのは、南朝の国司・守護としての姿である。正行は、暦応三年（延元五、一三四〇）四月以降、南朝の河内国司・守護として活動を開始する。正行の年齢については諸説あるものの、『太平記』の記述が唯一の手がかりとなる。『太平記』も記述箇所によってまちまちではあるが、湊川合戦の時点で、数え年で十一歳、あるいは十四歳となり、延元五年には十五歳〜十八歳ということになる。

いずれにせよ、南朝は職務経験もなく年齢も若い正行に、父正成以来の河内国司・守護という職務を担わせたのである。それは、正行自身の力量うんぬんよりも、鎌倉末期から河内国一帯に影響力を持っていた正成の子という、いわば「楠木」のブランド力に着目した人選だったのであろう。この頃の正行の周囲には、正成の死後に河内やその一帯を支えていた和田《わだ》・橋本《はしもと》・神宮寺《じんぐうじ》・大塚《おおつか》などの楠木一族が存在しており、正行が南朝の廷臣としてあらわれた当初は、彼らが正行の国司・守護としての職務を補佐していたと推測される。

正行が南朝の河内国司・守護として発給した文書は、観心寺《かんしんじ》・金剛寺《こんごうじ》・河合寺《かわいでら》・西琳寺《さいりんじ》といった河内の諸寺院に伝わっており、初見の暦応三年（延元五）四月から、興国四年（一三四三）十二月までと、しばらく期間があいた貞和三年（正平二、一三四七）十二月のものが残っている。それらの内容は、後村上天皇綸旨を施行した所領の安堵や給与が主なものである。

ちなみに、正成が摂津の国司・守護であったのに対して、正行がそうであったかどうかは従来の研究で言及されることはなかった。

ところが、現存する正行の発給文書には、興国二年二月に後村上天皇が河合寺に摂津国溝杭守里名《みぞくいもりさとみょう》（大阪府茨木市）を祈祷料所として寄進した綸旨を施行して、広瀬大夫法眼御房《ひろせたいふほうげんごぼう》に同地の沙汰付を命じたものがある（「河合寺文書」）。

広瀬大夫法眼御房は、建武政権期の摂津小守護代《こしゅごだい》または守護使《しゅごし》（このときの摂津守護は正成）と推測され〔吉井一九九三〕、正行死後も正行の弟の正儀が発給した文書の宛所としてみえる、楠木一族と繋がりが深い人物である。

だとすれば、摂津関連の正行発給文書はほかに残っていないため断定はできないが、広瀬大夫法眼御房の上位者に位置した正行は、父正成の立場を継承して南朝の摂津国司・守護だった可能性もある。

ともあれ、正行が南朝の河内国司・守護として歴史の表舞台に立ってからの数年間は、河内国内の行政ならびに軍事に専心する期間であった。正行は河内国司・守護となった七年後に挙兵することになるのだが、その方向性を決定付けたのは、興国五年の春頃に、常陸の関城《せき》（茨城県筑西市）にいた北畠親房《きたばたけちかふさ》が吉野へと帰還したことであった。南朝では後醍醐天皇の没後、北朝・幕府との和平を望む気運が高まっていたが、徹底抗戦を主張する親房の帰還後に和平派が刷新され、主戦派が大勢をしめるようになった〔岡野二〇〇九〕。

正行も親房を中心とする南朝の主戦派に組み込まれ、自らの足場を固めると同時に、来るべき挙兵への備えを着実に進めていたのである。

北へ北への進軍

貞和三年（正平二、一三四七）八月、正行は紀伊国で挙兵し、幕府方の隅田一族が籠もる隅田城（和歌山県橋本市）を攻めた（「和田文書」）。隅田の地は、かつて父正成が元弘二年（一三三二）十二月に鎌倉幕府に対する二度目の兵を挙げた地である。『太平記』は正行の挙兵した正平二年が、父正成の十三回忌にあたっており、それを挙兵の理由のように記すが（『太平記』第二十六巻）、実際には一年足りず、同書の後付けにすぎない。

むしろ、この機会に正行が挙兵に踏み切ったのは、前記した北畠親房の主導による南朝内部の臨戦態勢の構築が整ったことによろう。

しかし、正行の挙兵が親房ら南朝の方針だけをうけて実行されたかといえば、そうともいい切れない。紀伊で挙兵した正行は、紀見《きみ》峠を越えて南河内へと入り、ひたすら軍勢を北へと進める。この進軍ルートは、父正成が紀伊での挙兵から河内へと入り、鎌倉幕府方の武士に接収されていた赤坂城の奪還後、摂津にかけて幕府軍を撃破したのとほぼ同じ行程である。

すなわち、正行は自身の軍事行動を父のそれになぞらえていたとみられるのであり、『太平記』が正行の十三回忌に挙兵したとするのも、あながち的外れではない。こうした正成の再来を喧伝するかのような正行の行動は、北朝・幕府に対する一種の軍事的デモンストレーションである。そこには、正行の自負があらわれており、最後は大軍を前にして死を覚悟する悲壮な武将というよりも、自身の戦略・戦術に絶大な自信を持つ、好戦的な人物像を読み取ることができるのではないか。以下、その点を幕府軍との戦争からたどっておこう。

河内・摂津での連戦連勝

『太平記』は、正行挙兵の報に接した尊氏が、「楠が勢の分際、思ふにさこそあらめ。これに辺境侵し奪はれて、洛中驚き騒ぐ事、天下の嘲弄、武将の恥辱なり。急ぎ馳せ向つて退治せよ」と述べて、河内へ軍勢を派遣したとする（『太平記』第二十六巻）。だが実際の幕府は、正行の挙兵に対して高を括っていたわけではない。

まず、正行挙兵直後の貞和三年（正平二、一三四七）八月九日には河内守護細川顕氏《ほそかわあきうじ》・紀伊守護畠山《はたけやま》国清《くにきよ》両名を現地へと派遣し、諸将への軍勢催促を行っていた（「朽木文書」ほか『大日本史料』六―十）。そして、八月十九日に、正行に呼応した摂津・和泉・熊野の南朝勢が蜂起すると、幕府は細川顕氏を鎮圧にあたらせたのに加え、比叡山延暦寺根本中堂《こんぽんちゅうどう》において天台座主梶井《かじい》二品親王《にほんしんのう》（尊胤《そんいん》法親王）に、天台宗の大法の一つ七仏薬師法《しちぶつやくしほう》（七仏薬師を本尊として、延命・息災などを祈る密教の修法《すほう》）の勤修を要請していた（『園太暦』）。

つまり、幕府は決して正行を見くびっていたわけではなく、その軍事力を充分に警戒していたのである。それは幕府も正行の意識と同じように、正行の軍事行動が、鎌倉末期の正成のそれの再現となることを恐れてのものだったに違いない。

事実、正行の進撃が止むことはなかった。同年八月二十四日には、中高野《なかこうや》街道・下高野《しもこうや》街道が合流し、南河内へと至る交通の要衝の池尻《いけじり》（大阪府大阪狭山市）で幕府軍を破ると（「和田文書」）、中河内へと軍を進めた。

九月には、幕府方の重要な拠点であった八尾城《やお》（大阪府八尾市）を攻撃し、河内守護細川顕氏・紀伊守護畠山国清・近江守護佐々木六角氏頼《ささきろっかくうじより》らを加えた大軍勢と交戦し、同月十七日には藤井寺《ふじいでら》（同藤井寺市）の合戦で氏頼を破ると、十九日には教興寺《きょうこうじ》（同八尾市）の合戦で夜襲により顕氏軍に大きな被害を与えた（『園太暦』）。

正行の連勝は、多方面に影響を及ぼし、東国では南朝方の小山《おやま》・小田《おだ》が蜂起し、吉野にいた宇都宮《うつのみや》某も本国の下野へ下向するなど、南朝再起の引き金となった（『園太暦』）。

事態を重くみた幕府は、同年十月一日に伯耆等の守護山名時氏《やまなときうじ》を、顕氏の援軍として派遣したが（『師守記』）、すぐさま正行軍と戦うことはなかった。

住吉合戦での大勝

同年十一月二十六日、ついに正行と顕氏・時氏の軍勢が、摂津の天王寺から堺にかけての一帯で衝突し合戦に及んだ（『園太暦』）。結果は、顕氏がほとんど合戦に及ばずに退き、時氏は息子とともに傷を負い、弟を失ったうえで退却するという、正行の圧勝に終わった。

なお、『太平記』は、この住吉合戦を正行軍と天王寺・住吉に軍勢を展開した細川・山名軍とが、住吉社（現住吉大社）の東から堺にかけて広がる瓜生野（大阪市住吉区遠里小野）で衝突した激戦として描いており、正行軍によって天王寺から淀川最下流部の渡辺（大阪市北区・中央区）へと追いやられ、渡辺橋上から川面へと転落した敗残兵が、正行に救出されたというエピソードを載せる（『太平記』第二十六巻）。

これとほぼ同じ逸話は、『太平記』の中で正行の弟の正儀についてもみえるため、いずれが史実かどうか定かではないが、正行・正儀兄弟と同時代を生きたであろう『太平記』の作者は、二人を「情けある者」と捉えていたことだけは間違いない。

ところで、正行の挙兵以来、正行と対峙した北朝の河内守護細川顕氏は、若年の正行に敗北し続けたためか、『太平記』であまり芳しく描かれていない。しかし、実際の顕氏は凡庸ではなく、建武三年（一三三六）以来、足利尊氏たちをしばしば窮地に追い込んだ北畠親房の子の顕家《あきいえ》を、摂津の阿倍野《あべの》から堺にかけての戦いで武断派の高師直とともに討ち取るなど、師直に比肩するトップクラスの武将であり、山名時氏もまた「歴戦の勇将」であった〔亀田二〇一七〕。

すなわち、顕氏や時氏が正行と比べて、軍事的に決して弱かったのではなく、正行が圧倒的に強かったと評価しうるのである。そんな正行に対して、幕府首脳陣がさらなる危機感を募らせるのは当然の成り行きであった。正行の止まらない北進は、北朝・幕府に対して彼の京都への侵攻の実現を認識させることになったであろう。

当時の幕政を主導していた足利直義は、住吉合戦の敗戦をうけて、その二日後の十一月二十八日に、改めて正行討伐の軍勢催促を行っており（「鹿苑寺文書」「入江文書」等。『大日史』六―十）、自邸の三条殿で武家《ぶけ》護持《ごじ》僧《そう》三宝院《さんぽういん》賢俊《けんしゅん》に、正行の調伏《ちょうぶく》を企図した真言密教の修法である大威徳法《だいいとくほう》（大威徳明王法）を修させている（「五八代記」『大日史』六―十）。

さらに直義は、河内・和泉守護を細川顕氏から高師泰《もろやす》へと更迭し（佐藤一九六七）、高師直・師泰兄弟を大将とした正行討伐軍の派遣を決定した。幕府開創期の戦争で活躍した武断派の師直・師泰兄弟は、正行に対抗しうる唯一の切り札であった。

同年十二月十四日、まず師泰の軍勢が京都を発ち、十八日まで淀（京都市伏見区）に駐留し、その日の夜に師直軍と合流した（『師守記』『園太暦』）。

こうして、正行の最後の戦いとなる四條畷合戦への道のりは、幕府方から整えられていった。しかし、正行たちも、一連の幕府側の動きをただ黙ってみているわけではなかった。

四條畷合戦をめぐる虚実

『太平記』での正行は、貞和三年（正平二、一三四七）十二月二十五日に師直・師泰兄弟の率いる大軍が京都を進発したとの報せを受けて、弟の正時、従兄弟の和田源秀《わだげんしゅう》らの一族と吉野の後村上天皇のもとに参り、師直・師泰と身命を尽くして戦い雌雄を決する旨を伝える。

そして、後村上からの「慎みて命を全うすべし」との言葉に応じることもなく、将兵らと如意輪堂《にょいりんどう》の後醍醐天皇の陵墓へと向かい、そこで合戦が困難に及べば討ち死にすることを誓い合い、如意輪堂の壁板に、鏃の先で「返らじとかねて思へば梓弓《あずさゆみ》なき数に入る名をぞ留むる」（放たれた弓矢が二度と返らぬように、生きては帰るまいという思いを込めて、過去帳に名を連ねるのだ）との辞世の歌を書き付け、将兵らと各自が切った自身の髪の毛の一部を仏殿に投げ入れて戦場へと向かう。

このように『太平記』の正行は、終始、師直・師泰の大軍を前に死を覚悟して戦場へと臨む様子で描かれるのだが、これもまた史実であることを裏付ける徴証はない。はたして本当に正行は、決死の思いで師直たちとの戦いに臨んだのであろうか。その点を追究する手がかりとなるのが、楠木一族の南朝の和泉守護代大塚惟正《これまさ》が同年十二月十二日に、管国の武士の和田氏《みきた》に対して出した書状である。

それによると、惟正が京都から摂河泉へと向かう幕府軍を迎撃するために、和泉の南朝勢を摂津の渡辺へ派遣すること、それにともない和田氏にも急ぎ軍備を整えて同地へ向かうことを命じている（「和田文書」）。さらに、十二月十二日の時点で、幕府軍が前日の十一日に京都を発したという情報を得ていたことが知られる。師泰の実際の出陣は十四日であるから、それは誤報にすぎなかったが、南朝は早い時点で幕府側の動きを把握していたのである。

そしてこの書状で最も注目すべきは、惟正が和田氏に今回の戦いが、いつも申していることではあるが、「せんと」（先途＝勝敗・存亡の決する大事）である、と述べていることである。

惟正はこの書状の二日後に、いまだ摂津へと向かっていない和田氏を催促した書状でも、「こんとハめん〳〵にいつと申なから、御きはり候ハてハなんきたるへく候」（今度の合戦は、各自にいつも申して

四條畷正行奮戦の図　『国史画帖大和櫻』　当社蔵

いることではあるが、奮闘しなければ難義に及ぶ）と記しているように、南朝軍は、八月の挙兵以来、幕府軍との合戦に際して常に「決戦」という意識で臨んでおり、今回の師直・師泰兄弟との対決も、その延長線上で捉えていたと理解できる。

したがって、畿内の南朝軍の中心であった正行も、当然ながら惟正と同じ認識を共有していたはずであり、師直・師泰が大軍を率いて出陣したからといって、それに臆することなどなく、これまでの戦いと同じように、勝利を収める気持ちでいたと考えられるのである。

ましてや、八月の挙兵以来、連戦連勝の正行は、相手が誰であろうと端から負けるという気持ちなど持ち合わせていなかったのではないか。

そこに若さゆえの勢いや、挙兵当初にみせた好戦的な性格が影響していたとするならば、正行は、父正成や『太平記』で「心少し延びたる者」（優柔不断な者）と評された弟の正儀よりも、血気盛んで幾分か自分の力を過信しがちな人物であったように思えてならない。

また、正行は父正成や弟正儀と同じく南朝の和平派であり、強硬派であった親房の和平を封じる動きが、結果的に正行を足利方との望まない全面対決に赴かせたとの見解がある〔岡野二〇〇九〕。正成・正儀が和平論者であったとするのには賛同できるが、当時の正行が置かれていた状況や右のような正行の性格を考慮すれば、やはり父・弟とは違って親房、ひいては正行の軍事行動に京都奪還の期待を抱いていたであろう後村上天皇らと同じく、南朝の強硬派・主戦派の一人だったとみてよかろう。

いずれにせよ、正行たち南朝軍は、師直・師泰との対決に際して、敗北や死を覚悟しての迎撃態勢を整えていたのではなく、彼らを制するような積極的な姿勢で臨んでいたとみるのが妥当であろう。よって、『太平記』に描かれた、四條畷合戦へと向かう正行たちの行動は、正行がその後に死ぬという結果からさかのぼった創作の可能性が高いと断定せざるをえない。

師直軍に対する正行の誤算

しかし、師直は正行よりも一枚も二枚も上手であった。正行ら南朝軍は、大塚惟正の書状にあったように、師直ら幕府軍が淀川を下降して渡辺津に上陸し、天王寺を経由して正行たちの本拠地である河内の東条《とうじょう》に進むとふんでおり、渡辺津一帯を迎撃地に定めていた。

ところが、正行たちの予想に反して、淀川を進んだのは師泰の軍勢だけであり、本隊の師直軍は年が明けた貞和四年（正平三年）正月二日に、八幡から生駒山麓を縦断する東高野街道を南下して、東条を目指したのである。そして、飯盛《いいもり》山系山麓の河内国讃良《ささら》郡野崎《のざき》（大阪府大東市）に布陣した（「醍醐地蔵院日記」）。

これは正行たちにとって、最大の誤算であった。というのも、師直軍が本陣を置いた野崎一帯は、四條畷という、河内国讃良郡の条理地名である四条を通っていた直線道路（＝畷）を指す広域地名の中に位置しており、ここは飯盛山西麓と、古代以来の河内湖の名残である深野池《ふこのいけ》との間が最も狭隘な場所であった〔尾谷二〇一五〕。

つまり、現在の大東市北条一・二丁目付近に相当するこの一帯が、四條畷合戦の主戦場だったのであり、師直は、山と水辺・湿地帯とに囲まれた戦場としてはふさわしくない地で正行たちを待ち受ける作戦に出たのである。それは、正行たちの気勢を逆手に取って挑発する作戦でもあったとみられる。

正行たちは、この師直の動きに対して出遅れるかたちとなり、急遽、摂津方面から河内へと向かい、師直の本陣を目指して自分たちにとっては不利な地形である狭小な東高野街道を進まざるを得なかった。それでも正行たちが突進を敢行したのは、師直の思惑通り、八月の挙兵以来、幕府軍に対して連戦連勝を重ねてきたため、敵がどこに布陣しようと蹴散らせることができるという自信を抱いていたからかもしれない。しかし、衆寡敵せず、正行は弟の正時・従兄弟の和田賢秀らと「河州佐羅々北四条」で討ち取られた。

『太平記』は正行たちが、無数の傷を負いながら師直の首だけを狙い、ひたすら突撃を敢行してあと一歩というところまで師直に追いついたものの、結局討ち取ることはできず、さらなる傷を負い、早朝から夕刻にかけての戦いに疲弊して、正行・正時・賢秀の三人で互いに刺し違えてその場で息絶えたとする(『太平記』第二十六巻)。こうして、前年の八月以来続いた正行の快進撃は、あっけなく幕を閉じた。

正行の死は北朝・幕府方の人間にとって吉報として受けとられた。北朝の廷臣洞院公賢《とういんきんかた》は、正行敗死の報せを聞いて「京中が喜び叫んでいるという。このことは年頭の祝儀のようなものだ」と、自身の日記に書き付けている(『園太暦』)。この公賢の言葉は、彼の倫理観に問題があるというわけではなく、当時の京都の人間が、正行の挙兵以来、いかに正行の進撃を恐れていたかを示しており、その恐怖からの解放を謳っているにすぎない。

それほどまでに、正行の軍事行動はわずかな期間であったにもかかわらず、当時の人々に衝撃を与える出来事だったのである。

正行の死が意味するもの

以上のように、本項では従来の悲劇の武将として捉えられてきた正行の実像を再考し、父正成の武略を受け継ぎながら、年齢相応の若く血気盛んな性格の人物としての正行像を追究してみた。むろん、こうした正行像にはさまざまな異論が予想されるが、『太平記』史観からの解放という意味であえて提示

楠木正行の墓　大阪府四條畷市

したことを強調しておく。

最後に、そうした人物像とは別に南朝にとっての正行の歴史的位置について述べておきたい。

正行の死は、単なる南朝の一武将の歴史からの退場ではなかった。それまで幕府の誰もがなしえなかった正行の討伐を完遂した高師直は、余勢を駆って吉野へと攻め込み、後村上天皇たちを紀伊、大和の賀名生《あのう》（奈良県五條市）へと追いやることになった。ここに南朝は、樹立以来の最大の危機を迎えることになる。

それは、楠木正成の死後、後醍醐天皇が比叡山へと逃れ、最終的に吉野へと逃亡したのと同じように、楠木一族の盛衰が、南朝の命運と直結していたことを物語っている。

しかし、皮肉にも正行の死と、それを実現した師直の幕府内での増長は、草創期の幕府にとって最大の試練となる観応の擾乱を引き起こし、南朝の再起を促すことにもなるのである。その中心となるのが正行の弟の正儀であることは、楠木一族の戦いが南朝の消長そのものだったといえよう。

（生駒孝臣）

【主要参考文献】

生駒孝臣『楠木正成・正行』（戎光祥出版、二〇一七年）
岡野友彦『北畠親房』（ミネルヴァ書房、二〇〇九年）
尾谷雅比古「四條畷の戦いと小楠公顕彰」（『大阪春秋』第一六〇号、二〇一五年十月）
亀田俊和『高師直』（吉川弘文館、二〇一五年）
亀田俊和『観応の擾乱』（中央公論新社、二〇一七年）
佐藤進一『室町幕府守護制度の研究　上』（東京大学出版会、一九六七年）
藤田精一『楠氏研究』（増訂第四版）（積善館、一九三八年）

楠木正儀――〝南朝将軍〟の虚実

「南朝将軍」楠木正儀

南北両朝が合一されて七十年ほどが経った長禄四年（一四六〇）三月、楠木某とその一党による謀反が発覚して、幕府に捕らえられるという事件が起こった。

楠木某は、僧形で同志を募るための廻文（二人以上の宛名人に順次に回覧して用件を伝える文書）を帯して遊行していたところを捕まり、京都の六条河原で首を刎ねられてその首は四塚《よつづか》（京都市南区四ツ塚町）にさらされたという。

明徳三年（一三九二）の南北朝合一後、南朝が消滅したとはいえ、旧南朝皇胤と彼らを支持する勢力、いわゆる「後南朝《ごなんちょう》」の蜂起は室町期を通して断続的に続いていた。楠木氏もたびたび決起しており、その都度、首謀者は討たれたが、今回もそうした蜂起の一つであった。

楠木某の実名は伝わらないものの、東福寺の禅僧太極蔵主の日記『碧山日録《へきざんにちろく》』によると、彼は「南朝将軍之孫」であったという（『碧山日録』長禄四年三月二十八日条）。太極は続けて、かつて楠木氏は「天《てん》下兵馬《かへいば》の権《けん》」を握って数多くの人を切り、無辜の民を殺戮したので、彼の孫が処刑されたのはその報いだと綴っている。

楠木氏が正成以来、「天下兵馬の権」を握ったという事実はない。だが、楠木某の祖父として世代的に「南朝将軍」と呼称されるにふさわしい人物を想起するならば、南北朝期に短期間とはいえ「天下」の中心である京都を南朝方として占領し、事実上、軍事権を掌握したことのある正成の三男の正儀《まさのり》を措いて他にはいないだろう。

正儀をめぐる評価

正儀は、貞和四年（正平三、一三四八）正月に河内の四條畷合戦で敗死した兄正行のあとを継いで楠木氏の惣領《そうりょう》となり、父と兄も勤めた南朝の河内・和泉・摂津等の国司・守護として、また、軍事責任者、ときには北朝・室町幕府との和平交渉担当者として活躍する。

ところが、応安二年（正平二十四、一三六九）正月に南朝から離反し、北朝・幕府へと投降するのである。その後、永徳二年（弘和二、一三八二）閏正月頃までに再び南朝に帰参し、その生涯を終える。

正儀の父正成と兄正行が終生、後醍醐天皇・南朝を裏切ることがなかったのに対して、正儀はこのように変節の多い人生を送ったため、近世以来、正成・正行と比べられて芳しい評価がなされてこなかった。

そうした評価はすでに同時代にもなされており、『太平記』のそれは「父にも似ず、兄にも替はりて、心少し延びたる者」や、「親に替はり、兄にこれまで劣るらん」といったように散々なものである。この評価は、現在でも正儀の人物像を語る際に引かれることが多い。しかし、一方で『太平記』は、正儀の戦術や知謀を取り上げ、父正成を彷彿とさせるような描写をしている点にも注目する必要がある。

実際、正儀は正成・正行よりも長命であり、南朝にとっての功績も二人よりはるかに大きい。それにもかかわらず、批判的な評価がなされてきたのは、彼が北朝・幕府に寝返ったという一点に尽きる。

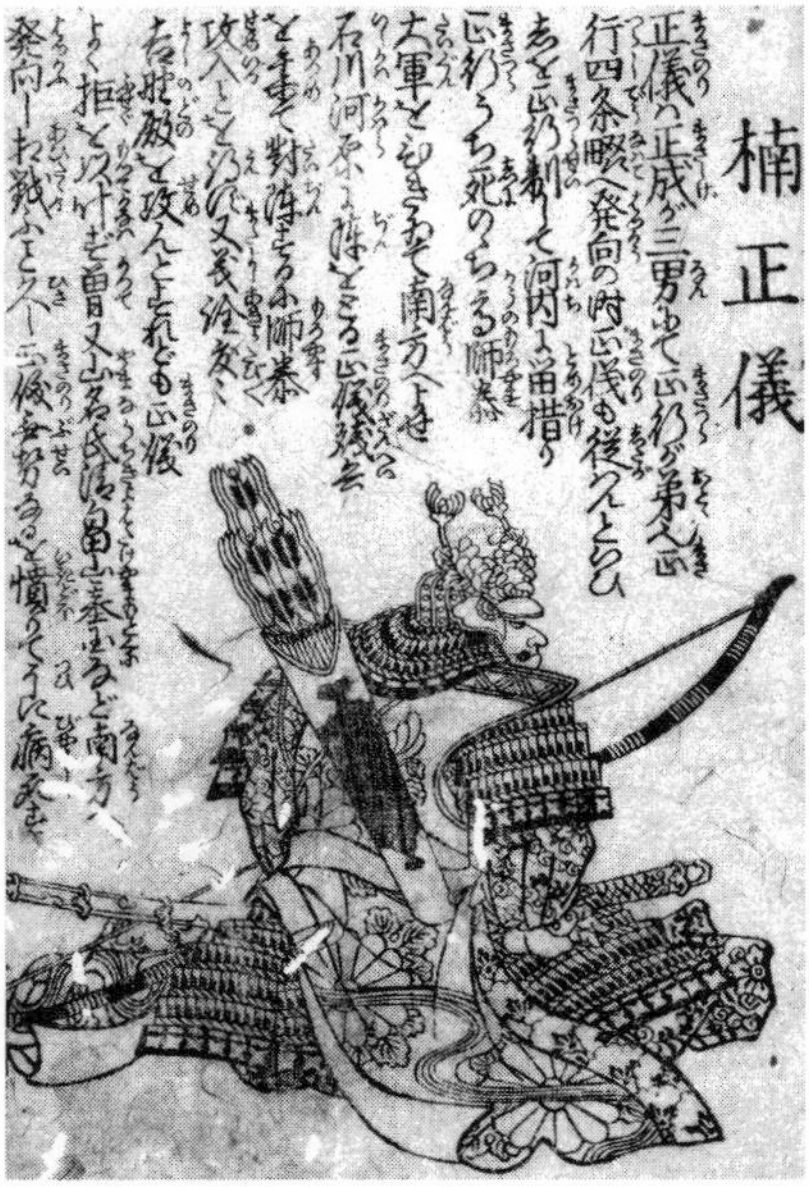

『百将伝』に描かれた楠木正儀　当社蔵

だが、南北朝期において北朝・幕府から南朝へ、または南朝から北朝・幕府へと転身したのは、貴族・武士を問わず多数存在していたのであり、なにも正儀に限った話ではない。それに、正成・正行も「結果として」後醍醐天皇・南朝を裏切らないまま世を去っただけなのであり、長期にわたって存命していれば、正儀と同じ道を歩んだかもしれない。

だとすれば、正成・正行との比較から正儀を捉えることは無意味であり、むしろ彼が南北朝内乱期において、一人の武将としていかなる歴史的位置にあったのかを追究することの方が重要だろう。

南朝の軍事責任者

正儀の生涯も、やはり父正成・兄正行と同じく、戦争がその大半を占めていた。南朝における正儀の武将としての活動は、摂津・河内・和泉での幕府軍との戦闘と、四度にわたる京都争奪戦を挙げることができる。

正儀は、貞和四年（正平三）正月の四條畷合戦の兄正行たちの死により、突如、家督を継ぐことになった。しかし、高師直の吉野襲撃により後村上天皇ら南朝は、大和の賀名生へと没落し、それと同時進行で高師泰軍の楠木一族の本拠地である河内国の東条への総攻撃が開始されると、正儀は翌年の四月頃まで抵抗を続けることになる。

こうして正儀は表舞台に立つと同時に、幕府との戦争に身を投じねばならなかったのである。正儀が、本格的に幕府軍と干戈を交えるのは、観応の擾乱の勃発以降のことである。

観応二年（正平六、一三五一）三月、高師直との熾烈な抗争を制した足利直義は、南朝との講和を望み交渉に乗り出した。この講和の南朝側の窓口となったのが正儀である。二ヶ月に及んだ和平交渉は、最終的に北畠親房ら南朝首脳陣の反対によって不首尾に終わった。

その結果を受けて、和平を進めるべく奔走していた正儀は、身内によるいわばちゃぶ台返しに憤りを覚えたようで、幕府に対して「自分は幕府に降参し、将軍が出陣するのであればその先方として軍忠を遂げ、南朝への通路を塞いですぐにでも攻め落とし、時を措かず後村上天皇以下南朝を没落させる」と述べたという（『観応二年日次記』）。

後年、正儀はこの言葉を実行することになるのだが、このときはまだ幕府に寝返ることはなかった。交渉決裂から二ヶ月が経った七月九日に、河内国の所々を正儀が焼き打ちにしたという情報が京都にもたらされると、洞院公賢は正儀が「吉野方」（南朝方）としてそれを行ったと日記に記している（『園太暦』）。公賢がそもそも南朝方の正儀をあえて「吉野方」と表記したのは、正儀が右の言葉を吐いて以降、北朝・幕府に帰順するという話が出回っていた可能性があり、公賢もその実否について知り得ないままだったものの、正儀の軍事行動によって、変わりなく南朝方であることを確認したからではないだろうか。

正儀の発言は、若さもあってか、自分の努力を踏みにじられたことに対する一過性の不満を爆発させただけのものだったであろうが、その裏には、自分の力で容易に南朝を攻め落とせるという自信と、いつでも自分を北朝・幕府に売り込めるという意識がはたらいていたようにも思える。自分の力に対する自信のようなものは、正行にもその片鱗をうかがうことができたように、この兄弟はまさしく父譲りの武略を自らの存在意義と自認していたのである。

そのことは当然、南朝も理解していた。直義との和平交渉がはじまった観応二・正平六年三月二十九日、正儀は大和国の丹原荘（奈良県五條市）の幕府方の武士源左衛門尉が蜂起したため、和泉・紀伊国の軍勢を率いて討伐に向かった。その際、正儀は「大将軍」として「御旗《みはた》」を下されたという（『観応二年日次記』）。このときの「大将軍」は、追討軍の総大将という程度の意味であろうが、南朝は、当初から年若い正儀（『太平記』第三十一巻では観応三年〈正平七、一三五二〉時点での正儀の年齢は二十三歳とある）を軍事責任者として重用していたのである。そんな正儀の武略を内外に示すことになったのが、四度にわたる北朝・幕府からの京都の奪還である。

第一次・第二次京都争奪戦

観応二年（正平六、一三五一）二月、後村上天皇ら南朝は、前年に足利尊氏・義詮の降伏を受け入れて北朝を併合した、正平の一統により帰洛して京都を掌握するべく、正儀らの軍勢に囲繞されて賀名生から東条、住吉、八幡へと進んだ。そして、閏二月二十日、正儀は一族の和田《わだ》正氏《まさうじ》（正武《まさたけ》）らとともに八幡から洛中へと攻め入り細川顕氏軍と交戦して、千種顕経《あきつね》・北畠顕能《あきよし》らとともに足利義詮たちを近江へと追いやった（『園太暦』「祇園執行日記《ぎおんしぎょうにっき》」）。

こうして、京都は難なく正儀ら南朝軍の手に落ちて、南朝は北朝の光厳《こうごん》院・光明《こうみょう》院・崇光《すこう》院・直仁《なおひと》親王ら王家の面々を八幡へと連行し、北畠親房の主導による支配を実現した。ところが、翌三月には義詮の反撃により京都を奪い返されて、後村上天皇ら南朝が行宮を置く八幡一帯への攻撃がはじまると、四月から本格的な籠城戦へと突入した。南朝はその後も幕府軍の包囲に抵抗を続けていたが、五月十一日に八幡の行宮が陥落し、後村上以下、北畠顕能らは没落して大和へと敗走した（『園太暦』「祇園執行日記」）。

この間、正儀は八幡の陣を出て河内へと帰っており、八幡が陥落する前の五月六日には和泉国の松村（大阪府岸和田市）で幕府軍と交戦していた（「淡輪文書」「和田文書」）。

一方『太平記』は、南朝が正儀たちを、八幡を包囲する幕府軍への後詰めのために河内へと密かに下向させ、出撃を待っていたものの、五月になっても「父にも似ず、兄にも替はりて、心少し延びたる者」であった正儀が「今日よ明日よ」と出陣を渋っていたために八幡が陥落したとして、その原因を作った正儀を「親に替はり、兄にこれまで劣るらん」と酷評する（第三十一巻）。

この『太平記』の記述から、正儀は「勇猛さにかける人物」「闘争心に劣り、少しのんびりした性格」という評価がなされている〔森一九九一、細川二〇〇七など〕。しかし、右の『太平記』の逸話は、正儀とともに八幡を下りた和田正氏（正武）が、その直後に病により急死するにもかかわらず、同書の後の箇所では素知らぬ顔で復活していることや、前述した五月の時点で正儀が和泉で幕府軍と戦っていた事実などから、やはり創作と判断するのが妥当であろう。

また、実際の正儀は足利直義と南朝との交渉失敗の際に、激情的な側面をみせたように、血気盛んな人物であった。『太平記』が正儀を辛辣に描くのは、この部分だけであり、その後の活躍では前記したように、むしろ、父正成に近い描き方をする。

ともあれ、第一次京都争奪戦は失敗に終わった。この間、正儀は、結果的に成就しなかったものの、五月の初旬に足利義詮が秘密裏に東条へと派遣した等持寺僧祖曇との北朝三上皇らの返還交渉を単独で行っていた（『園太暦』文和元年五月十八日条）。

その一方で、八幡から大和の宇陀郡へと落ち延び、賀名生へと帰還する直前の後村上から呼び出されて、留守中の賀名生の住民の動静を諮問されるといった、天皇からの絶大な信頼を得ていた様子もうかがえる〔坂口二〇〇二〕。このように、正儀は一武将の枠を越えた南北両朝の重事に関わる活動を行っており、着実にその存在感を増していくのである。

第一次京都争奪戦が終わってまもない観応三年（正平七）八月から、正儀は摂津および北河内一帯で幕府軍との攻防を繰り広げた（「土屋家文書」）。十一月には、南朝に降伏した足利直義派の石塔頼房《いしどうよりふさ》と、尼崎《あまがさき》・神崎《かんざき》一帯の戦いで摂津守護代を追い落とす（「兼綱公記《かねつなこうき》」『園太暦』）。そして、翌年の三月頃まで続いた伊丹《いたみ》・吹田《すいた》・神崎・渡辺といった淀川下流域一帯（現在の大阪市域）での攻防（「北河原家蔵文書」など）を制すると、正儀ら南朝は二度目の京都侵攻の準備を進めた。

文和二年（正平八、一三五三）の六月、石塔頼房と同じく南朝に降伏した吉良満貞《きらみつさだ》・山名時氏らとともに、正儀は二度目の京都奪還を実現する。このときの京都占領も正儀の奮戦により難なく成功したのだが、前回と同様に長くは続かなかった。七月下旬には美濃へと逃れていた足利義詮が入京し、播磨から上洛する赤松勢の押さえとして摂津の神崎で戦っていた正儀も同月二十九日に撤退する（『園太暦』）。

北畠親房の死と正儀の立場の変化

三度目の京都争奪戦が行われたのは、文和四年（正平十、一三五五）正月のことである。このときは、二年前の正月に南朝に帰順した足利直義の養子直冬《ただふゆ》を中心とする旧直義党を主体としたものであり、正儀の目的は彼らとともに入京することはせず、出陣先の播磨から帰京する足利義詮を摂津で迎え討つことであった。

今回の争奪戦は、二月の尊氏の入京と直冬軍との戦闘、摂津の神南（大阪府高槻市神内）一帯での正儀・山名時氏軍と義詮軍との激戦を経て、三月の直冬軍の撤退と尊氏・義詮両名の帰京により終結した。

この戦いにおける正儀のはたらきは、南朝の主力として戦うこれまでのものとは随分趣が異なっている。それは、足利直冬という本来は南朝と直接繋がりのない人物を中心とした軍に、南朝の代表として参加するかたちのものであった。

というのも、前年の文和三年（正平九）四月には、これまで事実上の総裁として南朝を主導した北畠親房が死去しており〔岡野二〇〇九〕、南朝の軍事面における主導権は、他の人物に移っていたと考えられる。それは、第一次京都争奪戦以来、存在感を示していた正儀以外にありえず、今回の京都争奪戦における正儀の立ち位置も、これまでのように最前線で戦う一武将としてではなく、親房が担ってきたような、後方から作戦全体を見渡すポジションであった。

実際にこれ以降、正儀はさらに軍事・外交の面で、南朝の責任者としての役割を果たすようになる。

足利義詮による南朝総攻撃

延文四年（正平十四、一三五九）十二月、前年に征夷大将軍となった足利義詮は、関東管領畠山国清の大軍を京都に呼び寄せ、南朝本拠への親征を決行した。

南朝は、義詮が十二月二十三日に摂津尼崎の大覚寺《だいかくじ》（兵庫県尼崎市）に布陣したという知らせを受けると、行宮を河内の金剛寺から観心寺（いずれも大阪府河内長野市）へと移した（「金剛寺聖教類奥書集」）。その理由は、後述する『太平記』で正儀の言葉として語られているように、金剛寺よりも観心寺のほうが防御に適していたからである。

正儀は、この足利義詮・畠山国清による南朝総攻撃に際して、今まで以上に南朝にとって重要な役割を果たすことになる。

『太平記』は、正儀が、関東から畠山国清の軍勢が上洛したとの情報を得ると、和田正氏（正武）とともに、金剛寺の行宮《あんぐう》にいた後村上天皇のもとを訪れて、次のような献策をしたと記す。

合戦となれば自分たちが必ず勝つと考えていること、防御に適さない地形の金剛寺よりも、さらに山深い観心寺に動座すべきこと、自分たちは和泉・河内の兵を率いて千早・金剛山に引き籠もり、龍泉・石川に出撃して昼夜問わず戦い、紀伊国の南朝方の武士には野伏《のぶせり》を出撃させるなどして、「究めて短気なる坂東勢」を翻弄してみせると。

これを聞いた後村上以下の公卿たちは、正儀を頼もしく思い、その提案に従い観心寺へと行宮を移し、一部の廷臣を同道させて、ほかは高野山や近江などへ避難させるのである（『太平記』第三十四巻）。

この『太平記』の描写が、第一次京都争奪で正儀に貼られた「心少し延びたる者」というレッテルとは随分かけ離れているのは明白である。正儀の人物像のゆれについては措くとして、むしろここでは、父正成が、元弘元年（一三三一）八月に笠置山に籠城する後醍醐天皇に呼ばれて、天皇に鎌倉幕府軍への対抗策などを「誠に憑もしげに」申して、河内の赤坂城で挙兵したという描写に近い（『太平記』第三巻）。

正儀が右のような献策を後村上にしたかどうかは史実として確認できないが、少なくとも『太平記』の作者は、この戦いで正儀が実際にそのような役割を果たしたと理解し、そこから楠木正成を彷彿とさせる人物として正儀を描いたと推測される。

この戦いで正儀は、金剛山系一帯の赤坂城、平石《ひらいわ》城（大阪府南河内郡河南町）、龍泉寺《りゅうせんじ》城（同富田林市）などに味方の軍勢を分散させ、延文五年（正平十五）の二月に金剛山の北西の津々山《つづやま》（同富田林市廿山）に布陣した畠山国清軍との戦闘を開始した。

正儀たちは、二月から五月初旬まで数ヶ月にわたって抵抗を続けたが、閏四月に平石・龍泉寺城が落ち、五月八日に正儀の籠もる赤坂城が攻め落とされると（「田代文書」『後深心院関白記《ごしんじんいんかんぱくき》』など）、金剛山の奥地へと逃れていった。幕府軍もそれ以上、追撃することはなく、四條畷合戦後以来の大打撃を南朝にあたえたことで、一定の成果を得たと判断したのか、義詮は五月二十七日に尼崎の陣を引き払い、京都へと帰り、この合戦は終結する。

左馬頭に任じられた意味

ところで、この頃から正儀は、それまでの河内守・左衛門少尉といった官途に変わって、左馬頭《さまのかみ》を名乗るようになる。左馬頭は、従五位上相当の左馬寮《さまりょう》の長官であり、古くは清和源氏の祖の源経基《つねもと》をはじめ、源頼朝の父義朝《よしとも》や木曾《きそ》義仲《よしなか》が、南北朝期には足利直義・義詮らも任じられた官職である。この後、足利義満《よしみつ》も任じられることで先例となり、足利将軍が最初に任じられる官職となっていく〔木下二〇〇六〕。

南朝における左馬頭は、吉良満義《みつよし》の就任例もあるため、南朝が足利家の慣例と同じような認識を有していたかどうかは疑問ではあるが、北朝において事実上、幕政を主導していた直義や二代目の室町幕府将軍である義詮も同職に就任したことから、南朝にとっても「将軍」と位置づけるに足る人物に与える官職と捉えられていたのではないだろうか。

南朝では、征夷大将軍には親王が就任するという、鎌倉幕府の先例を踏襲しており、建武政権期の護良親王の後も、正平の一統の際には後村上天皇が、信濃にいた兄の宗良親王を同職に補任していた。すなわち、南朝では名実共に「将軍」の標識たる征夷大将軍の官職を臣下に与えるという認識がなかった一方で、実質的に南朝の「将軍」としての役割を果たしている正儀に、最もふさわしい官職として左馬頭を与えたとみるのは妄想にすぎないだろうか。

いずれにせよ、官位としては低いものの、正儀の左馬頭就任という事実は、彼が南朝で唯一にして最高位の軍事責任者と認められていたことを示していよう。

このように、南朝は正儀の中心的な活躍によって、義詮の南朝総攻撃による危機から脱することができた。後村上天皇と正儀は強い信頼関係にあったことが指摘されるように〔坂口二〇〇二〕、『太平記』が描いた正儀に対する後村上や南朝公卿たちの信頼感は、まったくの創作ではなかったと考えられる。

それは、南朝にとって最後の京都奪還となった四度目の京都侵攻を前にした後村上と正儀とのやり取りにもあらわれている。

北朝・室町幕府への投降

義詮の南朝総攻撃後、幕府ではまたもや内紛が起こり、康安元年（正平十六、一三六一）十月、幕府執事として南朝総攻撃にも参加していた細川清氏《きようじ》が南朝へと降伏してきた。そして、『太平記』では、清氏の提言により、四度目の京都侵攻が議され、後村上天皇は正儀に相談したうえで可否を決しようとする。それに対して正儀は、京都を落とすのは自分一人でも容易いことだが、すぐにまた奪い返されてしまうという現実的な意見を述べるものの、後村上以下、廷臣たちはほんの少しでも帰京したいという強い思いを優先して、京都侵攻が決定されるのである（『太平記』第三十六巻）。

正儀ら南朝軍は、十二月七日に京都への侵攻を開始し、翌八日に入京すると足利義詮が後光厳《ごこうごん》天皇を伴って近江へと逃亡し、四度目の京都奪還が果たされた（『後愚昧記《ごぐまいき》』など）。結局、この四度目の京都奪還も、十二月二十七日には義詮軍が近江から攻め込み、正儀らが鴨川原で迎え討ったものの防ぎきれずに、京都から摂津へと撤退してあっけなく終わったのである（『後深心院関白記』など）。

細川清氏とともに京都に攻め入る正儀軍　『太平記絵詞』　国立歴史民俗博物館蔵

　これが正儀の南朝の軍事責任者としての最後の大きな戦いである。いずれも負け戦のため、正儀の力量が乏しかったようにもみえるが、初戦では必ず幕府軍を追いやるという戦果を挙げており、そうした戦術レベルでの巧みさは、『太平記』に描かれているとおりである。

　この後、正儀は散発的に幕府軍との摂津等での戦闘を重ね、義詮からの提案により開始された幕府との和平交渉の責任者としての役割を果たすことになる。貞治六年（正平二十二、一三六七）四月にはじまった交渉は、当初、葉室光資《はむろてるすけ》が南朝側の代表として臨んだが失敗に終わる。六月に正儀が光資に替わって責任者となり、交渉は再開したものの八月に決裂した。

その後、同年十二月に義詮が、翌年の三月に後村上天皇が死去する。和平を望んでいた後村上の死により、強硬派の長慶《ちょうけい》天皇が即位し、南朝では強硬派の発言力が強まったとみられる。その結果、和平論者であったと考えられる正儀は〔細川二〇〇七〕、南朝での居場所をなくし、義詮没後に交渉を進めていた管領細川頼之《よりゆき》の勧誘もあって、北朝・幕府へと投降する。

ここに、二十年近く続いた正儀の「南朝将軍」としての役目は幕を閉じるのである。

正儀の去就と南朝の終焉

幕府に帰順した正儀は、細川頼之の後ろ盾もあって、南朝時代に摂河泉一帯に構築してきた地域権力をほぼ認められ、河内・和泉の守護職と、摂津国住吉郡を与えられた。応安六年（文中二、一三七三）八月に細川頼之は、二度目の大々的な南朝総攻撃を実施し、その先導者として正儀を選んだ。正儀はかつての自身の発言通り、大軍の先方として河内の天野《あまの》（金剛寺）の行宮へと攻め込み、南朝の四条隆俊《しじょうたかとし》以下七十余人を討ち取り、長慶天皇たちを吉野へと撤退させた（『後愚昧記』『後深心院関白記』など）。

正儀は先行研究で和平論者・平和主義者とされるが、数多くの戦場に身を投じてきた事実、そしてこのように、かつての仲間であっても敵となった以上は容赦なく叩くという、徹底したリアリストとしての側面を有していた点にも注目する必要があろう。

だとすれば、冒頭で紹介した禅僧太極蔵主の「数多くの人を切り、無辜の民を殺戮した」という言葉も単なる誤解ではなく、室町時代の人間にとって、いまだ朝敵であり続けた正儀が（楠木氏は永禄二年〈一五五九〉に朝敵を赦免される）、そうした人物として捉えられていたことの反映だといえる。

その後、細川頼之が康暦の政変で幕府を逐われると、もともと幕府の諸将からよく思われていなかったこともあってか、幕府内での立場を失い南朝に帰参し、永徳二年（弘和二、一三八二）閏正月二十四日に河内国の平尾で再び南朝方として幕府軍と戦っている（「三刀屋文書」）。帰参した南朝では参議《さんぎ》という、父・兄も到達しえなかった公卿の地位に至る（「観心寺文書」）。それ以降は、至徳三年（元中三、一三八六）四月に発給した文書を最後に（「淡輪文書」）、確かな史料で足跡をたどることはできなくなる。

正儀が南朝に帰参した段階で、南朝はかつてのように幕府に抵抗する力もなく、畿内での内乱も収まっていた。すなわち、正儀の生涯は、南朝にとって幕府との戦いが最も激しかった時代と軌を一にしていたのであり、正儀の「南朝将軍」としての歴史の表舞台からの退場は、南朝の終焉そのものだったと評価できるのである。

（生駒孝臣）

【主要参考文献】
赤松俊秀「楠木正成の教養について」（『歴史と地理』第三十三号第二号、一九三四年）
生駒孝臣「楠木正儀再考―『太平記』の楠木正儀像をめぐって―」（『花園史学』四〇、二〇一九年）

岡野友彦『北畠親房』（ミネルヴァ書房、二〇〇九年）
小川信『細川頼之』（吉川弘文館、一九七二年）
亀田俊和『南朝の真実』（吉川弘文館、二〇一四年）
亀田俊和『観応の擾乱』（中央公論新社、二〇一七年）
木下聡「左馬頭」（『中世武家官位の研究』吉川弘文館、二〇一一年。初出二〇〇六年）
坂口太郎「男山八幡合戦と楠木正儀」（『季刊ぐんしょ』五十六号、二〇〇二年）
佐藤進一『室町幕府守護制度の研究　上』（東京大学出版会、一九六七年）
中村直勝「楠木正儀」（『中村直勝著作集　第三巻』淡交社、一九七八年）
廣田浩治「楠木一族と南北朝内乱―楠木正儀の地域支配―」（悪党研究会編『南北朝「内乱」』岩田書院、二〇一八年）
藤田精一『楠氏研究』（増訂第四版）（積善館、一九三八年）
細川涼一「中世における戦争と平和―蒙古襲来における叡尊と南北朝の内乱における楠木正儀―」（『日本中世の社会と寺社』思文閣出版、二〇一三年。初出二〇〇七年）
森茂暁『太平記の群像　南北朝期を駆け抜けた人々』（株式会社ＫＡＤＯＫＡＷＡ、二〇一三年。初版一九九一年）
八代国治「楠木正儀」（『国史叢説』吉川弘文館、一九二五年。初出一九二一年）

四条隆資——各地の南朝方と天皇を取り次ぐ公家武将

京都の祇園祭《ぎおんまつり》で中京区西洞院通四条上ル蟷螂山町から出される蟷螂山《とうろうやま》は、御所車《ごしょぐるま》の上に載る蟷螂が羽や鎌を動かすからくりで高い人気を得ている。この蟷螂のモデルとなった人物が、ここで取り上げる四条隆資《しじょうたかすけ》である。

隆資は、正平七年（一三五二）五月、男山八幡から撤退する後村上天皇を守るために室町幕府軍を相手に奮戦の末、討ち死にを遂げた。その後、陳大年《ちんたいねん》という大陸から京都に来住していた知識人が、隆資の勇姿を中国の「蟷螂《とうろう》の斧《おの》」の故事《こじ》になぞらえ、四条家の御所車に蟷螂の模型を載せて永和二年（一三七六）に巡行させたのが蟷螂山の起源であると伝わっている。

蟷螂山と四条隆資

蟷螂山の由来にその名をとどめるものの、四条隆資の知名度は高くはない。しかし、隆資は北畠親房とならぶ重臣として後醍醐天皇・後村上天皇の政務を補佐するとともに、楠木正成・北畠顕家・新田義貞ら軍事の要を早々に失った南朝において、軍を率いて前線に赴く指揮官としても重きをなした。

隆資の事績については、すでに平田俊春氏の研究に詳しく〔平田一九七二〕、新たに付け加えるべきことはほとんどない。以下では後醍醐天皇との関係や倒幕計画への関与、軍事面での活動に焦点を当てて、隆資の人となりに迫ってみたい。

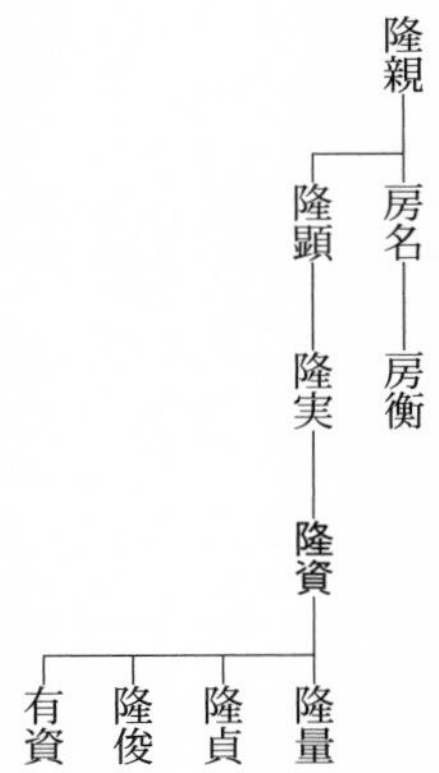

四条氏略系図

後醍醐天皇に抜擢される

四条隆資は正応五年（一二九二）の生まれである。父の隆実《たかざね》は早世したため、祖父である隆顕《たかあき》の養子として育てられた（『尊卑分脈』・『公卿補任』）。隆顕は後鳥羽《ごとば》院・後堀河《ごほりかわ》院・後嵯峨《ごさが》院の近臣として権勢を誇った四条隆親《たかちか》の嫡男で、二十七歳で正二位権大納言《しょうにいごんのだいなごん》まで昇った人物である。ところが、三十五歳のときに隆親との不和が原因で突如出家し、四条家嫡流の地位は隆顕の兄房名《ふさな》の系統へ移ってしまった。なお、隆顕の生母は鎌倉幕府の有力御家人足利義氏《よしうじ》の娘であり、隆資は義氏の玄孫（曾孫の子）にあたる。

『公卿補任』によると、隆資は文保二年（一三一八）正月、二十七歳のときに正五位下《しょうごいのげ》に叙され、同年四月に右少将《うしょうしょう》に任じられている。しかし、これは鎌倉時代の四条家歴代が二十歳前後で正五位下となり、四条隆房・隆親が十九歳で近衛少将《このえしょうしょう》に任官したのに比べると明らかに遅い（【表1】・【表2】）。祖父が廃嫡され、父を早くに亡くした隆資の前半生は、さほど順調ではなかったと考えられる。

このような彼の境遇を変えたのが後醍醐天皇である。後醍醐天皇は、正応元年（一二八八）十一月に

【表1】四条家歴代の位階昇進年齢

	隆季	隆房	隆衡	隆親	隆顕	隆資
従五位下	7	[注1]	5	4		
従五位上	8	16	13	11		
正五位下	10	21	19	16		27
正五位上						
従四位下	11	21	24	18		27
従四位上		25	26	20		29
正四位下	16	27	27	21		34
正四位上						37
従三位	33	37	32	24	16	39
正三位	35	42	34	25	17	43
従二位	41	48	40	27	20	45
正二位	45	52	43	31	24	
従一位						60 [注2]

[注1] 叙位の年月日不明。
[注2] 正平6年（1351）に南朝より叙位。

【表2】四条家歴代の任官年齢

	隆季	隆房	隆衡	隆親	隆顕	隆資
右少将		19				27
左少将				19		
右中将		32				29 [注2]
左中将		36		20	[注1]	29
参議	35	36	31	23	15	36
権中納言	40	42	36	30	19	39
中納言	41	52	41	34		
権大納言	42	57	48	37	27	59 [注3]
大納言				49		

[注1] 参議任官時（正嘉元年、1257）に「左中将元の如し」とあり。
[注2] 元応2年（1320）に左中将から右中将に遷る。
[注3] 正平5年（1350）に南朝より補任。

大覚寺統の後宇多《ごうだ》上皇の第二皇子として生まれた。諱《いみな》は尊治《たかはる》という。大覚寺統の嫡流は兄後二条《ごにじょう》天皇の系統だったが、徳治三年（一三〇八）に後二条天皇が急逝したことで、尊治親王は急遽持明院統の花園《はなぞの》天皇の東宮《とうぐう》に立てられ、文保二年（一三一八）二月に践祚《せんそ》した。

とはいえ、後醍醐天皇の立場は後二条天皇の皇子邦良《くによし》親王が成長するまでの「中継ぎ」にすぎず、いずれ皇統から外れていくであろう彼のために尽くそうという公家は少なかった。後醍醐天皇は日野俊基《ひのとしもと》をはじめ数々の人材を抜擢したことで知られるが、それは彼が「傍流《ぼうりゅう》」であったために、自身の手足となって動く人材を自ら発掘せねばならなかったことによる。不遇な前半生を過ごしていた隆資もまた、人材を求める後醍醐天皇の目にとまった一人だった。

隆資と後醍醐天皇との関係は、後醍醐天皇の東宮時代から確認できる。正和四年（一三一五）七月二十一日、隆資は尊治親王の管弦《かんげん》の会で笙《しょう》を演奏しており（『體源抄《たいげんしょう》』第十三「相承次第」）、文保二年正月には「春宮当年御給《とうぐうとうねんごきゅう》」により正五位下に叙されている（『公卿補任』）。御給とは院・女院や東宮などが公家の位階昇進を推薦する権利のことで、文保二年正月当時の東宮は尊治親王であるから、隆資は尊治親王の推薦で正五位下に叙位されたのである。同年二月に後醍醐天皇が践祚すると、四月に右少将、十一月に従四位下に昇叙され、以後、左中将・右中将を経て嘉暦二年（一三二七）に参議《さんぎ》となり、元徳二年（一三三〇）には権中納言に昇った（『公卿補任』）。

この間、右中将だった正中三年（一三二六）に蔵人頭《くろうどのとう》を兼任し、元徳二年に検非違使別当《けびいしべっとう》となっているのが注目される。蔵人頭は天皇の腹心が任じられて政務の機密に与る職で、特に近衛中将と蔵人頭を兼帯する頭中将《とうのちゅうじょう》は、天皇の側近として奉仕する栄誉ある職であった。また、検非違使別当は洛中の治安維持・警察業務や訴訟を扱う検非違使庁の長官である。後宇多院と後醍醐天皇は、洛中支配の重要機関である検非違使庁を重視し、これを掌握するために近臣を別当に任命していた〔中井二〇〇六〕。北畠親房・日野資朝《すけとも》・万里小路《までのこうじ》藤房《ふじふさ》ら後醍醐天皇の名だたるブレーンに続いて隆資が検非違使別当に任命された事実は、東宮時代以来親しい関係にあった彼に対する後醍醐天皇の信任が極めて厚かったことを示している。

隆資は後醍醐天皇に見いだされたことで、鎌倉時代の四条家歴代並みの昇進が可能になった。この後、彼が一貫して後醍醐天皇・後村上天皇に仕えたのは、後醍醐天皇の恩に報いるためだったと考えられる。

元弘の乱では裏方として活動

先述のように、後醍醐天皇はあくまでも大覚寺統嫡流である邦良親王が成長するまでの「中継ぎ」として即位した天皇だった。即位の直前には後宇多院が鎌倉幕府を巻き込んで持明院統と交渉し、今後の皇位継承について取り決めをおこなっている。いわゆる「文保《ぶんぽう》の和談《わだん》」とよばれるこの交渉で調停役に立たされた幕府が提案したのは、後醍醐天皇の次は邦良親王が、その次は持明院統の量仁《かずひと》親王（のちの光厳《こうごん》天皇）が即位するという内容であった。つまり、後醍醐天皇の「中継ぎ」という立場は鎌倉幕府も承認済みの既定路線であり、後醍醐天皇がこの立場を脱却し、自らの子孫に皇位を継承させるためには、事実上皇位を決定する存在となっている鎌倉幕府を倒すしかなかったのである。

後醍醐天皇による倒幕計画において、四条隆資がいかなる役割を果たしたのかを知る手がかりは少ない。『太平記』には、後醍醐天皇が倒幕の企てを密かに相談していた人物の一人として隆資の名が挙がり、日野資朝・日野俊基らが開催する無礼講《ぶれいこう》の参加者だったことが記されている（『太平記』第一巻）。これらは確実な史料では裏付けられないが、隆資が後醍醐天皇に取り立てられたことを考えれば、当初から倒幕計画に加わっていたとみてよいだろう。

元弘元年（一三三一）、倒幕計画が幕府に漏れると、後醍醐天皇は八月二十四日に笠置山へ向かい挙兵した（元弘の乱）。しかし、笠置山は九月二十九日に落城し、後醍醐天皇以下、万里小路藤房・北畠具行《ともゆき》・千種忠顕《ちぐさただあき》・四条隆量《たかかず》（隆資の子）らは幕府軍に捕らえられた。翌年三月には後醍醐天皇の隠岐配流が決定し、乱に加担した公家たちも同年四月から六月にかけて次々と配流・死罪といった処分が下された。

一方、隆資は後醍醐天皇に供奉して笠置山に行ったが、落城後に幕府軍の包囲網を逃れ、出家してゆくえ知れずとなっていたために処分を免れた（『公卿補任』、『増鏡』第十七「月草の花」）。この後、隆資の表立った活動は途絶えるが、注目されるのは、当時大和・紀伊のあたりに潜伏していた大塔宮護良親王が、元弘二年六月以降、側近の四条隆貞《たかさだ》（隆資の子）をして令旨を発給せしめている事実である。これに関連して、『花園天皇宸記』正慶元年（一三三二）六月六日条の裏書には次のような記事がある。

①熊野山から大塔宮の令旨が進上された。その令旨は「熊野山を頼りにしている」という内容だとのことだ。

②六波羅探題が四条隆資以下を捕らえるために衾院宣《ふすまのいんぜん》を出してほしいと後伏見院に奏聞した件について、後伏見院は「衾院宣は先例がないので衾宣旨とするべきか」と仰った。

①の大塔宮の令旨は、熊野山に倒幕への軍事協力を求めた内容と考えられ、その令旨の奉者（親王の意を受けて文書をしたため、署名する人物）は前後の状況からして四条隆貞だったに違いない。②に出てくる衾宣旨とは、「ゆくえをくらました犯人を賊盗律四謀叛条を根拠に違勅として断罪し、王土王民思想を背景として全国にその追捕を命じるもので、右弁官下文の形で発給されたもの」〔西田二〇一二〕と定義される、いわば全国指名手配書である。①・②が日記の同日条に記されているのは非常に示唆的である。すなわち、護良親王令旨の奉者は四条隆貞だが、親王の活動を実質的に支えているのは笠置山から脱出して親王と合流した隆資であることを六波羅探題側は見抜いており、それゆえに衾院宣（実際に発給されたのは衾宣旨《せんじ》）の発給を特に申請したのだろう。

護良親王は元弘二年十一月に吉野で挙兵し、翌元弘三年閏二月一日に吉野から没落するが、その後も畿内南部に潜伏しつつ、千早城に籠もる楠木正成を側面から支援した。最近の研究によれば、千早城攻めに参加した御家人たちは、千早城周辺で護良親王方と接触し、倒幕を促す令旨を獲得していたらしい〔永山二〇一八〕。御家人たちが受領した令旨の奉者はいずれも四条隆貞であり、隆資もこれに関与していたと思われる。戦場での華々しい活躍こそないものの、隆資は護良親王のもとで倒幕勢力の糾合や幕府軍の切り崩しに重要な役割を果たしていたと考えられるのである。

京都合戦での活躍

元弘の乱では裏方として活動していた隆資だが、建武二年（一三三五）に足利尊氏が建武政権から離反すると、後醍醐天皇方の軍事指揮官として前線に立つようになる。

延元元年（一三三六）四月、いったん九州へ敗走していた尊氏は態勢を立て直して上洛を開始し、五月に湊川の戦いで楠木正成を敗死させ、六月に入京を果たした。六月から八月にかけては、東寺に本陣を置く足利軍と比叡山の後醍醐天皇方との間で激しい戦闘が繰り広げられた。

この京都合戦において、隆資は東寺の南西約十キロメートルほどに位置する八幡（石清水八幡宮のある男山）に陣を取り、尊氏を南方から攻撃する軍勢を指揮した。当時の八幡は桂川・宇治川・木津川の合流地点に半島のように突き出た「究竟《くっきょう》の用害《ようがい》」（『太平記』第三十一巻）で、京都と畿内南部・中国・四国地方を結ぶ交通の要衝でもあり、京都を攻撃する側が必ず押さえねばならない重要拠点であった。隆資が軍勢を率いるのは史料上これが初めてだが、京都占領の成否を左右する軍事上の要衝を任されたのは、後醍醐天皇の彼に対する信頼と期待を物語っている。

では、実際に隆資の指揮官ぶりはどのようなものだったのだろうか。

『太平記』によると、隆資は六月三十日に比叡山の軍勢と呼応して足利軍に総攻撃を仕掛けたが、洛中の後醍醐天皇方が劣勢となったため、八幡を放棄して坂本へ戻った。その後、尊氏と和睦した後醍醐天皇が十月十日に帰京する場面で、隆資は後日の再挙を期して紀伊に派遣されている（『太平記』第十七巻）。

しかし、隆資の紀伊下向は『太平記』が描くような和睦後の出来事ではなかったようだ。隆資に従軍していた阿蘇品惟定《あそしなこれさだ》の申状《もうしじょう》には、七月から八月にかけて鴨川の河原で四度、八月二十五日には阿弥陀峰で、同二十八日には鴨川の河原で足利軍と戦い、ついで八幡から天王寺を経て南河内の東条に至ったと記されている（「阿蘇文書」）。九月末から十月初めには、足利直義や細川顕氏《ほそかわあきうじ》が天王寺攻撃のために軍勢を催しているので（「等持院文書」、「田代文書」）、隆資が天王寺に入ったのは九月下旬頃だったのだろう。したがって、隆資は和睦成立以前の八月末に京都を発ち、九月下旬からは天王寺などで細川顕氏ら足利軍と交戦しつつ紀伊に向かったと考えられる。京都合戦で千種忠顕や名和長年《なわながとし》が戦死していることを思えば、京都近郊を転戦し、そのまま敵中を突破して紀伊下向を果たした隆資の軍事的手腕は評価されてよいだろう。

南朝を支える重臣として

延元元年（一三三六）十二月、後醍醐天皇は京都を脱出して吉野へ逃れ、南朝を立てた。先に紀伊へ下っていた隆資も南朝に参じ、北朝から解官《げかん》されている（『公卿補任』）。

しかし、「三木一草」と謳われた結城親光・楠木正成・名和長年・千種忠顕はすでに亡く、延元三年には北畠顕家・新田義貞が相次いで戦死し、後醍醐天皇の東宮時代以来の重臣である吉田定房《よしださだふさ》・坊門清忠《ぼうもんきよただ》も同年に世を去った。そして、延元四年八月十六日、後醍醐天皇も吉野で五十二年の生涯を閉じた。

内乱開始からわずか四年たらずで軍事・行政の要を次々と失った南朝は、当初から劣勢を強いられたのである。

後醍醐天皇亡き後、十二歳の後村上天皇に代わって北畠親房が政務をとり、洞院実世《とういんさねよ》と隆資が天皇へ諸事を奏聞することとなったが（『太平記』第二十一巻）、親房は常陸で東国の南朝方を指揮していたため、実際には洞院実世と隆資が政務を取り仕切った。隆資は各地からの注進状（戦況や戦功の報告書）を受領して天皇に取り次ぎ、注進状への返信や所領安堵・恩賞宛行の綸旨の副状を発給している。

興国元年（一三四〇）十二月には、陸奥の結城親朝に対し「十月十七日の注進状が届き、不審を散じました。そちらは有利であるとのこと、後村上天皇もたいへんお喜びです。必ず早々に鎌倉を攻撃してください。今回の忠節は特別なものと承っていますので、任官も別途ご沙汰があるでしょう。いよいよ励んで急いで幕府を討伐する策略をめぐらしてください」と戦功を賞しつつ、鎌倉攻撃を促している（「松平基則氏所蔵結城文書」）。結城親朝は後醍醐天皇に信頼された結城宗広の嫡子で、「三木一草」の一人結城親光の兄である。父や弟と同じく南朝方として常陸の北畠親房に協力していたが、この書状の翌年の興国二年頃から次第に曖昧な態度を取るようになり、結局、興国四年八月に幕府に帰順してしまった。

正平元年（一三四六）十一月には、肥後の阿蘇大宮司宇治惟時《うじこれとき》に対して「戦場で忠節を尽くせば本領安堵や恩賞は間違いないという後村上天皇の綸旨が下されました。幕府討伐について、他のことは考えずひたすら策略をめぐらしてください。元弘以来のあなたの功績が途絶えるのは残念だと思っておりましたが、今回の沙汰（本領安堵と新恩の約束）は私の本意でもあります。早く人一倍の忠節を励んでください」と南朝方として戦うよう要請している（「阿蘇文書」）。宇治惟時も南朝と幕府との間で複雑な動きをみせた人物で、この書状が出された当時は幕府方として活動していた。南朝は肥後に勢力を誇る阿蘇大宮司家を味方に引き入れるために、粘り強く惟時と交渉していたのである。

結城親朝や宇治惟時に限らず、当時の武士にとっては本領をはじめ自己の権益確保が最優先であり、南朝・幕府いずれに与しても一方からは攻撃を受ける以上、より優勢な側や好条件を提示した側に所属しようとするのは当然の判断である。右に例示した隆資の書状からは、そうした地方の武士たちを南朝につなぎとめるために苦心していた様子が読み取れる。

また、隆資は前線へ出て指揮官としても活動した。正平三年の四条畷の戦いでは、楠木正行を支援するために和泉・紀伊の野伏《のぶせり》二万人を率いて飯盛山に向かい、幕府軍に対する陽動を成功させ、正行戦死後に高師直率いる幕府軍が吉野へ迫ると、後村上天皇を無事に賀名生へ避難させた（『太平記』第二十六巻）。

後村上天皇のもとで、隆資は文字通り軍政両面にわたる働きをしていたといえよう。

男山八幡の戦いでの奮戦

南北朝内乱初期から戦局を有利に進めていた室町幕府では、政務を主導する足利直義と、尊氏の執事高師直との対立が顕在化し、観応元年（一三五〇）に観応の擾乱が発生した。直義は南朝と講和して師直を討つが、その後尊氏の嫡男義詮と対立し、京都を出て鎌倉に入った。これに対して尊氏は正平六年（一三五一）十月に南朝との講和を成立させ（正平一統）、京都を義詮に任せて出陣し、正平七年正月に直義を破って鎌倉を占領、直義は翌二月に死去した。

正平一統が成立すると、北朝の崇光《すこう》天皇と東宮直仁《なおひと》親王が廃され、北朝が所持していた三種の神器も南朝に接収された。十一月八日には「京都事」を沙汰するために隆資と洞院実世が上洛しているので（『園太暦』正平六年十一月八日条）、正平一統にもとづく実務の処理は両者が中心となっておこなっていたのだろう。

しかし、この一統は南朝側から破棄することになる。後村上天皇は正平七年二月二十六日に賀名生を出発し、同二十八日に河内の住吉に到着、閏二月十九日には八幡に入った。そして閏二月二十日、北畠顕能《あきよし》・楠木正儀・千種顕経《あきつね》ら南朝軍は尊氏不在の京都を急襲して義詮を近江へと敗走させ、翌日には北朝の三上皇（光厳・光明・崇光上皇）と廃太子直仁親王を八幡に連れ去った。こうして南朝は十六年ぶりに京都占領を果たしたが、義詮もすぐに態勢を整え、翌三月十五日に京都を奪還し、後村上天皇の籠もる男山を包囲した。

男山八幡の戦いは南北朝時代屈指の激戦で、八幡および宇治・山崎で両軍の攻防が一ヶ月半にわたって続いた。三月二十七日には宇治から八幡に攻め込んだ赤松則祐《あかまつそくゆう》・土岐頼康《ときよりやす》の軍勢が男山の南東にあたる大住山《おおすみやま》・荒坂山《あらさかやま》・洞ヶ峠《ほらがとうげ》周辺で楠木正儀らと激しく戦い、土岐頼康の弟が討ち死にするなど幕府軍に多くの死傷者が出た。また、四月二十一日には山名時氏《やまなときうじ》が八幡に向かう途中で南朝方の野伏の攻撃を受け、数十人が討ち取られている。

戦線を縮小させつつも頑強に戦う南朝軍に対し、幕府軍は兵粮攻めを実施した。ところが、四月半ばに南朝軍が兵粮の搬入に成功したため、幕府軍は作戦を変更して四月二十五日に男山へ総攻撃をかけた。この戦いで幕府軍は大敗を喫し、総大将細川顕氏が負傷したほか多数の馬や武具を南朝軍に奪われて退却したが、南朝軍も男山山麓を焼き払われて山上へと追い詰められている。この日、隆資は宇治惟時に「所領安堵については、今は合戦の最中なので落ち着いたら手続きを進めます」との書状を送っている（「阿蘇文書」）。これが現存する最後の隆資書状である。

五月に入ると、兵粮が尽きた南朝軍からは幕府軍への投降者が続出した。特に、北畠顕能が最も頼りにしていた熊野の湯河《ゆかわ》一族が幕府軍に投降すると南朝軍は戦意を喪失し、五月十一日子《ね》の刻に八幡から大和路方面へ撤退していった。隆資はこの撤退戦で男山の南東に布陣していた赤松則祐勢と戦い、討ち死にした。洞院公賢は日記に「四条一品《いっぽん》（隆資）は赤松勢に討ち取られて頸を取られた。随分と戦った末に討ち取られたのは気の毒なことだ」と記している（『園太暦』文和元年五月十三日条）。享年六十一であった。隆資はこのときの功により、正平十一年（一三五六）に左大臣を贈られている（『断絶諸家略伝』）。

武士に対する理解

隆資に関する史料は断片的なものが多いが、『太平記』に記された次のエピソードは彼の人柄を知る手がかりを与えてくれる。

興国二年（一三四一）、越前・美濃で敗れて吉野へ参じた脇屋義助《わきやよしすけ》に対し、後村上天皇はその忠節を喜び、義助の位階を進め、一族や麾下の将士にも恩賞を与えた。このとき、洞院実世は「義助は越前・美濃を追われて吉野へ逃げ帰ってきた。それなのに天皇が義助をお褒めになり官位や恩賞をお与えなさるのは理解しがたい。まるで平維盛《これもり》が富士川の戦いで水鳥の羽音に驚いて逃げ帰ったのに、祖父の平清盛《きよもり》の計らいで昇進したのと同じだ」とあざ笑った。

これに対し隆資は、大将の命令を兵たちが重んじなければならないことを示した孫武《そんぶ》の故事（『史記』「孫子呉起列伝」）や、軍勢を派遣する場合は将軍に軍事に関する全権限を委ね、君主でさえ干渉してはならないという太公望《たいこうぼう》の言葉（『六韜《りくとう》』龍韜・立将篇）を引用し、「古来より、大将の権威を重んじてこそ敵を滅ぼし、国を治められます。にもかかわらず、後醍醐天皇は大将の推薦状がなくとも士卒が直接訴えてくると勅裁を下され、吉野にいるだけの者に軍用を支える北国の所領を望みどおりにお与えになりました。そのため、大将の権威は軽んじられ、兵たちは勝手気ままになり、義助は勝機を逃してしまいました。義助の戦い方がまずかったわけではなく、後醍醐天皇のご沙汰が誤っていたのです。後村上天皇はそれをご存知なので、義助の恩賞を厚くされたのは、戦に敗れた将軍たちが帰国した際に、秦の穆公が敗戦の責任は自身にあると詫び、将軍らに元の官位と俸禄を与え、引き続き忠節を尽くすよう労ったのと同じではないでしょうか」と反論し、実世をやりこめている（『太平記』第二十三巻）。

義助を弁護する言葉は、天皇と各地の南朝方との間を取り次ぎ、前線で戦う指揮官の苦悩や武士たちの要望、それに対する吉野の対応を最もよく知る立場にあった隆資ならではである。また、四条畷の戦いの直前には、後村上天皇への拝謁を請うた楠木正行の決意と忠義の心に涙を流す姿も描かれている（『太平記』第二十六巻）。むろん、『太平記』の描写をそのまま真実と捉えるわけにはいかないが、隆資が武士の心情に寄り添うことのできる誠実な人物であると、当時の人びとに認識されていたことがうかがえる。そのような人物であったからこそ、男山八幡での彼の奮戦は京都の人びとの心に強く印象づけられ、「健気な蟷螂」と重ね合わされたのではないだろうか。

（花田卓司）

【主要参考文献】（副題省略）

市沢哲「南北朝内乱期における天皇と諸勢力」（同『日本中世公家政治史の研究』校倉書房、二〇一一年、初出一九九六年）
亀田俊和『征夷大将軍・護良親王』（戎光祥出版、二〇一七年）
中井裕子「検非違使別当の人事からみる鎌倉後期の朝廷」（『日本史研究』五二八号、二〇〇六年）
永山愛「鎌倉幕府滅亡時における軍事編成」（『鎌倉遺文研究』四一号、二〇一八年）
西田友広『鎌倉幕府の検断と国制』（吉川弘文館、二〇一一年）
林屋辰三郎『内乱のなかの貴族』（吉川弘文館、二〇一五年、初出一九九一年）

平田俊春「四條隆資父子と吉野朝」（『防衛大学校紀要』二四輯、一九七二年）
三浦龍昭『征西将軍府の研究』（青史出版、二〇〇九年）
村田正志「南北朝と室町」（同『村田正志著作集　第三巻　続々南北朝史論』思文閣出版、一九八三年、初出一九六九年）
森茂暁『後醍醐天皇』（中央公論新社、二〇〇〇年）
森茂暁『南朝全史』（講談社、二〇〇五年）
八代国治「正平七年の男山八幡戦争」（同『国史叢説』吉川弘文館、一九二五年）

千種忠顕——六波羅を落とした官軍の総大将

短かった活躍期間

千種忠顕《ちぐさただあき》は、結城親光・楠木正成・名和長年らとともに「三木一草」と称された後醍醐天皇の寵臣である。彼は元弘の乱（元弘元年、一三三一）で隠岐に流された後醍醐天皇に付き従い、天皇の隠岐脱出後は軍勢を率いて六波羅探題攻めに尽力した。建武政権下では大国三ヶ国、所領数十ヶ所を得るなど栄達し、奢侈《しゃし》を尽くした生活ぶりが人びとの不評を買ったのはあまりにも有名である。

忠顕は恩顧を与えた家人たちに毎日のように酒宴を開いて馳走したので、宴会に列席する四位・五位の公家や侍は三百人を超えるほどだった。その酒肴や珍しい料理の費用は一度あたり一万銭でもまだ足りないだろう。また、数十間もの厩《うまや》には肥え太った立派な馬を五、六十頭も飼っていた。宴会が終わって興が乗ったときには数百騎を従えて内野《うちの》や北山《きたやま》のあたりに繰り出し、犬追物《いぬおうもの》や小鷹狩《こたかがり》をして日が暮れるまで遊んだ。忠顕の衣装は、豹《ひょう》や虎の皮で行縢《むかばき》（乗馬の際、腰から足にかけて覆いとした毛皮）を作り、金襴《きんらん》や纐纈《こうけつ》（絞り染めの布）を直垂《ひたたれ》に仕立てていた。「身分が低い者が貴人の服を着ることを僭上《せんじょう》という。身分をわきまえず驕り高ぶるのは国に害を及ぼす凶賊である」という孔子《こうし》の戒めを恥じないのは情けないことだ（『太平記』第十二巻）。

しかし、こうした羽振りの良いエピソードとは対照的に、忠顕は建武政権下でほとんど活動の痕跡がなく、建武三年（一三三六）正月に出家し、同年六月の京都合戦で戦死した。彼の活動が史料上確認できるのはわずか五年間ほどで、それも元弘三年（一三三三）の倒幕戦に集中しているのである。以下では彼の短い生涯を辿りつつ、その人物像を考えてみたい。

父から勘当される

千種忠顕は、村上源氏の久我《こが》家の庶流である六条《ろくじょう》家に生まれた。父は権中納言六条有忠《ありただ》で、兄に六条有光《ありみつ》がいる。

忠顕の祖父六条有房《ありふさ》は学才に優れ、大覚寺統の後宇多院の信任を得て従一位内大臣まで昇った。父の有忠も後宇多院のもとで昇進し、大覚寺統の後継者である邦良親王（後二条天皇の嫡男、後醍醐天皇の甥）に仕えた。正中の変（正中元年、一三二四）の後には、東宮邦良親王の即位を実現するために鎌倉に下向して幕府と交渉しており（『花園天皇宸記』元亨四年〈一三二四〉十月十三日条）、嘉暦元年（一三二六）に邦良親王が亡くなると、これを悲しんで出家している（『公卿補任』、『増鏡』第十四「春の別れ」）。

兄の有光は文保三年（一三一九）正月に「春宮当年御給」により正五位下に、正中三年（一三二六）正月にも「春宮当年御給」により従四位上に叙されている（『公卿補任』）。御給とは院・女院や東宮などが公家の位階昇進を推薦する権利のことで、文保三年・正中三年の東宮は邦良親王である。邦良親王の推薦で位階を昇進させているので、有光も父と同じく邦良親王に仕えていたことがわかる。

一方、忠顕については『伏見天皇宸記』正応三年（一二九〇）八月九日条に東宮権大進《ごんのだいしん》としてみえる「忠顕」を史料上の初見とみなし、当初は持明院統の東宮胤仁《たねひと》親王（のちの後伏見天皇）に仕えていたという説がある。しかし、この東宮権大進忠顕は、『実躬卿記《さねみきょうき》』正応三年二月十五日条・永仁三年（一二九五）四月十七日条に「春宮平権大進忠顕」・「春宮権大進平忠顕右衛門権佐」とあるように平姓である。村上源氏出身の千種忠顕が平姓であるはずはなく、父有忠は弘安四年（一二八一）生まれなので、年代的にみても『伏見天皇宸記』の忠顕は千種忠顕とは別人である。

忠顕の生年は不明だが、兄の有光が延慶三年（一三一〇）生まれなので、それ以後であろう。若い頃の忠顕は学問をおろそかにし、笠懸《かさがけ》や犬追物を好んで博奕《ばくえき》・淫乱にふけったため、父の有忠から勘当《かんどう》されたという（『太平記』第十二巻）。有忠から義絶《ぎぜつ》（親子関係を断つこと）されていたことは『花園天皇宸記』元弘二年（一三三二）三月八日条にも記されているので、事実とみてよい。だが、忠顕の不品行な振る舞いだけが義絶の原因ではなかったようだ。

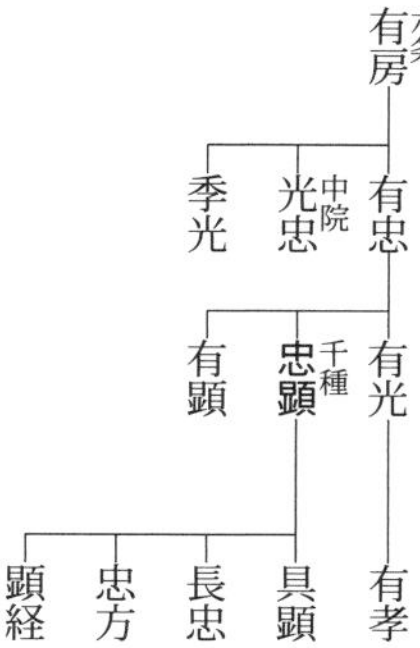

千種氏略系図

よく知られているように、後醍醐天皇は大覚寺統の嫡流である兄後二条天皇の急逝により、甥の邦良親王が成長するまでの「中継ぎ」として文保二年（一三一八）に即位した。しかし、「中継ぎ」の立場を脱して子孫に皇位を継承させることを目論んでいたため、邦良親王とは折り合いが悪かった（『花園天皇宸記』元亨四年六月二十五日条、『増鏡』第十四「春の別れ」）。邦良親王の即位を阻もうとする後醍醐天皇は、六条有忠・有光父子にとっても「政敵」というべき存在だったのである。にもかかわらず、忠顕が後醍醐天皇に仕えたことが有忠の怒りに触れ、義絶されたと考えられている〔三浦一九一九〕。

苦難に満ちた隠岐での配流生活

忠顕は正中元年（一三二四）以前に従五位下に叙され、正中元年十一月に従五位上、元徳二年（一三三〇）六月に左少将となった（『公卿補任』）。左少将任官の翌年に発生した元弘の乱以後、史料上に忠顕の活動が確認できるようになる。

元弘元年（一三三一）、倒幕計画が漏れ、後醍醐天皇は八月二十四日に笠置山へ向かい挙兵した（元弘の乱）。忠顕もこれに供奉したが笠置落城とともに捕らえられ、身柄は十月四日に六波羅に移された後、佐々木導誉《ささきどうよ》に預けられている（『花園天皇宸記』元弘元年十月四日条、「光明寺残篇」）。そして、翌元弘二年三月に後醍醐天皇の隠岐配流が決定すると、忠顕は世尊寺行房《せそんじゆきふさ》・阿野廉子《あのれんし》とともに隠岐に随行した（『花園天皇宸記』元弘二年三月七日条、『増鏡』第十六「久米のさら山」、『太平記』第四巻）。

隠岐への道中、美作の雲清寺《うんせいじ》（岡山県津山市）に滞在した際、忠顕は趣のある花の枝を折り、「かはらぬを形見となして咲く花の都はなほもしのばれぞする」と、京都を恋しく思う歌を後醍醐天皇に奏上した(『増鏡』第十六「久米のさら山」)。隠岐滞在中にも「みやこ思ふ夢ぢやいまのね覚までいく暁のへだてきぬらん」と、帰京を夢見る歌を残している(『新葉和歌集《しんようわかしゅう》』)。忠顕は当時十代後半から二十歳くらいだと思われるが、『太平記』に描かれるように奔放で派手好みの彼にとって、都から遠く離れた地での不自由な生活は、ことのほか窮屈に感じられたに違いない。

また、隠岐で後醍醐天皇が後夜の勤行をおこなった時、忠顕や世尊寺行房が仏前に供えるために樒《しきみ》の枝を折って参上する姿をみて、「公家の彼らがこんなことをいつの間に覚えたのか」と気の毒に思い、倒幕への思いをいよいよ強くしたという話がある(『増鏡』第十六「久米のさら山」)。苦難に満ちた隠岐生活に対する忠顕の鬱憤は、配流されてなお倒幕への執念を燃やす後醍醐天皇に対する一層の忠勤の原動力となったと考えられる。

元弘二年八月十九日、後醍醐天皇は、「心中の所願が速やかに成就すれば、根本薬師堂の造営を急いで成し遂げよう」と記した宸筆願文《しんぴつがんもん》を出雲の鰐淵寺《がくえんじ》(島根県出雲市)の僧頼源《らいげん》に与えている。ここでいう「所願」が鎌倉倒幕であることはいうまでもない。貞治五年(一三六六)の鰐淵寺文書目録によれば、この宸筆願文は頼源が隠岐国分寺御所に参上した折に、忠顕が斡旋して発給されたらしい(「鰐淵寺文書」)。頼源は元弘三年五月の六波羅探題攻略戦にも官軍として参戦したことが知られる(「鰐淵寺文書」)。早くも隠岐配流の直後から、彼のような幕府に不満を持つ勢力が後醍醐天皇に接近し、忠顕がこれを取り次いでいたのである。

官軍の総大将として六波羅を攻略

元弘三年（一三三三）閏二月、後醍醐天皇は隠岐からの脱出に成功し、伯耆の名和長年に迎えられて船上山《せんじょうさん》（鳥取県琴浦町）で挙兵した。忠顕は三月三日に従四位下に叙され（『公卿補任』）、同時に蔵人頭・左中将に任じられたとみられる（「伊達家文書」）。杵築《きつき》社神主に宛てた元弘三年三月十四日のいわゆる「王道再興《おうどうさいこう》の綸旨《りんじ》」は、忠顕が蔵人頭として発した最初の綸旨である（「出雲大社文書」）。

船上山には隠岐守護の佐々木清高《きよたか》以下の幕府軍が押し寄せたが、名和長年らの奮戦によってこれを撃退すると、出雲守護の塩冶高貞《えんやたかさだ》をはじめ近隣の武士たちが続々と後醍醐天皇のもとに馳せ参じた。一方この頃、播磨で挙兵した赤松円心《えんしん》は京都へ進軍したものの、六波羅探題軍の前に劣勢に陥っていた。この情報を得た後醍醐天皇は、忠顕を山陽・山陰両道の大将として京都へ派遣した。『太平記』は、「忠顕の軍勢は伯耆国を発つときは千余騎であったが、因幡・伯耆・美作・丹後・丹波・若狭の軍勢が馳せ加わって、ほどなく二十万七千余騎となった」と記す（『太平記』第八巻）。例によって二十万七千余騎という数は誇張だが、忠顕は京都攻撃に参加した但馬の伊達道西、出雲の日置政高《ひおきまさたか》、安芸の石井末忠《いしいすえただ》らが提出した軍忠状《ぐんちゅうじょう》に証判（戦功内容を確認したことを意味するサイン）を加え、安芸の熊谷直経《くまがいなおつね》に参戦を促すなど、山陽・山陰地方の武士を動員・指揮して京都へ進軍している（「伊達家文書」、「小野文書」、「芸藩通志田所文書」、「熊谷家文書」）。

伯耆から但馬を経て丹波に入った忠顕は、篠村で後醍醐天皇の皇子静尊《じょうそん》法親王と合流してこれを上将軍に戴き、四月二日に篠村を発って京都西山の峰堂《みねどう》（法花山寺）に本陣を据え、四月八日に京都を攻撃した（「伊達家文書」）。

四月八日の戦いは、『太平記』に詳細に描かれている。それによると、自軍の多さを頼み、功を焦った忠顕は、八幡や山崎に控える殿法印良忠《とののほういんりょうちゅう》・赤松円心らと連携せず単独で京都攻撃を敢行し、六波羅探題軍の反撃にあって多くの将兵を失ってしまう。峰堂に引き返した忠顕は児島高徳《こじまたかのり》を呼び出し、京都から離れて態勢を立て直すことを諮るが、高徳から「要害である峰堂に踏みとどまるべきだ」と叱咤され、いったんは撤退を思いとどまった。しかし、臆病風に吹かれた忠顕は敵の夜襲を恐れて、錦の御旗や鎧直垂まで打ち捨てて八幡に退却してしまう。これを知った高徳は「こんな臆病者を大将と頼んだのが失敗であった」「この大将は堀か崖にでも落ちて死んでしまわれたらよい」と忠顕を痛烈に非難し、捨てられた錦の御旗を回収して丹波へ撤退していった（『太平記』第八巻）。

このように、忠顕は大将としての資質を欠く人物として批判的に描かれているが、千種軍は大宮大路《おおみやおおじ》沿いに構築された六波羅軍の防衛線を突破して京中に進入するなど善戦しており、六波羅軍は増援を得てようやく千種軍を押し返している。また、忠顕が捨てた錦の御旗を高徳が回収したくだりも、元弘二年（一三三二）に護良親王が十津川《とつがわ》から高野山へ向かう途中で芋瀬庄司《いもせしょうじ》に奪われた錦の御旗を、親王の〝忠臣〟村上義光《むらかみよしてる》が奪い返した話と類似している（『太平記』第五巻）。忠顕の撤退をめぐる『太平記』

『前賢故実』に描かれた千種忠顕　国立国会図書館蔵

の記事は、〝忠臣〟児島高徳を強調するための潤色が多分に含まれていると思われる。

官軍と六波羅軍との均衡を破ったのは、六波羅への援軍として鎌倉から上洛してきた足利尊氏の官軍への寝返りであった。これにより戦局が官軍有利に傾きつつあった五月三日、後醍醐天皇は、官軍に参じて軍功を挙げた武士への恩賞や降伏した者への処置などを定めた「勅制軍法条々《ちょくせいぐんぽうじょうじょう》」を忠顕に下している（「光明寺残篇」）。倒幕後の戦後処理を見据えた軍法が忠顕に宛てて出されたのは、忠顕こそが官軍の総大将であったことを示している。

五月七日、篠村を発った足利軍は大江山《おおえやま》を越えて内野《うちの》から、忠顕率いる官軍は竹田・伏見から京都を攻撃した。六波羅館を包囲した忠顕は、全軍の将兵に「時間をかけて攻めていると、千早城攻撃中の幕府軍が我が軍を背後から攻撃してくるだろう。皆心を一つにして、短時間で攻め落とせ」と命令して攻め立て、六波羅探題北条仲時《なかとき》・時益《ときます》は東国を目指して落ちていった（『太平記』第九巻）。官軍の勝利を決定づけたのは尊氏の寝返りであったが、六波羅館を陥落させる殊勲を挙げたのは忠顕だったのである。

建武政権下での栄達と活動の停滞

後醍醐天皇は元弘三年（一三三三）六月五日に二条富小路内裏《にじょうとみのこうじだいり》に還御し、建武の新政が開始される。忠顕は八月五日の論功行賞で正四位下に叙され、九月十日に従三位となって弾正大弼《だんじょうだいひつ》に任じられ、十一月八日に参議に進んだ（『公卿補任』）。なお、兄の有光は元弘元年の後醍醐天皇挙兵後に即位した光厳天皇のもとで従三位に叙されていたが、後醍醐天皇が光厳天皇の在位と元弘の乱後の官位昇進を否定したため、有光の位階はいったん正四位下に戻された。これにより、忠顕の席次は有光よりも上になっている。

また、忠顕は知行国として佐渡・丹波・但馬の三ヶ国を与えられたと推定されており（吉井一九九三）、所領の全貌は不明ながら、日向国新納院《にいろいん》と救仁郷《くにごう》が忠顕に与えられたことが確認できる（「島津家文書」、「薩藩旧記」）。

建武政権下の忠顕は、引き続き蔵人頭として後醍醐天皇の綸旨を発給している（『園太暦』観応二年十一月二十六日条、「久我家文書」、「極楽寺文書」、「金沢文庫文書」、「小早川家文書」、「大徳寺文書」、「三浦和田家文書」）。綸旨の奉者としての活動は九月十日に蔵人頭を去ったことで終了し、代わって同時期に新設された所領関係の訴訟機関である雑訴決断所の職員となった。このときの雑訴決断所は四番制で、忠顕は山陰道・山陽道を担当する三番に配属されている。

ところが、建武元年（一三三四）に雑訴決断所が八番制に拡充されると、結城親光や楠木正成が継続して職員に名を連ね、名和長年が新たに加えられたのに対し、忠顕の名はみえなくなる。また、結城親光は窪所《くぼどころ》と恩賞方、楠木正成と名和長年は記録所・恩賞方・武者所に登用されたが、これらの重要機関にも忠顕は参加していない。建武元年以後、忠顕の活動はほとんど見いだせなくなるのである。

倒幕戦で官軍の総大将を務め、建武政権下で昇進を遂げた忠顕の活動が低調になったのは、行政的手腕の欠如が原因であろう。先述のように、忠顕は若年の頃から学問を嗜まずに遊興にふけっていたと『太平記』は記す。「モルル人ナキ決断所」（「二条河原落書」）とまで揶揄された雑訴決断所からも漏れたのは、彼の行政的手腕に疑問符が付いたためと考えられる。軍事面でも倒幕戦当時とは事情が大きく異なり、建武政権には足利尊氏や新田義貞を筆頭に錚々たる武将が揃っていた。生粋の武士ではなく、飛び抜けた軍事的才能があるわけでもない忠顕が活躍できる場は、建武政権内にはなかったのである。

雲母坂での忠顕の最期

忠顕が再び活躍する機会は、建武二年（一三三五）に足利尊氏が建武政権から離脱したことによって訪れた。尊氏討伐のため鎌倉に派遣された新田義貞を撃退し、上洛を開始した足利軍は、勢多《せた》（大津市）に足利直義と高師泰《こうのもろやす》を、淀に畠山高国《はたけやまたかくに》を、芋洗に吉見頼隆《よしみよりたか》を配置し、尊氏は宇治から京都をうかがった。対する官軍は、勢多に忠顕・結城親光・名和長年、宇治に楠木正成、山崎に脇屋義助らを配置し、新田義貞は大渡に陣を取って防衛体制を整えた（『梅松論』、『太平記』第十四巻）。

勢多は古来より京都防衛の最重要地点である。活躍の場を失っていた忠顕は、そのような重要地点を任されたことに勇躍して奮戦したのであろう、勢多では建武三年正月一日から十日間にわたって連日戦いが繰り広げられた（「天野文書」）。しかし、結局は足利軍の突破を許し、山崎・大渡方面の官軍も敗れたため、後醍醐天皇は比叡山へ避難した（『梅松論』、「三刀屋文書」）。『公卿補任』は忠顕が建武三年正月に出家したと記すが、これは敗戦の責任をとったものと思われる。

その後、尊氏は奥州から遠征してきた北畠顕家を加えた官軍に敗北して九州へ下向するが、持明院統の光厳院から院宣を得て勢力を挽回した。五月に湊川で楠木正成が敗死すると後醍醐天皇は再び比叡山へ避難し、尊氏は六月に再入京を果たす。六月五日、直義が指揮する足利軍は西坂本から比叡山を攻め、忠顕は雲母坂《きららざか》（京都市左京区）で防戦にあたった（『梅松論』）。『太平記』第十七巻は、忠顕の最期を次のように描く。

足利軍は三石・松尾・水飲の三手に分かれて、二十万騎が太刀や長刀の切っ先を揃え、矢を防ぐために鎧の左袖をかざして「えい、えい」とかけ声を出しながら雲母坂を登った。官軍の一番手として、尊良親王が副将軍と頼りにする千種忠顕・坊門雅忠《まさただ》が三百騎余りで防戦したが、松尾から攻め上る足利軍に背後をとられ、忠顕は残念なことに死力を尽くして戦ったが一人も残らず討ち取られてしまった。忠節は比類なく、恩賞も抽んでていて天皇も深く頼りにしていたので、一命を軽んじて戦死してしまったのは気の毒なことだ。

忠顕に批判的な『太平記』も、彼の後醍醐天皇に対する忠義と天皇からの信頼の厚さは認めている点は見逃せない。先に雲清寺で花の枝を折って後醍醐天皇に和歌を奏上したエピソードを紹介したが、忠顕は護送役の小山五郎左衛門尉という幕府御家人にも同じ花の枝を渡し、「辛い旅のなかでもあなたの厚情をうれしく思う」という意味の和歌を詠んでいる。ここからは恩を素直に感謝し、それに報いようとする義理堅さがうかがえる。大覚寺統の「傍流」であるがゆえに自身に尽くしてくれる側近が少なかった後醍醐天皇は、忠顕のそのような性質を愛したのだろう。

本項冒頭に示した『太平記』の描写から、忠顕には後醍醐天皇の寵を誇る驕慢なイメージがつきまとう。庶子に生まれて気ままに育った忠顕は、父に疎まれて義絶され、隠岐で苦難の日々を送った。だが、その後は官軍の総大将として六波羅攻略の殊勲を挙げ、建武政権で兄を超える地位と栄華を手にした。二十歳ほどの青年がこれほど起伏の激しい人生を歩んだのであるから、得意のあまり調子に乗りすぎた面もあったに違いない。しかし、彼の義理堅い一面を思うと、享楽的な生活は、天皇の信任に応えたいと思いながらもその機会と才覚がない葛藤や苦悩からの逃避行動でもあったのかもしれない。

（花田卓司）

【主要参考文献】（副題省略）
佐藤進一『日本の歴史９　南北朝の動乱』（中央公論社、一九六五年）

三浦周行「千種忠顕卿」(『歴史と地理』四巻二号、一九一九年)
森茂暁『太平記の群像』(角川書店、一九九一年)
森茂暁『後醍醐天皇』(中央公論新社、二〇〇〇年)
吉井功兒『建武政権期の国司と守護』(近代文藝社、一九九三年)

名和長年――三木一草最後の生き残り

謎多き三木一草

名和長年《なわながとし》は、いわずと知れた「三木一草《さんぼくいっそう》」（楠木正成、結城親光、名和伯耆守長年、千種忠顕）と称される後醍醐天皇の寵臣の一人である。歴史の表舞台での活躍は、元弘三年（正慶二、一三三三）閏二月に配流先の隠岐を脱出した後醍醐を伯耆国の船上山《せんじょうさん》（鳥取県琴浦町）に迎えて倒幕に協力し、建武政権で重用されてから延元元年（建武三、一三三六）六月三十日に足利尊氏の軍勢と京都で戦って討ち死にするまでの、わずか三年にすぎない。

しかし、そのわずか三年の間に長年は、帆掛船《ほかけぶね》を描いた笠験《かさじるし》や母衣《ほろ》を模したような奇妙な花押を用い、特異な烏帽子《えぼし》の折り様を「伯耆様《ほうきよう》」（長年が伯耆守だったことにちなむ）と珍しがられたり、その活躍が『太平記』に克明に記されたりと、個性派揃いの建武政権期の面々の中でも独特の存在感を放っている。

その一方で、「三木一草」の一人の楠木正成と同じく、関係史料が極めて乏しいため、出自や実態については謎につつまれている。長年の発給文書も数えるほどであり、建武政権での立ち位置やその実像について検討するには、やはり『太平記』などの二次史料に頼らざるをえない。

また、長年も例に漏れず正成たちと同様に、後醍醐の「忠臣」と捉える見方がいまだに根強いが、本項ではそれらの限られた史料に基づいて、従来の「忠臣」像に囚われない長年像を追究してみたい。

長年の出自と実像

長年は本名を長高《ながたか》といい、村上源氏《むらかみげんじ》の後裔で伯耆国長田荘（鳥取県南部町）の長田行高《ゆきたか》の子とされるが、詳細はわからない。同国名和荘（同大山町）を本拠とした商業に携わる武士というのが古くからの理解である。

名和長年の笠験　佐藤進一『南北朝の動乱』（中公文庫）より転載

とりわけ、後醍醐天皇自らが書き与えたと伝えられる、長年の用いた帆掛船の笠験は、海上における商業活動との繋がりにちなんだものであることが想定されている〔佐藤一九六五〕。

長年について語る南北朝期の諸書にも、「その身さして名ある武士にては候はねども、家富貴し、一族広くして」（『太平記』第七巻）や、「福《ふく》祐《ゆう》の仁候、一処におひて討死仕べき親類の一二百人も候はん」（『梅松論』上）などとあり、長年が富裕な存在として一族も繁茂していた様子が知られる。また、後世では鰯売りの商人だったと伝承されるように（『蔗《しゃ》軒日録《けんにちろく》』）、海との繋がり、特に日本海の廻船に携わるような武士として、

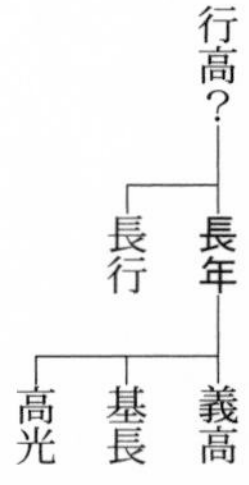

名和氏略系図

富を蓄えた人物であったとみて間違いない。

長年に転機が訪れたのは、元弘三年（一三三三）閏二月のことである。

『太平記』『梅松論』ともに、隠岐を逃れて伯耆の名和にたどり着いた後醍醐とその一行が長年の存在を知り、彼に協力を求めたところ、長年は申し出を受け入れ自身の館を焼き払い、船上山へと後醍醐を迎え入れて籠城し、追手の隠岐守護佐々木《ささき》清高《きよたか》の軍勢を却けたことを記す。

『太平記』には、その間に長年が輿《こし》の用意もないため、自ら後醍醐を背負って船上山へ送り届けたことや、船上山への兵粮の搬入に際して、近隣の民家に「倉の内にある米穀一荷持ち運びたらん者」に銭五百文を与えると触れ回り、一日の内に五千石ほどを集めた話、家中の財宝をことごとく民百姓に与えた話が載っており（『太平記』第七巻）、長年と後醍醐との繋がりや、長年の富裕さと度量の広さが強調されている。

その後、山陰・山陽道の武士たちが後醍醐の味方に参り、後醍醐は同年五月の足利尊氏による六波羅陥落、新田義貞による鎌倉幕府滅亡までを当地で過ごす。そして、長年は帰京する後醍醐に供奉し、建武政権下で取り立てられることになるのである。

後醍醐からの破格の朝恩

このように長年は、隠岐脱出から、念願であった幕府滅亡までという後醍醐の命運を左右する重要な時期に後醍醐を支え続けた。もし、後醍醐が隠岐脱出後に再び捕らえられることになっていれば、尊氏・義貞の決起も実現しなかったかもしれず、その後の歴史もどうなっていたかはわからない。そうした意味で、長年は後醍醐にとって大恩人であったといえるのである。

それゆえ、建武政権において長年に与えられた恩賞は破格といっても過言ではない。『太平記』には、因幡・伯耆の二ヶ国を与えられたとあるが（『太平記』第十二巻）、すでに伯耆で後醍醐から従四位下に叙されて伯耆守に任じられていたようであり（「名和系図」）、因幡は建武政権開始後に付与されたのであろう。

また、雑訴決断所・記録所・恩賞方・武者所の職員にも名を連ねており、役職のうえで楠木正成とまったく同じであった〔森一九九一〕。しかし、建武政権での正成と長年の立場の間には差違があった。長年が無位から従四位下に叙されたのに対して、同じく無位であった正成は従五位下にすぎなかった。

特に長年は、建武元年（一三三四）九月から同二年正月までの間に、東市正《ひがしいちのかみ》に任じられていた。これは、平安京の商業を管理するものであり、前代以来、検非違使《けびいし》を勤める中原《なかはら》氏が家職《かしょく》として世襲してきた。この官職にともなう収益は莫大なものだったと考えられ、後醍醐は寵臣たる長年に、従来の検非違使に取って代わる京中警備に関する独自の権限を与えて商業を統制し、自身の自由な支配を実現しようとしたとみられている〔佐藤一九八三〕。

長年が同職に選ばれたのは、彼が商業に精通していたことも関係していたであろうが、後醍醐にとって隠岐脱出後の窮地を直接支えてくれたという、恩義に報いる意味もあったのではないか。こうした点にこそ、長年が彼と同様に後醍醐から破格の待遇を受けた正成よりも、さらに厚遇された立場にあったことを読み取ることができる。

いずれにせよ、『梅松論』が、長年や正成たちを後醍醐の「朝恩に誇る事、傍若無人ともいいつべし」と批判したように、後醍醐からの引き立てを受けて異例の出世を遂げた彼らは良くも悪くも注目される存在だったのである。

後醍醐天皇の親衛隊長

長年は、「三木一草」の正成・結城親光と並んで、後醍醐の親衛隊長とも評されるように、その爪牙として軍事・警察活動も担っていた。建武元年（一三三四）に筑紫・河内・伊予等で北条氏の残党が起こした反乱の調伏のために、内裏で「天下安鎮《てんかあんちん》の法《ほう》」が修された際、正成・佐々木高貞・親光・長年が内裏の四方の門の警固にあたったと『太平記』に記されるのは、まさに象徴的なエピソードである（『太平記』第十二巻。『太平記』は元弘三年〈一三三三〉のこととする）。

長年の実際の軍事・警察活動が最も早くに確認できるのは、元弘三年八月十三日に鞍馬寺《くらまでら》に対して、京内の反乱者が同寺方面に没落した際の召し捕りを命じたことである（「鞍馬寺文書」）。これがいかなる職権に基づくものだったかは判然としないが、前記した東市正の職務にともなう京中の警備の一環だった可能性もある。

一方、罪人の追捕など、武者所としての勤めも果たしている。建武元年十月二十二日、前年より足利尊氏の暗殺を企てていた護良親王は、清涼殿《せいりょうでん》での詩会《しかい》のために参内した際、逮捕され、武者所に拘禁された（『梅松論』上）。『太平記』はこのとき護良を捕らえたのは、後醍醐の命令をうけた長年と親光だったとする（『太平記』第十三巻）。

なお、『梅松論』は護良・新田義貞・正成および長年らは、後醍醐の密命により尊氏を暗殺しようとしていたとするが、後醍醐が黒幕であった可能性については否定されている〔亀田二〇一七〕。

護良の逮捕や尊氏の暗殺未遂のいずれも史実かどうかは別にしても、長年らが後醍醐の命令を忠実に実行する存在と誰もが理解していたことは間違いない。

また、建武二年六月には、北条時行ら、鎌倉幕府最後の得宗高時の縁者による大規模な反乱計画が発覚し、それに加担していた現役の公卿西園寺公宗《さいおんじきんむね》が後醍醐の暗殺を謀ったことで、公宗とその与同者が逮捕されるという事件が起こった〔亀田二〇一四〕。

公宗は武者所の楠木正成・高師直《こうのもろなお》に捕縛され、出雲への流罪に処されることになったが、八月に京都で処刑されてしまった。この処刑について『神皇正統記』は、「うけたまはりおこなふ輩」（奉行の輩）の「あやまり」、すなわち公宗の身柄をあずかっていた者が誤って殺害したものだったとする（『神皇正統記』下)。

この間の経緯は『太平記』に詳しく描かれており、中院定平《なかのいんさだひら》のもとに身柄を預けられていた公宗は、長年に引き渡されたのちに出雲へと流されることに決定し、定平から長年の用意した輿に乗せられる際、長年が定平の「早く(乗せよ)」という言葉を「早く殺せ」と勘違いして、公宗の首を掻き落としたというのである(『太平記』第十三巻)。

『神皇正統記』にあった奉行の輩とは、長年であったとみてよかろう。だが、はたして長年は本当に誤って公宗を殺害したのであろうか。この事件こそ、実際に後醍醐の意をうけて、もしくは長年自身が後醍醐に忖度して公宗を葬ったというのが真相だったのではないか。伯耆での長年と後醍醐との結びつきや、後醍醐の長年に対する一連の信頼とそれに応えるような長年の行動をふまえると、三木一草の中で最も後醍醐に忠実だったのは長年だったといえるのである。

京都をめぐる足利尊氏との戦い

長年は、建武二年(一三三五)七月に起こった北条時行の反乱(中先代の乱)を鎮圧して以降、建武政権から離反した足利尊氏の対処にもあたっている。建武三年正月一日、前月に新田義貞を箱根竹下で破り、京都に迫る尊氏軍を防ぐため、長年は近江の瀬田(大津市)で千種忠顕・結城親光とともに布陣し、そこへ攻め寄せた足利直義・高師直と交戦する(『梅松論』など)。

『太平記』では、出雲・因幡・伯耆の軍勢二千騎を率いて瀬田を守っていたが、山崎（京都府大山崎町）・大渡（同大山崎町・八幡市の間）の官軍が敗れたため、後醍醐天皇が東坂本（大津市）へ逃れたという報せを得て、正月十日に内裏へと撤退する。京・白河に打ち入った四国・西国の軍勢の追撃をうけながら、内裏へとたどり着いた長年は、すでに後醍醐が逃れて賊徒によって荒らされたあとを見てひとり涙し、内裏が敵に踏みにじられるよりはと考えて火を放ち東坂本へと落ちていく（『太平記』第十四巻）。

これは、『太平記』諸本の中でも古態本（西源院本《さいげんいんぼん》）の描写であり、流布本では内裏に火を懸けたのは、四国・西国の兵となっている。火を付けたのが長年だったか四国・西国の兵だったかは措くとして、このとき実際に内裏は焼亡しており、公卿・殿上人以下、結城親光・楠木正成・長年の邸宅までも灰燼に帰したという（『梅松論』上）。

ここで焼亡した内裏は、鎌倉期以来用いられてきた二条富小路内裏《にじょうとみのこうじ》（京都市中京区）であったが、注目すべきは長年たちの宿所もそこに近接していたことである。すなわち、長年ら三木一草の面々は、日常的に後醍醐に奉仕する存在として位置づけられていたことを示しており、まさに親衛隊長と呼ぶにふわさしい。

この後、三木一草のうち結城親光は戦死するも、長年は同年正月二十七日に正成と親光の父宗広、そして新田義貞・北畠顕家らとともに京内へと攻め入り、加茂河原《かもがわら》・糺河原《ただすがわら》一帯等での合戦で尊氏軍を撃破する（『太平記』第十五巻、「三刀屋文書」など）。

京都を追われた尊氏は、丹波・摂津を経て九州へと落ち延び、そこで再起を果たして東上し、五月には兵庫の湊川合戦で正成を敗死させると、六月に再び上洛する。尊氏軍の入京は長年にとっての最期となるのだが、ひとまず、彼がその生涯を閉じる前に、もう少し彼の建武政権下での位置を別の角度から検証しておこう。

西国奉行に任じられた可能性

長年の発給文書は前記した元弘三年（一三三三）八月のものを含めても数点しか現存していない。それらの多くは、建武二年（一三三五）四月に管国である因幡の新興寺《しんこうじ》（鳥取県八頭町）に対して出した甲《こう》乙人《おつにん》の乱暴狼藉《らんぼうろうぜき》・殺生禁断《せっしょうきんだん》を命じたもの（「新興寺文書」）を除くと、国司・守護としての管国以外の国々に宛てて出された文書である。

具体的には、建武二年二月に備中国の朝敵の誅伐を同国の武士庄四郎入道《しょうしろうにゅうどう》に命じた軍勢催促状（「『筆陣』所収文書」）や、同年九月二十五日に中先代の乱の鎮圧後も後醍醐の帰京命令に応じない足利尊氏・直義兄弟の誅伐を出雲の諸所に命じた文書（「忌部総社大宮神宮寺秘事記」「土屋家古記録」）、建武三年二月三日に播磨の近江寺《きんこうじ》衆徒に、同じく九日に出雲の鰐淵寺《がくえんじ》南院衆徒に宛てて、尊氏・直義および朝敵人の誅伐を命じた軍勢催促状（「近江寺文書」「鰐淵寺文書」）、同年正月から二月にかけての京都一帯での尊氏軍との合戦で長年軍に従軍した出雲の三刀屋輔景《みとやすけかげ》の軍忠状への証判（「三刀屋文書」）などである。

後醍醐から恩賞として与えられた因幡・伯耆に隣接する播磨・出雲への文書発給については、森茂暁氏が長年は両国にまで「一定度の支配権を及ぼしていた様子がうかがえる」としている〔森一九九一〕。また、備中については吉井功児氏が、建武三年二月に長年が庄八郎入道に宛てて出した軍勢催促状（「保阪潤治氏旧蔵文書」）から、建武二年の冬以降に長年が同国の守護に新任されたと推測している〔吉井一九九三〕。しかし、前述の建武二年二月の庄四郎入道に出された軍勢催促状によってもう少し時期を遡れる可能性もある。

さらに吉井氏は、出雲についても、長年が同国の諸所に軍勢催促状を発給した建武二年九月段階では、本来の国司・守護であった塩冶《えんや》（佐々木）高貞《たかさだ》が後醍醐方であり、高貞がそれらを失職していないため、長年がいかなる権限で軍勢催促状を発したのかは不明とし、高貞が同年十二月に足利方に寝返って以降、長年が国司・守護に任ぜられたとする。その点は、建武三年正月の尊氏軍の上洛の際、長年が因幡・伯耆に加えて出雲の兵も添えられたという『太平記』の記述とも符合する。

だが、吉井氏が不明とした建武二年九月段階での長年の権限が、国司あるいは守護としてのそれではなかったとしたら、いかなるものが想定できるであろうか。その手がかりとなるのが、正平二十一年（貞治五、一三六六）三月二十一日に、鰐淵寺の僧頼源《らいげん》が作成した同寺の文書目録に記載された、長年の軍勢催促状の説明である（「鰐淵寺文書」）。

そこには、前記した建武三年二月九日に同寺南院衆徒に宛てた長年の軍勢催促状が、長年が「西国奉行之時」に成されたものだとある。この「西国奉行」がいかなる職務であり、具体的にどのような権限を有するものであったのか、他に所見がないため詳細はわからず、鰐淵寺だけの長年に対する認識かもしれない。

ただし、もしそれが森氏の指摘のように、因幡・伯耆に隣接する出雲・播磨にまで及ぶ広域な地域を支配する職権だったと考えれば、逆に明確な国司・守護の就任状況が不透明な備中についても説明がつく。すなわち、長年は後醍醐から山陰と山陽の一部の国々に対する軍事指揮権など、特定の権限を与えられていたと推測されよう。

むろん、播磨が新田義貞の管国であったことや、義貞および弟の脇屋義助が建武二年冬以降に備前・備中・備後・美作等に軍事指揮権を有していたこと〔吉井一九九三〕、備中での長年発給文書には厳密な検討が必要なこと（前記「『筆陳』所収文書」と「保阪潤治氏所蔵文書」は宛所と年次が異なるだけであり検討を要すると考える）などをふまえると、「西国奉行」という文言に引きずられて、『太平記』にさえ所見を得られない職務の実在を判断するのは危険である。

それでも、たびたびみてきたような三木一草の中での他の面々とは異なる長年の立場、および後醍醐と長年との関係からすれば、後醍醐が長年に絶大な信頼を抱き、「西国奉行」のような特別な権限を与えていたとしても何ら不思議ではない。早ければ長年は尊氏の討伐を出雲一帯に命じた建武二年九月頃にはそうした権限を得ており、後醍醐から尊氏がいなくなった建武政権を支える役割を期待されたとみられよう。

しかし、長年はその権限を活かして後醍醐の期待に応えることはできなかった。

京都内野で散る

延元元年（建武三、一三三六）五月二十五日、足利尊氏・直義兄弟の軍勢が摂津の湊川で新田義貞を敗走させ楠木正成を破ると、同二十七日に後醍醐天皇は比叡山へと逃れた。尊氏らは翌六月に京都へと入り、五日に直義が叡山を攻めて、長年と後醍醐の隠岐脱出以来の三木一草のメンバーであった千種忠顕を雲母坂で討ち取った。長年もこの戦いに参加しており、一族の杵築太郎《きつきたろう》を失っている（「平賀家文書」）。

こうして三木一草の最後の一人となった長年は、六月三十日に新田義貞らと京都の足利軍に総攻撃を仕掛けて大内裏跡の内野《うちの》で激戦となり、三条猪熊《さんじょういのくま》辺りで豊前国の住人草野左近将監《くさのさこんしょうげん》に討ち取られた（『梅松論』下）。

この合戦を七月十三日のこととする『太平記』は、長年が叡山を出撃して近江の白居（大津市）を通り過ぎたとき、女童部《めわらべ》らが長年を見て「この比、天下に結城、伯耆、楠、千種頭中将とて、三木一草と云はれて、あくまで朝恩に誇りたる人々なりしが、三人は討死して、伯耆守一人残りたる事よ」と囁き合うのを聞いて、「自分が今まで討ち死にしないのを世の人々が不甲斐ないと言っているからこそ、女・子供までかように言うのであろう。今日の合戦で味方が負けるようなことがあっても、自分だけでもそ

名和長年戦死地の碑　京都市上京区

の場にとどまって討ち死にしてやろう」と独り言をつぶやき、最後の合戦と覚悟を決めて戦場へ向かったとする（『太平記』第十七巻）。

長年が内野の合戦に際して、死を覚悟していたかどうかは知る由もない。ましてや、自身が「三木一草」というグループの一員の、最後の一人だと認識していたとも思えない。長年の念頭にあったのはこれまでと同じように、後醍醐の忠実な手足としてその敵対者たちを却けることの一点だったのではなかろうか。長年の一連の後醍醐への奉仕は、後醍醐に対する「忠」というよりも、伯耆の片隅で埋もれるだけだった自分を、ここまで引き上げてくれた「恩」に報いるためだったのかもしれない。

ともあれ、長年は楠木正成・千種忠顕を失った後醍醐にとって最後の防波堤だったのであり、彼の死が後醍醐の尊氏への敗北を決定付けることになったのは確かである。

ちなみに長年亡きあと、名和一族は南朝に仕えており、それらの活躍は『太平記』に散見するも、嫡男の義高は延元三年（建武五、一三三八）五月二十二日に和泉堺一帯での高師直軍と北畠顕家軍との合戦で討ち死にする（「名和系図」）。

この義高は、後醍醐天皇から肥後国八代《やつしろ》荘を賜っていたようであり（「名和家文書」）、そのためか、延元四年〔暦応二〕には長年の嫡孫顕興《あきおき》が一族を率いて同地へと下向して征西将軍懐良親王《せいせいしょうぐんかねよししんのう》に従い、近世にはその子孫が柳川藩士となり、明治の名和長恭の代に華族に列せられる〔松田二〇一五〕。

このように、伯耆の一土豪として終わったかもしれない名和氏の歴史は、長年と後醍醐との伯耆での邂逅に始まり、その後も五百年以上にわたって連綿と続くことになったのである。

（生駒孝臣）

【主要参考文献】
亀田俊和『南朝の真実』（吉川弘文館、二〇一四年）
亀田俊和『征夷大将軍・護良親王』（戎光祥出版、二〇一七年）
佐藤進一『日本の歴史9　南北朝の動乱』（中央公論新社、二〇〇五年。初出一九六五年）
佐藤進一『日本の中世国家』（岩波書店、二〇二〇年。初出一九八三年）
平泉澄『名和世家』（日本文化研究所、一九五四年）
鳥取県立公文書館・県史編さん室編『新鳥取県史　資料編　古代中世1古文書編　上』（鳥取県、二〇一五年）
松田敬之『〈華族爵位〉請願人名辞典』（吉川弘文館、二〇一五年）
森茂暁『太平記の群像』（株式会社KADOKAWA、二〇一三年。初出一九九一年）
吉井功兒『建武政権期の国司と守護』（近代文藝社、一九九三年）

大内弘世——防長を支配した中国地方の重鎮

幕府から破格の厚遇

大内弘世《おおうちひろよ》こそ北朝の軍事的優位を決定づけた人物、と評しても過言ではない。『太平記』巻第三十九「大内介降参事《おおうちのすけこうさんのこと》」は次のように記す。

ここに大内介（弘世）は多年宮方にて周防・長門両国を打ち平らげて、恐れる方無く居たりけるが、如何思いけん、貞治三年の春のころより俄かに心変じて、此の間押さえて領知する処の両国を給わらば御方に参るべき由を、将軍羽林の方へ申しければ、西国静謐の基たるべしとて、やがて所望の国を恩補せらる。

現代語訳をすれば、「弘世は長年にわたって南朝側に立ち、周防（山口県東部）と長門（山口県西部）の二ヶ国を制圧し、恐れる者もいない状況だったが、何を思ったのであろうか、貞治三年（一三六四）の春ごろに突然の心変わりを起こし、これまで実力支配をしていた周防と長門の安堵を認めてもらえれば北朝方へ転じてもよいと、将軍足利義詮に伝えてきたところ、（義詮は弘世の帰順について）西国の平和の礎になるものだとして、願い出た周防・長門の二ヶ国をすぐに与えた」となるだろう。

本来ならば、領地は没収されていて然るべきである。『太平記』は「降参」と記したが、実のところは対等な形での交渉による和睦に近い〔佐藤一九六五〕。中国地方屈指の南朝勢力であった大内氏に対する、破格の厚遇と呼べよう。南北朝内乱の終結にはいまだ二十数年の月日を要するが、かかる弘世の帰参をはじめ、山陰地方に強固な支持基盤を有していた山名時氏の帰順を機に、北朝方軍事的優位の構図は固まった。「貞治改元の後より洛中・西国静かなり」とも『太平記』は説く。弘世のことを冒頭でかく評した所以である。

それだけのキーパーソンであったため、幕府による弘世の優遇は右にとどまらない。例えば、翌貞治四年六月、京都東寺の荘園であった周防国熊毛《くまげ》郡の美和《みわ》庄内兼行方《かねゆきがた》（山口県光市）について、大内氏が押領していると東寺側が訴え出た一件がある。対する大内氏側の反応だが、九州の戦乱が落ち着くまでは、周防国内の所領について一切を任せると将軍様のお墨付きを得たのだと、弘世配下の守護代（具体的に誰かは不明）が言い放ったという（『南北朝遺文　中国・四国編』〈以下『遺文』と略記〉三四〇〇号「東寺百合文書さ函二九号」）。これによると、幕府から周防国内所領の自由処分権を認められていたのだ。長門に関しても同様だった可能性は高い。

あくまで九州の政情が安定するまでという戦時下の限定条件ながらも、幕府は弘世へ国内所領支配に関する大幅な権限を与えたのである。また、同年十二月二十日付けで北朝から弘世に従五位上を叙されたことも（東京大学史料編纂所蔵「口宣綸旨院宣御教書案」）、弘世を懐柔するための一環と捉えられよう。

本国周防での勢力拡張

そのような大内弘世の生涯について、多くの秀でた先行研究に拠りながら概略をたどっていこう。弘世は、周防国の在庁官人《ざいちょうかんじん》である多々良《たたら》大内氏の嫡流であり、大内弘幸《ひろゆき》の子として生まれたが、生年はわかっていない。ただし、幼名は孫太郎と知られている。

南北朝内乱の余波は、もちろん大内氏にも及ぶ。建武三年（一三三六）に大内氏庶流の大内長弘《ながひろ》は、長門守護の厚東《ことう》氏とともにいち早く北朝方につき、嫡流に先んじて周防守護に補任された。同年二月以降、厚東武実《たけざね》とともにたびたび兵船を派遣し、南朝方によって京都を逐われた足利尊氏を支援している。この後しばらく嫡流の重弘《しげひろ》流（重弘―弘幸―弘世）は、庶流である長弘流の周防守護（長弘―弘直《ひろなお》）に従って雌伏していた〔平瀬二〇一七〕。なお、重弘流を惣領家とする従来の説は、系図類を除くと確かな根拠があるわけでなく、むしろ長弘流大内氏こそ惣領家であった可能性もあるが、いずれも決め手を欠く。また、通常この長弘流大内氏は、鷲頭《わしず》氏と呼ばれることが多い。だが、系図類を除けば鷲頭と他称されたことはなく、ましてや自称したこともなく、彼らの苗字は一貫して鷲頭ではなく大内であった〔和田二〇一三〕。よって、小稿でも鷲頭氏ではなく長弘流大内氏と呼びたい。

さて、観応の擾乱〔亀田二〇一七〕が始まって足利直冬《ただふゆ》（直義の養子）が実父の尊氏に反抗すると、重弘流・長弘流ともに大内氏は直冬方へつく。観応元年（一三五〇）十月頃、すでに重弘流の弘世（重弘の孫）が、長弘流の弘員《ひろかず》（長弘の子）と協同し、尊氏派の周防国守護代や、高師泰が派遣した代官山内彦次郎入道の軍勢と戦っている（『遺文』一九二一号「萩藩閥閲録九十九之二」）。大内氏が反北朝の立場を示す初見だ。

ところが文和元年（一三五二）九月までに、長弘流の弘直（弘員の兄弟）が室町幕府から周防守護とみなされるようになる〔佐藤一九八八〕。おそらくこの間に長弘は没し、跡を継いだ弘直が尊氏派に転じたのであろう〔真木二〇一一〕。かくして、尊氏派＝長弘流と反尊氏派（直冬派）＝重弘流に、大内氏内部で分かれたのだ。

直冬の養父である足利直義が急死した同年二月、すでに弘世は長弘流大内氏への攻撃を始めている。まず、周防国都濃郡の鷲頭荘（山口県下松市）に攻め寄せ、荘内の白坂山に布陣して合戦に及び、閏二月には同郡の高石垣（同下松市）に進攻、ついで熊毛郡の新屋河内・真尾（いずれも同光市）でも一戦を交えた（『遺文』二三三八号「萩藩閥閲録九十九之二」）。翌三月にも、同じ場所で再び争っている（『遺文』二三四四号「萩藩閥閲録九十九之二」）。また、

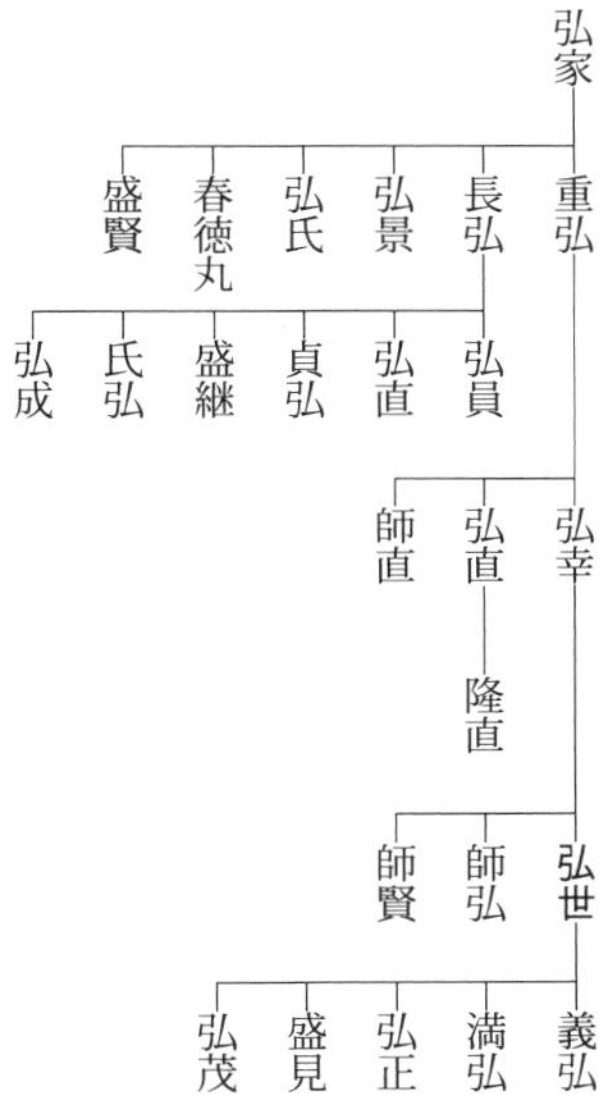

大内氏略系図

八月にも長弘流大内氏の貞弘《さだひろ》（弘直の兄弟）勢と合戦に及んだ（『遺文』二五三七号「萩藩閥閲録九十九之二」）。

このように、弘世が本国周防での勢力拡張を図っていた最中、同年三月六日に父である弘幸は逝去した（『遺文』二二三八号「周防興隆寺文書」）。森茂暁氏の研究によれば、完成なった仁平寺《にんぺいじ》（山口市）本堂の落慶法要として大々的な仏事を三月八日から催す予定だったが、弘幸の死をうけて七日後に延期された。そして十五日、弘世の主催として歌舞の法会が執り行われた。狂言の題目に「山臥説法《やまぶしせっぽう》」とあるのは狂言題目の初見として知られ、散楽の専門的な芸能者である小大夫・赤子大夫・益王大夫・散所長吏が参加しており、ハイレベルな宗教文化を誇るという〔森二〇〇七〕。仁平寺は、周防国衙との関係が深い龍力寺院であった〔真木二〇一一〕。まさしく、新たに大内氏当主となった弘世の威勢を内外に示したイベントと評してよい。

なお、弘幸は永興寺《ようこうじ》（山口県岩国市）に葬られ、同寺が彼の菩提所となった。元禄八年（一六九五）成立の寺社記によると、永興寺は延慶年間（一三〇八〜一一）に弘幸が建立した禅宗寺院であり、弘世が父のために堂宇を再建、春屋妙葩《しゅんおくみょうは》を中興開山《ちゅうこうかいざん》として伽藍を完備したという。

直冬方の重鎮として

大内弘世が当主として署判・発給した文書の初見は、観応三年（一三五二）八月七日付のものである（『遺文』二三二四号「長門櫟木家文書」）。父の死をうけて名実ともに重弘流大内氏の統領となったと評せよう。同年十一月三日には、自らの息災・延命・安穏のほか子孫繁昌、天下泰平や国土豊饒などを祈り、松崎天満宮《まつざきてんまんぐう》（現防府天満宮）へ領地を寄進した（『遺文』二三八九号「周防松崎神社文書」）。その寄進状でも、北朝年号の観応を用いている。これは、文和改元後も観応年号を使い続けた足利直冬の影響とみてよいだろう。この時期の残存史料が少ない事情もあるものの、弘世が文和年号を用いた文書は管見に入らない。

弘世が南朝方に与しているのがはっきりわかるのは、和田秀作氏の研究によれば、南朝年号を初めて用いる正平九年（文和三年・一三五四）正月（『遺文』二五五五号「周防興隆寺文書」）まで待たねばならない〔和田二〇一三〕。ただし、実際にはもう少し時期を遡らせることができると思う。

観応三年末頃に九州大宰府《だざいふ》（福岡県太宰府市）から長門国豊田《とよだ》城（山口県下関市）へと脱出した直冬は、翌文和二年（一三五三）五月頃から南朝年号の正平を用いだす〔瀬野二〇〇五〕。劣勢を挽回すべく、南朝方へ近づいた証といえよう。これは、ちょうど直冬が弘世支配下の周防国府（同防府市）へ居を移した時期にあたる（『園太暦』文和二年五月十九日条）。

つづいて九月には、氷上山興隆寺《ひかみさんこうりゅうじ》（山口市）を直冬の祈願所とした（『遺文』二五一六号「周防興隆寺文書」）。真木隆行氏の研究によれば、当時の興隆寺は本堂の周辺にこぢんまりとまとまる規模にすぎなかった〔真木二〇一一〕。とはいえ、かつて弘世の父弘幸は興隆寺を「当家崇敬無双の霊砌」（大内氏による信仰が並ぶ所のない聖地）と述べ（『遺文』一〇七二号「周防興隆寺文書」）、また、この後ほかならぬ弘世によって整備されていく多々良大内氏全体の氏寺である。そのような興隆寺を直冬が自らの祈願所に定めたの

大内弘世銅像　山口市

だ。弘世は南朝年号を用い始めた直冬方の重鎮と呼んでよく、直冬と同じ政治行動をとって、文和二年五月頃に南朝方へ転じたと捉えてよかろう。あくまで弘世の立ち位置は直冬党なのであった。

大内氏の積極支援を得た直冬は、文和三年五月下旬に石見国（島根県西部）へ移ったのち、出雲国（島根県東部）へ進む。そして、山名時氏や桃井《もものい》直常《ただつね》らの軍勢とともに翌四年正月に念願の上洛を果たしたものの、ほどなく足利尊氏方の反撃に遭い、同年三月には没落する〔瀬野二〇〇五〕。この上洛戦争に弘世は帯同しておらず、あくまで後方の防備に徹したのであろう。なお、その後の直冬は急速に求心力を失っていく。

さて、周防をめぐる重弘流大内氏と長弘流大内氏の戦いがいつ決着したのかはわからない。手がかりとなるのは、文和四年に、伊予（愛媛県）守護の河野《こうの》通盛《みちもり》が幕府から周防守護に補されたと『河野家譜』に記されていることだ。それまで幕府方の周防守護であった長弘流大内氏の没落をうけた人事と判断しうる〔御薗生一九五九〕。とはいえ、当時の状況から推して、河野通盛が周防の守護所へ実際に入部したとは思われず、周防守護として国内に命令した史料も残っていない。したがって、この年までに弘世は長弘流大内氏を下して、実力で周防国を平定したのであろう。

なお、その後の延文五年（一三六〇）に、父祖が本拠を構えてきた大内村から山口盆地の中央部（いずれも山口市）へと居館を移したと伝わる。近年の発掘調査の成果に照らすと、山口の都市的な発展は次代の義弘《よしひろ》期以降によるものであり、弘世を中世都市山口の開創者とするわけにはいかない〔増野二〇一三〕。だが、周防一国を支配する強大な権力者となったがゆえに生まれた伝承と捉えることもできようか。

厚東氏を逐い長門を制圧

時を戻そう。延文二年（一三五七）七月十三日、大内弘世は長門国内の凶徒退治を同国一宮である住吉神社に祈った（『遺文』二九〇八号「長門住吉神社文書大内政弘書写本」）。その手紙では、願いが叶ったあかつきには神社の修造を行い、臨時祭を執り行って参詣することを誓っている。松岡久人氏によれば、これは北朝方の長門守護であった厚東氏に対する攻勢が本格化した時期を暗示するもので、すでに弱体化していた厚東氏は、翌三年正月に先祖以来の根拠地である厚東（山口県宇部市）を捨てて豊前国（福岡県東部・大分県北部）へ逃れたという〔松岡二〇一三〕。そして、六月二十三日に弘世は、長門国府（山口県下関市）に入部、一宮の住吉神社と二宮の忌宮《いみのみや》神社に参詣した（『長門国守護職次第』）。これは、弘世が長門国の中心拠点を押さえたことを意味する。

翌延文四年、長門国府に近い四王司山城《しおうじやま》（山口県下関市）を攻め落とし、大将の「厚東南殿」と富永又三郎を討ち取った（『長門国守護代記』）。前長門守護であった厚東氏の残党を鎮圧したのである。こうして、港湾都市の赤間関《あかまがせき》（同下関市）を支配することで、関門海峡《かんもんかいきょう》の制海権を牛耳ることとなった。本国周防に加えて長門の実力支配にも成功したのだ。ただし、最終的に厚東氏を没落させ、長門を完全に掌中におさめたのは応安二年（一三六九）頃とみられている〔松岡二〇一三〕。

一方、九州では南朝方と北朝方による一進一退の攻防が続く。貞治元年（一三六二）、豊前国規矩郡《きく》（福岡県北九州市）に南朝方の菊池武光《きくちたけみつ》勢が押し寄せ、北朝方の門司親尚《もじちかひさ》が彼らを攻撃したことをうけ、南朝方と結ぶ弘世は九州へ渡海した。大内勢の支援によって北朝方は撤退に追い込まれている（『遺文』三二八三号「豊前門司文書」）。防長二か国の統治者となった大内氏の軍勢は、九州の南朝方にとって欠くべからざる重要な戦力となっていたのだ。

直冬を見限り北朝へ帰服

それでは、大内弘世は直冬をいつごろ見限って北朝方へと転じたのであろうか。貞治三年（一三六四）の春ごろに、弘世は突然の心変わりを起こして北朝方へ転じる決意を固めたと『太平記』は説く。近年になって山田貴司氏が、弘世が南朝方の守護として実際に活動していることを示す史料が東京大学史料編纂所蔵影写本「松田福一郎氏所蔵文書」に残されていると指摘した〔山田二〇一九〕。それは、正平十八年（貞治二年・一三六三）四月一日付という南朝年号をもつ、弘世に宛てられた南朝の後村上天皇綸旨である。周防国下得地保（山口市）などにおける地頭の難渋を解消するよう命じたものだ。したがって、少なくとも北朝への帰服はその後と考えられる。

大内氏発給文書を通覧したところ、南朝年号を最後に用いたのは正平十八年八月十日付のもの（『遺文』三二四一号「長門忌宮神社文書」）、一方で北朝年号を最初に用いたのが貞治二年九月二十日付のものだ（『遺文』三二四九号「長門忌宮神社文書」）。ゆえに、貞治二年八月十日から九月二十日の間に北朝への帰服を確定させたとみてよいだろう。南朝方を離れた背景に関しては、弘世が奉じていた直冬が実体を伴わなくなっていたこと、豊前国を拠点に抵抗する厚東氏を討つために、鎮西管領の斯波氏経《しばうじつね》や豊後国（大分県南部）の幕府方である大友氏時《おおともうじとき》に呼応しようとしたことなどが指摘されている〔川添一九八一〕。妥当な見解だと思う。

右の想定に基づくと、弘世が直冬（南朝）に与していたのは、忠誠心からくるものではなく、あくまで周辺情勢に応じた戦略的判断に基づくものだったといえる。自国ファーストと断じてよい。なお、幕府の重臣細川頼之《ほそかわよりゆき》の仲介によって北朝へ転じたと解説した辞典や概説書が散見する。しかし、確実な史料から裏付けることができない点を付言しておく。

かくして直冬と袂を分かった弘世は、貞治二年十一月に今度は一転して幕府方となり、九州へ渡海した（『遺文』三三八三号「豊前門司文書」）。そして、十二月十三日の豊前国柳城（福岡県北九州市）で行われた合戦にも参戦している（『遺文』三二七三号「萩藩閥閲録巻七十一」）。翌三年二月に弘世が帰国したところ、たちまち九州情勢が難儀となったらしく（『遺文』三二八三号「豊前門司文書」）、大内氏の存在が戦況に与える影響の大きさを、引き続きうかがい知ることができよう。

さて、『太平記』は北朝方となった弘世について、三千騎を率いて豊後国へ攻め入るも、南朝方の菊池武光勢に包囲されてしまい、降参を申し出ることで何とか命を助けられて周防へ帰国した後、その汚名を覆い隠すため、上洛して幕府の要人から芸能者に至るまで金品をばらまいたと記す。信頼できる史料からは、かかる大敗の事実を裏付けることはできないが、該当部分の読み下しを示そう。

> 在京の間、数万貫の銭貨・新渡の唐物《からもの》等、美を尽くして、奉行・頭人《とうにん》・評定衆《ひょうじょうしゅう》・傾城《けいせい》・田楽《でんがく》・猿楽《さるがく》・遁世者《とんせいしゃ》まで是を引き与へける間、この人に増さる御用人有るまじと、未だ見へたる事もなき先に、誉めぬ人こそ無かりけれ、

現代語訳すると、「上洛した弘世は、奉行人や頭人・評定衆ら幕政の要職を担う者たちはおろか、遊女や田楽・猿楽・遁世者などといった将軍や大名に仕える芸能者たちに、数万貫に及ぶ銭貨や新渡の唐物など美を尽くしたものを配り回ったので、弘世に勝る役立つ者などいないと誉めない人はいなかった」となるだろう。弘世が配った唐物は、当時の京都において最も価値のあるものとされた南宋時代の唐物＝「古物の唐物」ではなく、近年（ここでは元末期頃）の唐物＝「新渡の唐物」であった。ただし、「新渡」であろうと、贈答できるだけの唐物を有しているだけでも相応に評価できるという〔伊藤二〇一九〕。

卓越した経済力を読み取りうる。

真木隆行氏の研究によれば、弘世は幕府に従った翌々年の貞治四年以降、父弘幸の菩提所である永興寺を諸山《しょざん》に昇格させたほか、氏寺の興隆寺、防府天満宮、長門国の一宮・二宮など、防長両国の重要な寺社の復興や発展を同時並行的に行っていくという〔真木二〇一九〕。とりわけ、貞治四年六月の防府天満宮造営に関わる棟札《むなふだ》の願文（『遺文』三三九九号「防長風土注進案三田尻宰判五十」）は、武徳の家、大名の器への強い自覚、防長両国をあらかた統一して上洛を果たした直後の弘世の意識を垣間見ることができ興味深い〔岩元二〇一二〕。

石見・安芸への侵攻

すでに大内弘世は、京から下国してまもない貞治三年（一三六四）九月、石見の有力国衆である益田《ますだ》兼見《かねみ》を幕府方に帰服させていた。そして、同五年七月には石見国を制圧し、同国守護の職権を与えられて、益田氏らを率いて安芸国山県郡大田（広島県安芸大田町）に進出する（『遺文』三四八九号「長門益田家文書六」）。岸田裕之氏の研究によれば、石見・安芸に出兵した弘世は、国人領への侵食を避ける一方、国衙領などを激しく押領し、石見は迩摩《にま》郡、安芸は東西条を領有し、分郡として国支配の拠点としていったという〔岸田一九九九〕。

石見と安芸への侵攻が成果を挙げ始めたこの頃、どうやら弘世は出家したらしい。各種系図は貞治五年に出家して「道階」を名乗ったと記すが、出家前の弘世を示す史料の終見は、貞治六年三月五日付で「大内介（弘世）」に宛てられた足利義詮御判御教書である（「益田實氏所蔵新出中世文書」）。実際に弘世が「道諧」と署判した史料の初見は、応安元年（一三六八）八月十六日付のものだ（『遺文』三六三五号「長門内藤家文書」）。よって、この約一年半の間に出家を遂げたと判断できる。

ただし、弘世にとって出家イコール引退ではない。応安三年には、長門国一宮である住吉神社の造営を主導した。現存する本殿は、その当時のもので国宝に指定されており、かかる住吉社の造営を関門海峡支配の宣言と評価する研究者もいる〔平瀬二〇一七〕。翌四年には、新たに九州探題となった今川了《いまがわりょう》俊《しゅん》の要請を受けて、弘世・義弘父子が豊前国に渡り、南朝方の少弐《しょうに》冬資《ふゆすけ》を攻撃した。弘世は、当時まだ十六歳の長男義弘に四千騎もの手勢を委ねて援軍を送っている（『応永記』）。翌五年二月に、麻生山鷹見城（福岡県北九州市）で少弐勢と合戦、八月に帰国した（『遺文』四〇六五号「長門毛利家文書」）。

応安七年七月、弘世は再び兵を東へ向け、安芸国衆である毛利《もうり》元春《もとはる》領へ進攻する（『遺文』四二六二号「長門毛利家文書」）。九州への出兵は、幕府側の要請に従う受動的なものだったが、安芸への行軍は能動的な侵略戦争といってよい。翌永和元年（一三七五）、弘世は今川了俊から九州への再出陣を依頼されるも拒む。代わりに息子の義弘が救援で駆け付けた。そのような弘世と義弘の関係は、「父子中たかひ（仲違い）」（親子の間で対立）と言われている（『南北朝遺文　九州編』五二六六号「肥後阿蘇家文書」）。弘世の関心はどうも一貫して、西の九州ではなく東の安芸・石見に向いていたと思しい。

永和二年に幕府は、九州出兵に従わず安芸で勝手な軍事行動をとる弘世の石見守護を取り上げている〔平瀬二〇一七〕。ただし、弘世の在京代官である平井俊治《ひらいとしはる》が管領細川頼之と対面し、周防と長門の安堵を通達された（『後愚昧記《ごぐまいき》』永和二年閏七月十六日条）。防長の太守としての地位は確固として守られたのである。弘世が関与を放棄した九州の情勢については、義弘の活躍によって永和三年に安定することとなった（『後愚昧記』永和三年九月一日条）。そして、その後の康暦元年（一三七九）までに、没収されていた石見守護に復帰できたようである〔平瀬二〇一七〕。長男の軍功が父の政治的立場を助けることにつながったのかもしれない。

大内氏を二分する康暦の内戦

ところが、大内弘世の晩年、再び大内氏内部を二分する内紛が勃発する。研究者の間で「康暦の内戦」と呼ばれる戦いだ。正直なところ、この内戦は関連史料が少なく、いつ、どのように始まったのかさえ定かでない。系図類によると、弘世には男子が八人いるが、後継者と目されたのは長男の義弘と三男の満弘《みつひろ》である。弘世は、生前に権限をこの二人の息子に分担させていた。義弘は、本国周防を治める家督の後継者として「新介《しんすけ》」を名乗らせている。一方の満弘には、長門と石見の守護を任す〔平瀬二〇一七〕。そのようななか、康暦二年（一三八〇）五月までに、兄義弘に対して弟満弘が反旗を翻したのだ（『花営三代記《かえいさんだいき》』康暦二年五月二十八日条）。長門や安芸の各所で激しく争われ、そこでは満弘方が敗北したが、のちに戦場を石見へ移して、引き続き両軍による合戦が繰り広げられていく。

かような最中、弘世は康暦二年十一月十五日に死去、法名は「正寿院玄峰道階居士」、正寿院が菩提寺に据えられた（大日本史料稿本「諸寺過去帳」）。どうやら正寿院は、乗福寺《じょうふくじ》の塔頭《たっちゅう》だったと思しい（『正任記《ただとうき》』文明十年十月十七日条）。乗福寺は祖父重弘の菩提寺であり、その一角に建てられた塔頭に弘世は葬られることとなったのだ。

弘世の死から約半年後の永徳元年（一三八一）六月二日、義弘と満弘は対面して和議を結んだ（『南北朝遺文　九州編』五六〇四号「大隅禰寝文書」）。「康暦の内戦」の突如とした幕引きである。かかる事実から、両者の対立について、次期家督をめぐる兄弟争いではなく、満弘を影で操る弘世と義弘の父子対決と想定する研究者もいる〔藤井二〇一三〕。九州出兵をめぐる弘世と義弘の仲違いは先に述べたとおりだが、結論の確定にはさらなる議論の積み重ねが必要だろう。いずれにせよ、弘世の政治的影響力が晩年まで大きかったことは間違いない。

山口に本拠を移して都市的な基礎を築いた人物として、今も現地で称えられている弘世。南北朝内乱で政情が変転するなか、本国周防の領地拡張を進め、足利直冬方の重鎮となり南朝武将として活躍、長門の制圧を成し遂げて、防長両国の支配者となった。そして、機をみて北朝へ帰順して幕府から破格の厚遇を受け、九州へ出陣する一方で石見・安芸への侵攻を重ね、着実に支配拠点を確保していく。晩年に「康暦の内戦」を招いたものの、大内氏が西国の雄として十六世紀半ばまで隆盛を誇っていく足場を固めたのである。そのような彼が馬に跨る銅像は、国宝五重塔で著名な瑠璃光寺《るりこうじ》（山口市）に建つ。

（萩原大輔）

【主要参考文献】

伊藤幸司「大内氏のポテンシャル」（大内氏歴史文化研究会編『大内氏の世界をさぐる』勉誠出版、二〇一九年）
岩元修一「南北朝時代の周防・長門」（『山口県史　通史編　中世』山口県、二〇一二年）
亀田俊和『観応の擾乱』（中央公論新社、二〇一七年）
川添昭二「鎮西管領斯波氏経・渋川義行」（渡辺澄夫先生古稀記念事業会編『九州中世社会の研究』、一九八一年）
岸田裕之「室町幕府・守護と荘園」（網野善彦・石井進・稲垣泰彦・永原慶二編『講座日本荘園史4　荘園の解体』吉川弘文館、一九九九年）
佐藤進一『日本の歴史9　南北朝の動乱』（中央公論社、一九六五年）
佐藤進一『室町幕府守護制度の研究　下』（東京大学出版会、一九八八年）
瀬野精一郎『足利直冬』（吉川弘文館、二〇〇五年）
平瀬直樹『大内義弘』（ミネルヴァ書房、二〇一七年）
藤井崇「康暦内戦に関する諸問題」（同『室町期大名権力論』同成社、二〇一三年）
真木隆行「周防国大内氏とその氏寺興隆寺の質的変容」（川岡勉・古賀信幸編『日本中世の西国社会3　西国の文化と外交』清文堂出版、二〇一一年）
真木隆行「大内氏と寺社」（大内氏歴史文化研究会編『大内氏の世界をさぐる』勉誠出版、二〇一九年）
増野晋次「中世の山口」（鹿毛敏夫編『大内と大友』勉誠出版、二〇一三年）
松岡久人『大内義弘』（戎光祥出版、二〇一三年。初版は新人物往来社、一九六六年）

御薗生翁甫『大内氏史研究』（山口県地方史学会・大内氏史刊行会、一九五九年。復刻版はマツノ書店、一九七七年）
森茂暁『戦争の日本史8　南北朝の動乱』（吉川弘文館、二〇〇七年）
山田貴司「大内氏と朝廷」（大内氏歴史文化研究会編『大内氏の世界をさぐる』勉誠出版、二〇一九年）
和田秀作「大内氏の惣庶関係をめぐって」（鹿毛敏夫編『大内と大友』勉誠出版、二〇一三年）
『山口県の地名　日本歴史地名大系36』（平凡社、一九八〇年）

懐良親王――九州を席捲した征西将軍府の首領

征西将軍宮の派遣

建武三年（一三三六）の南北朝の分裂後、南朝方は北畠顕家・新田義貞などを失い、次第に不利な状況へと追い詰められていった。その打開策として後醍醐天皇が打ち出したのが、各地へ自らの分身ともいえる皇子たちを派遣することであった。地方に軍事的拠点を築き、その力をもって「帝都《ていと》」を回復しようとしたのである。具体的には、東国・奥州と四国・九州への二方面に分かれ、奥州に義良《のりよし》親王、遠江に宗良《むねよし》親王、そして九州へは懐良《かねよし》親王が遣わされることになった。

延元三年（一三三八）九月十八日付の「後醍醐天皇綸旨写」（「阿蘇家文書」）によると、懐良親王を「征《せい》西大将軍《たいしょうぐん》」として九州に下向させることが宇治惟時《うじこれとき》へ伝えられている。当時の九州で後醍醐が最も期待を寄せていたのが、肥後国の有力武士団阿蘇《あそ》氏で、惣領の宇治惟時に幼少（当時十歳前後）の子息を託すことを考えたのである。また、この綸旨には九州での恩賞や賞罰は、すべて将軍の「御成敗」に委ねることも書かれている。ここで懐良に付与された行賞権と賞罰権という二つの権限（裁量権）は、本来、南朝天皇が保持するものであった。それを切り離し、完全に懐良に委任することにしたのである。以後、これらの権限を用いて九州の武士たちを味方に引き入れ、自らの軍事力として組織化していくことになる。

南朝の海上ネットワーク

延元四年（一三三九）四月、親王一行は伊予国忽那島《くつなじま》（松山市）に到着している。数ある瀬戸内海の島々のなかで、なぜこの島を選んだのだろうか。その理由は、この島を拠点として活動していた海上勢力、忽那氏の存在にあった。

南朝方が期待していたのは、忽那一族がもつ卓越した水軍力と海上機動力、それにともなう情報収集力だった。山内譲氏によると、忽那島は南朝方の海のネットワークの中心としての役割を果たすと同時に、吉野の朝廷と懐良親王の九州の征西府《せいせいふ》の中継地点の役割をも果たしたとされている。

懐良親王たちの忽那島滞在は三年に及んだが、その間の動静をうかがうことのできるのが「忽那一族軍忠次第」（「忽那家文書」）である。これによると、親王一行はわずか十二人であったことが知られる。親王側近たちの中心にあったのが五条頼元《ごじょうよりもと》である。頼元は儒学者の清原《きよはら》氏の一族で、建武新政権では天皇に抜擢され有能な事務官として活躍していた。

忽那滞在中に起こった最も大きな出来事は、延元四年八月十六日の父後醍醐の崩御であった。その前日、遺勅とも言える綸旨が五条頼元に宛てられている。そこには義良親王（後村上《ごむらかみ》天皇）への譲国《じょうこく》を知らせ、もし不慮（自らの崩御）のことがあっても、「朝敵追罰《ちょうてきついばつ》の籌策《ちゅうさく》」を廻らすべきことを命じている。

薩摩谷山時代

興国三年（一三四二）の早い頃、親王一行は忽那島から九州に向けて出発し、同年五月一日、薩摩国に到着し、谷山郡司《たにやまぐんじ》の谷山隆信の城に入っている。懐良たちは、幕府方の守護島津《しまづ》氏に対抗する勢力を味方に引き入れ組織化することを目指した。到着後すぐに作成された「綸旨所望注文」（「薩藩旧記」）には、その呼びかけに応じた百八十三名もの武士たちが名を連ねている。

以後、薩摩国の各地で南北両軍による合戦が繰り広げられたが一進一退のまま約五年が過ぎた。この膠着した戦況を打開するため、ふたたび海上勢力の力を借りている。正平二年（一三四七）六月六日、「四国・中国海賊」・「熊野海賊」の「数千人」が南朝方に加わり、海陸両方から島津氏の立て籠もっていた東福寺城《とうふくじ》（鹿児島市）を攻めている。そして同月十九日には、谷山城（鹿児島市）に向かおうとした島津軍の別働隊と南朝軍との合戦があり、島津貞久《さだひさ》の子息（重久《しげひさ》・氏久《うじひさ》）が負傷している。その後、しばらく島津軍の動きが見られないことから、これらの戦いでかなりの打撃を蒙ったと考えられる。

そこで同年十一月の末頃、懐良親王一行は肥後国へ向けて出発した。薩摩在国中、懐良の令旨《りょうじ》や側近の五条頼元の書状によって、しきりに阿蘇氏への誘引を行っていた。同氏の有力庶子の恵良惟澄《えらこれずみ》は、南朝方として精力的に活動していたものの、肝心の惣領宇治惟時はなかなか旗幟を鮮明にしなかった。そのため、当初、期待していた阿蘇氏へ見切りをつけ菊池《きくち》氏を頼ることにしている。懐良たちは、翌年正月二日には肥後国宇土津（熊本県宇土市）に到着し、同月十四日、恵良惟澄のいる御船御所《みふねごしょ》（熊本県御船町）に入っている。そして二月中旬、菊池武光《たけみつ》に擁され菊池（同菊池市）に移った。以後、正平十六年八月、筑前国大宰府《だざいふ》（福岡県太宰府市）に入るまでの十三年半、ここを御所とするのである。

懐良親王の成人と九州における観応の擾乱

正平三年（一三四八）六月十二日、懐良は「御願」のため、吾平山相良寺《ごへいざんあいらじ》（熊本県山鹿市）に参籠し、二十日に菊池へ還御している。そのことを報じる同月二十三日付の「五条頼元書状写」（「阿蘇家文書」）によると、懐良が「御成人」を迎えたので、今後は懐良の仰せに従い沙汰するとしている。これまでは、懐良の代理として五条頼元が実質的に政務を行ってきたが、懐良もすでに二十歳となり、自らが主導し九州経略を進めていくのに過不足のない年齢となった。以後、懐良を頂点とし、側近の五条頼元以下が奉行として政務の実務を担う体制が整えられていく。南朝の九州統治機関＝征西将軍府（征西府）が機能し始めるのである。

貞和五年（一三四九）九月、京都での観応の擾乱のあおりをうけ、足利直冬《ただふゆ》（尊氏の実子、直義の養子）が九州に下向した。それまでの南朝方、幕府方（鎮西管領方《ちんぜいかんれい》）に第三の勢力として足利直冬が加わり、九州における動乱はいっそう広範で複雑なものとなった。

川添昭二氏によると、足利直冬は、独自に恩賞の宛行、所領の安堵などを行い、急速に勢力を拡大していった。九州の在地武士たちからは「准将軍」「新政権」との期待を集めていたという。森茂暁氏は、このような京都から離れた九州の武士たちの独立性や自立性を求める特性を「九州の論理」と説明している。この後、懐良たちはこうした志向性をもった武士たちを取り込んで勢力を拡大していくのである。

九州下向以来、直冬方は幕府方との対立に集中していた。貞和六年には、鎮西管領一色道猷《いっしきどうゆう》との対立関係を背景として、筑前の守護少弐頼尚《しょうによりひさ》も直冬に味方している。両勢力の激しい争いは、結果として九州南朝方を利するところとなる。正平六年（一三五一）十月頃から、南朝方と幕府方は共同作戦を展開し、懐良は自ら軍を率いて筑後国へ進出し、国府（福岡県久留米市）に陣を敷いた。

翌年二月、養父である足利直義を喪った直冬方は次第に勢力を失っていき、一色道猷によって徐々に追い詰められ、同年十二月頃、ついに直冬は大宰府から長門国へ逃れている。

正平八年正月、菊池武澄《たけずみ》は肥前国千栗・船隈（ともに佐賀県みやき町）で一色範光《のりみつ》を攻めている。その後、武光が南朝方へ降った少弐頼尚の救援のため大宰府へ向けて進軍している。二月二日、大宰府南方の筑前国針摺原《はりすりばる》（福岡県筑紫野市）で合戦となり、菊池武光軍は一色道猷軍に大勝した。一色方は肥前国へ逃れている。この戦いをもって九州での観応の擾乱は実質的に終わるが、最終的には南朝方の勢力が大きく伸張することになった。

懐良親王の親征

正平十年（一三五五）八月、懐良親王は菊池武澄を中心とする軍勢を自ら率いて肥前国へと向かい、千葉胤泰《ちばたねやす》の籠もる小城城《おぎ》（佐賀県小城市）を落としている。その後も各地を転戦し、十月には豊後国府に陣を敷き、幕府方の同国守護大友氏時《おおともうじとき》を降した。そこから豊前国に入り、城井城《きい》（福岡県築上町）にあった宇都宮守綱《うつのみやもりつな》も帰順させている。これら一連の戦いに関する史料としては、肥前・筑後国の武士の軍忠状が多数残されている。山本隆一朗氏によると、この両国には、もともと確固たる政治的な意志をもたない浮動的な武士たちが多く、幕府方から直冬方に転じていたものも多かったという。そうした武士たちを征西府は自らの勢力へ取り込み、軍事力を増強していったのである。

同年十一月五日付の「島津師久《もろひさ》請文写」（「薩藩旧記」）によると、十月に一色道猷・直氏《なおうじ》父子は長門国に逃れている。ちょうど同じ頃、京都にあった足利尊氏は九州の武士たちに手紙を出しており、近日中に「鎮西凶徒《ちんぜいきょうと》」を退治するために出征するので何とかその到着を待つように告げている。幕府方が苦境に立たされていたことがうかがえる。当然ながら、こうした戦況は賀名生《あのう》（奈良県五條市）にあった後村上天皇のもとにも届いていた。翌正平十一年正月十七日付の「後村上天皇宸翰」（「五条家文書」）には、懐良親王が上洛することを聞き大変喜ばしいこと、それもすべて五条頼元・良氏《よしうじ》父子の「高名《こうみょう》」であり、上洛の際には必ず同道するようにと記されている。だが実際には、尊氏による九州出征、懐良の上洛の双方ともに実現することはなかった。

大保原合戦（筑後川の戦い）

こうして九州北部はおおむね南朝方となり、残すは南九州のみとなった。これより早く薩摩・大隅の島津氏は、直冬方だった畠山直顕《はたけやまただあき》に対抗するため、正平十一年（一三五六）頃から南朝方へ転じていた。そこで正平十三年、日向国の畠山直顕を討つため菊池武光が派遣されている。詳しくは本書三七九頁以下に譲りたいが、この日向遠征については関連史料が極端に少なく詳細はよくわからない。『太平記』（巻三十三）によると、武光が日向を攻めている間に、豊後の大友氏時が幕府方になったとする。このことに関しては、同年十二月、懐良の率いる軍勢が豊後国狭間（大分県由布市）へ向かい、翌年三月、再び親王は菊池武光とともに再度豊後国に攻め入って高崎城《たかさき》（大分市）を攻囲したことが一次史料で確認できる。したがって、先の『太平記』の記述もある程度は信頼してもよいと思われる。

そうしている間に、今度は少弐頼尚が幕府方となった。離反した理由だが、ともに筑前国を本拠地とし、自らの勢力拡大の足かせとなっていた鎮西管領一色氏が没落したため、南朝方に付き従うメリットがなくなったからであろう。そこで正平十四年四月、懐良・武光らは高崎城の囲みを解き、肥後へと帰国している。

そして七月、少弐頼尚軍は味坂荘（福岡県小郡市）に、九州南朝軍は高良山《こうらさん》・柳坂《やなぎさか》・耳納山《みのうさん》（ともに同久留米市）の三ヶ所に陣取った。同月十九日、菊池武光が手兵を率いて筑後川《ちくごがわ》を渡ると、少弐方は戦うこともなく大保原《おおほばる》（同小郡市）まで退いた。その後、しばらく小康状態が続いたが、八月六日の夜半、ふたたび菊池勢から仕掛け、激戦となった。これが日本三大合戦にも数えられる大保原合戦（筑後川の戦い）である。この合戦の経過については、『太平記』（巻三十三）に詳しい。懐良は、第三陣にあって新田一族・菊池武光とともに三千余騎の軍勢で敵陣に攻め入った。しかし、少弐・松浦《まつら》・島津等の二万騎が左右に分かれ弓を射かけたため退却している。その際、懐良は「三ヶ処まで深手を負」い、洞院《とういん》権大納言《ごんのだいなごん》以下の公卿は、負傷した懐良を逃がすためその場に踏みとどまり討たれたという。この後、新田一族・菊池武光たちの奮戦で何とか勝利を収めている。もちろん、同書の記述には誇張も多く含まれていると思われるが、これによって合戦の全体像を把握することはできる。

大宰府征西府の成立

菊池武光による日向遠征によって畠山直顕の脅威も去ったため、延文五年（一三六〇）二月頃には、島津氏はふたたび幕府方となっている。そこで正平十六年（一三六一）五月、懐良は菊池武光とともに日向国に攻め入った。ただ九州北部では、その隙をついて少弐軍の動きが活発化していた。そのため急遽、肥後へ帰国することにしている。

同年七月五日、少弐頼国《よりくに》が筑前国加布利《かふり》城（福岡県糸島市）を落としたのに対し、同月十七日、菊池武光は筑前国長烏山に陣を敷いた。まず細峯《ほそみね》城・飯盛《いいもり》城（ともに福岡市）で戦いが行われ、少弐軍は油山（同福岡市）へと追い詰められた。八月六日、菊池軍は総攻撃を仕掛け、少弐頼国軍はたまらず撤退している。その後も、菊池軍は同国内で少弐軍、その援軍の大友軍を撃破している。

そうして、懐良たちはついに大宰府へ入部した。森氏によれば、中世の大宰府は、律令制下の政治都市の機能を喪失したとはいえ、九州の中心として、九州全域に対して持つ伝統的地位はなお重いものがあったという。すでに懐良が吉野を出発してから二十三年、九州に上陸してから十九年の年月が過ぎていた。ここに九州南朝の征西府が置かれ、いよいよ全盛時代が始まるのである。

先に述べたように、文和四年(一三五五)十月、鎮西管領の一色道猷・直氏は、九州から長門国に敗走していたが、翌年に道猷が、延文三年(一三五八)春には直氏も帰京している。その後、足利一門の斯波氏経《しばうじつね》・渋川義行《しぶかわよしゆき》の二人が鎮西管領に登用されたが、いずれもはかばかしい戦果を挙げることはできなかった。斯波氏経は、貞治元年(一三六二)九月二十一日の筑前国長者原《ちょうじゃばる》の戦いで菊池軍に大敗したことが響き、わずか一年半の九州滞在となった。それに代わった渋川義行に至っては、九州はおろか長門国にも入れないような有様で、応安三年(一三七〇)には管領を解任されている。

大宰府にあった征西府は、九州のみならず、四国の河野《こうの》氏などの海上勢力にも支配を及ぼしており、幕府方の勢力をまったく寄せ付けなかったのである。

河野氏の帰順と後征西将軍宮

話は少し前後するが、四国の伊予河野氏のことについても触れておこう。河野氏は伊予国の伝統的な豪族で、観応の擾乱期には幕府方の同国守護に任じられていた。ところが延文年間以降、中国大将(中国管領）の細川頼之《ほそかわよりゆき》が伊予国の守護職も兼ねたため、河野氏との間に確執が生じる。そして貞治三年（一三六四）十一月、頼之の伊予進攻により、河野氏の惣領通朝《みちとも》は敗死した。そこで遺子通堯《みちたか》（通朝）は、九州へ渡り懐良たちの力を借り退勢を挽回することを試みた。

正平二十年（一三六五）五月十日、懐良から令旨が出され、通堯の帰参を受け入ること、伊予国守護職と河野通信《みちのぶ》跡を認めてもらうように南朝へ執奏したことなどが告げられている。同年八月、通堯は大宰府で懐良に拝謁し、その後約三年間、九州に滞在している。こうして征西府の勢力は四国にまで及び、中央へ東上するための足掛かりを得たのである。

また、征西府による四国進出で重要な役割を果たしたのが後征西将軍宮《ごせいせいしょうぐんのみや》である。正平二十年四月二十三日付の「藤原某起請文写」（「阿蘇家文書」）によると、五月九日に「若宮《わかみや》」が阿蘇山へ社参することが書かれている。この「若宮」こそ後征西将軍宮であり、通説では、後村上天皇の皇子良成《よしなり》親王とされている。ただし、諱〈良成〉については、明確な史料的根拠は得られない。森氏は、良成の九州下向は正平十年代の後半で、「おそらく大宰府を制圧した懐良親王が、これから征西府の王国を築くにあたって協力する枢要の人材として良成親王の派遣を南朝に要請したのではないか」と述べている。

正平二十四年、後征西将軍宮は「四国大将」として伊予へ派遣された。これはその前年に河野通堯が帰国しており、親王を迎える準備が整ったためであろう。滞在期間は、文中三年（一三七四）までの約五年に及んだ。この間も懐良から河野氏へは令旨が出され、後征西将軍宮の活動を支えている。伊予は九州と吉野とを海上で結び付ける重要な地域であり、将来の上洛を視野に入れた際、まず押さえておくべき場所であったのだろう。

「日本国王良懐」

懐良の事績のなかでも、これまでとりわけ注目されてきたのが中国明《みん》との通交である。一三六八年、明の初代皇帝朱元璋《しゅげんしょう》（太祖洪武帝《たいそこうぶてい》）は即位後、すぐに東アジアの国々に建国を告げ朝貢《ちょうこう》を求めた。日本には、同年十一月に使者を派遣しているが、明側の主たる目的は跳梁する倭寇《わこう》の禁遏《きんあつ》にあった。倭寇は、主に対馬・壱岐・松浦・博多に住む「倭人《わじん》」たちで構成され、朝鮮半島や中国大陸の沿岸において食料（米）や住民の掠奪を繰り返していた。村井章介氏によると、洪武帝は日本について一定の知識を得ており、そのうえで懐良を交渉の相手、つまり「日本国王」に選択したという。それは倭寇の根拠地北九州を勢力下におき、倭寇を禁圧しうる実力をもっていたためだった。

先の一度目の使者は懐良のもとにたどり着く前に五島列島のあたりで賊に殺害された。その報告を聞いた洪武帝は翌年二月、二度目の使者として楊載《ようさい》以下の七名を送っている。今度の使者は大宰府の懐良のもとへたどり着いた。だが、詔書を読んだ懐良はその文面が無礼であることを憤って、使者五人を斬り、残る二人を三ヶ月の間拘留した後、ようやく釈放し強制帰国させている。

この対応に洪武帝は激怒したが、一三七〇年三月、ふたたび使者を遣わし入貢《にゅうこう》を求めた。これに対して、懐良は前回と同じく拒絶する姿勢だったが、使者趙秩《ちょうちつ》の「私を殺せば、すぐに汝にも禍が降りかかるだろう」との威嚇に屈し、明への入貢を決断した。一三七一年十月、懐良は、僧祖来《そらい》を派遣し、称臣上表《しょうしんじょうひょう》して名馬と「方物《ほうぶつ》」（その地方の産物）を献じた。そこで洪武帝は、懐良を「日本国王」として認め、大統暦《だいとうれき》（明の暦）と「文綺《ぶんき》」（彩文ある布）・「紗羅《さら》」（薄絹《うすぎぬ》）を授けることにしたという。ところが、一三七二年五月、それらを届ける使者が博多に到着したとき、そこはすでに幕府軍によって押さえられており、使者は捕縛され目的を果たすことはできなかった。

以上の経緯は、すべて明側の史料によって知られるところである。したがって、古くは懐良の称臣入貢を疑うことが通説となっていたが、近年ではおおむね事実として認められている。それではなぜ懐良は従来の方針を転換し、通交に踏みきったのだろうか。それには日本国内の政治・軍事情勢の変化が関係していた。当時、新たに九州探題となった今川了俊《いまがわりょうしゅん》の率いる軍勢が間近に迫ってきていた。そこで、明の軍事力を借りて劣勢を挽回しようとしたのではないか、という意見が出されている。

ただ、建国してまもない明側にその余力があったとは考えにくく、むしろ橋本雄氏が述べる「貿易の利を介して九州の諸勢力を味方につける」ことを意図したと見たほうがよいだろう。倭寇勢力を内包していた平戸の松浦氏はいうまでもなく、九州南朝軍の主力であった菊池氏も湾港都市高瀬《たかせ》（熊本県玉名市）を支配下に置くなど、中国との交易に対する九州武士たちの関心は高かった。もしかすると、そうした彼らの要求に懐良側が動かされた可能性もあるだろう。

「征夷大将軍」就任

ところで、懐良の称臣入貢をめぐって、村井氏は、征西府の南朝に対する自立度から検討を加え、南朝から大幅な権限移譲を受けた征西府はやがて南朝の意図した〈忠実な代理人〉の域を超えた「自立化」への道を歩み、懐良による対明入貢も、中央（南朝）から離れ自立的に存在した「九州国家」の自主的な選択であったとされている。この見解に対していくつかの異論も出されたが、近年では、森氏が、南朝（吉野朝廷）―征西府間には政務系統の上下、政治制度的な一体性が見られ、一つの王権として「自立」しようとする征西府の志向性は認めつつも、それが実質化したとはいえないとしている。それらの議論を通して明らかになった重要な問題をここで少し紹介したい。

まず一つ目は、「征夷大将軍」就任に関することである。改めて説明するまでもないが、懐良は「征西将軍」であった。ところが、建徳二年（一三七一）と三年、自らの肩書きを「征夷大将軍」とする令旨が二通残されている。これが懐良の「自称」であり、征西府の南朝からの自立度を示す一つの指標とされてきた。ただ、関連史料が乏しく「自称」と断定するのは困難である。むしろ新探題今川了俊へ対抗するため、南朝側が一時的に懐良を「征夷大将軍」に任命し、征西府へ軍事的なテコ入れを図ったのではないだろうか。

二つ目は、懐良親王の詠んだ和歌への着目である。建徳二年九月二十日、懐良から信濃国にいた兄宮宗良親王へ、次のような歌が届けられている。

日そへてのかれんとのみ思ふ身に　いと、うき世のことしけきかな

これを訳すと、日ましに出家したいという思いばかりが募る身に、いっそう俗世の煩わしいことが降りかかってくるよ、となるだろうか。この和歌が作られた時期がちょうど称臣入貢を決断したときに当たることから、この懐良の個人的な心情と政治的な行動が矛盾しているのではないか、との見解が出されている。森氏によると、懐良の母は歌道の大御所二条為道《にじょうためみち》の娘藤子であり、懐良もそのような資質と文才を受け継いだ可能性が高いとされる。そして、征西府がいまだ隆盛のまっただなかにありながらも、このような出家願望を思わせるような和歌を詠んでいることから、懐良の性格について、どちらかというと「内省的で文人肌であった」と説かれている。

黄金時代の終焉――大宰府陥落

応安三年（一三七〇）六月、幼少の足利義満《よしみつ》を輔佐していた管領細川頼之の推薦により、今川了俊が新たな九州探題に任じられた。了俊は、幕府の要職を歴任した文武両道に秀でた武将であった。翌年二月、了俊は京都を出立しているが決して先を急ぐことはなかった。中国地方の武士たちと連携を深め、とくに周防・長門の守護であった大内氏《おおうち》との関係強化に努めている。

了俊は、子息の義範《よしのり》と弟の頼泰《よりやす》に別働隊を率いさせて三方向から征西府勢力を挟撃していく戦略をとった。まず応安四年七月、義範が豊後の高崎城に入り、続いて十一月、頼泰も肥前松浦に到着している。

そして了俊自身は、同年十二月に豊前門司《もじ》（福岡県北九州市）に上陸している。この間、南朝方もただ手をこまねいていたわけではなく、菊池武光の率いる征西府軍の主力をもって豊後高崎城を囲み、八月から四ヶ月にわたって攻め続けた。だが結局、同城を落とすことはできず、文中元年（一三七二）正月、武光は大宰府へ撤退している。

同年二月、了俊は、筑前麻生山の多良倉《たらくら》・鷹見嶽《たかみたけ》城（福岡県北九州市）を攻め落とし、小倉《こくら》・宗像《むなかた》などを経て大宰府に迫っている。一方、肥前方面からは、今川頼泰が進軍し、武光の子息武政《たけまさ》の率いる軍勢を同国烏帽子嶽《えぼしだけ》（佐賀県伊万里市）で破っている。四月、了俊は佐野山に陣を移し、懐良・菊池武光たちのいる大宰府を攻囲した。この間、今川頼泰は肥前・筑後を転戦しており、八月四日には菊池武安《たけやす》の軍勢を打ち破った。そして、その余勢を駆って筑前へと進み、了俊の軍に合流した。いよいよ準備が整った了俊軍は総攻撃を仕掛ける。南朝方も必死の抵抗をみせたが、八月十一日に有智山《うちやま》城は落城し、翌十二日、大宰府も陥落した。懐良・菊池武光は何とか虎口を逃れ、筑後国高良山へと撤退している。これにより、十一年に及んだ征西府の黄金時代は幕を閉じ、以後、懐良たちは苦難の道を歩むことになる。

高良山征西府

高良山は耳納山地の西部にあり、三一二メートルほどの小峰である。九州一の大河筑後川を眼下に望み、筑・豊・肥の六ヶ国の交通の要衝として、軍事政略上、非常に重要な地であった。懐良たちはここを本拠として再挙を図ったのである。

文中二年（一三七三）二月、菊池武政と武安は筑後川を渡り、今川方の肥前国本折《もとおり》城（佐賀県神埼市）を攻めている。七月にも武政は同城を攻囲しているが、この間、しきりに阿蘇惟武《これたけ》へ書状を送り援助を求めている。同年四月四日付の書状（「阿蘇家文書」）では、「天下御大事、私浮沈」はこのときであり、何とか同心してもらうよう懇願している。このように武政が必死だったのは、征西府の軍事的主柱であった父武光が病床に伏せっていたためで、十一月十六日、武光は逝去している。そのうえ、翌年五月二十六日、父に代わり南朝軍を指揮してきた武政も三十三歳の若さで没している。

文中三年八月、南朝軍は筑後川を渡り、筑後国福童原《ふくどうばる》（福岡県小郡市）まで進出している。了俊も軍勢を率いて対陣し、九月十七日には南朝方を没落させた。そして同月三十日、八町島（同久留米市）に陣を敷く。その翌日、了俊の弟氏兼《うじかね》、田原氏能《たわらうじよし》をはじめとする軍勢が豊前方面から合流してきた。十一月十日の夜、先遣隊の今川義範の軍勢は筑後川を渡り、石垣《いしがき》城（同久留米市）、耳納山、黒木《くろぎ》城（同八女市）にあった南朝軍を次々と打ち破っている。ただ、これ以前の九月末か十月初旬、懐良たちは二年間踏みとどまってきた高良山を捨て、菊池氏の本拠肥後国菊池に撤退していたようである。というのも、同年十二月晦日付の「室町幕府御教書写」（「阿蘇家文書」）を見ると、少なくとも十月十七日以前に、了俊から「菊池以下凶徒、高良山没落事」の注申が幕府にあったことが読み取れるからである。了俊は、懐良たちが高良山から落ちて士気が下がった頃を見計らい、筑後国にあった南朝勢力を易々と掃討していったのである。

征西将軍職の交替

肥後に移った懐良は、文中三年（一三七四）十月十四日、阿蘇惟武に筑前国下座郡（福岡県朝倉市）の返付と豊後国武蔵郷（大分県国東市）を兵粮料所として与える令旨を出している。この後、同年十二月二十五日付の「征西将軍宮令旨」（「五条家文書」）は、令旨の奉者などから判断すると後征西将軍宮による発給が確実なので、この間に征西将軍職の交替が行われたと考えられている。おそらく、この直前の高良山からの退却が契機となったのだろう。

通説では、こののち懐良親王は矢部（福岡県八女市）へと移り完全に隠居し、後征西将軍宮が征西府の中核を担ったとされてきた。だが近年、菊池康貴氏によって、懐良は「一品《いっぽん》式部《しきぶ》卿《きょう》親王《しんのう》」という新たな地位を得て、その後も九州南朝方の中心として活動を継続させていたことなどが明らかにされている。それぞれの発給した文書から考えると、所領の安堵や宛行といった重要な権限は懐良の手中にあり、後征西将軍宮はその恩賞を実現するための実行役としての役割を果たしていた。このような両者の関係について、弘和四年（一三八四）七月日付の「菊池武朝申状写」（「菊池古文書」）では、後征西将軍宮のことを「故大王（懐良）の御代官」と記している。

なお、懐良親王の在所についても触れておきたい。先に述べたように、高良山から撤退した後、両親王は肥後国菊池へ入った。そのことは文中四年五月六日付の「菊池賀々丸書状写」（「阿蘇家文書」）に明らかであるが、五月二十一日付の「今川了俊書状写」（同文書）によると、了俊は、懐良が阿蘇社へ参詣したことを聞き、その本当の目的は諸方への軍勢の催促ではないかと危惧している。このことに関して、後日、阿蘇惟村《これむら》から報告があり、懐良が小国《おぐに》（熊本県小国町）へ向かったことを知り、了俊は安堵したようである。ちょうどこの頃、了俊の軍勢は肥後菊池へ迫っており、日の岡（同山鹿市）に陣を敷いていた。こうした緊迫した状況下、懐良が本拠地の菊池を脱したのは、身の安全を図るとともに、やはり阿蘇や豊後方面の勢力を味方とするためだったのかもしれない。

そして、確証を得ないが、おそらくこの後、菊池へは戻ることなく、側近だった五条頼元の子息良遠《よしとお》を頼り筑後国矢部の黒木に移ったと考えられる。この矢部と津江は五条氏の支配下にあり、その山岳地帯は、肥後・筑後・豊後の三ヶ国の堺で「九州無双の要害」であった。懐良は、その最期を迎える弘和三年までこの地を拠点とした。一方の後征西将軍宮は、菊池武朝とともに肥後菊池にあって、了俊軍と戦いを繰り広げている。

九州南朝の衰退

永和元年（一三七五）七月、了俊は、日の岡からさらに軍を進め、肥後水島《みずしま》（熊本県菊池市）に布陣し、武政の子、菊池賀々丸（のちの武朝）の軍勢と対峙した。そして、九州の三大守護である少弐冬資《ふゆすけ》・大友親世《ちかよ》・島津氏久《うじひさ》へ来援を呼びかけ、五年にわたる九州南朝軍との戦いの総仕上げとして、一気に勝敗を決することを考えた。ところが、このあと思わぬ展開が待ち受けていた。八月二十六日、了俊の命により、最後まで参陣を渋っていた少弐冬資を陣中の宴席にて謀殺するという事件（水島の変）が起きる。これにより、冬資を説得し来陣させた島津氏久が激怒して帰国するなど、今川軍は混乱した状況に陥った。そこで菊池軍は反撃に転じ、九月八日の夜、了俊の軍勢はとうとう水島から撤退している。

永和三年は、九州の南北両軍にとって大きな節目の年となった。正月十三日の肥前国千布《ちふ》・蜷打《になうち》の戦い、八月十二日の肥後国臼間野《うすまの》・大水山関の戦い、この二度の合戦を通じて、南朝方は稙田宮《わさだのみや》・菊池武義《たけよし》・武安、阿蘇惟武など主要な将百人あまりを失って壊滅的な状況となった。幕府軍の優勢は決定的なものとなる。

こうしたなか、同年二月九日、懐良親王は高良山の下宮社に願文を捧げ、筑前国富永庄地頭職（福岡県朝倉市）を寄進し、祭礼の興行、社殿の造営などを立願している。そこには、「九州の治乱は一度にあらず、万民の艱苦《かんく》は休むときなし。末世の救い難きを愁うと雖も、責めは一人の徳なきに帰す。過《あやまち》を悔いて余りあり、咎を謝すれども足らず」とあり、九州で繰り返されてきた戦乱や人々の苦しみの責任はすべて自らの不徳にあったと自省している。さらに、自らの行いのために「王家衰微《おうけすいび》の時」に至ったのではないかとの思いも吐露している。この願文について森氏は、「九州の統治者としての自覚」がはっきりとみられ、高良神に自らの統治者としての至らなさを告白し、その冥助を得ようとする態度は「王権者」としてのものであると述べている。従うべき見解と考えるが、この願文の最後に「菩提の本望を達せん」とあり、仏道への断ちがたい思いも垣間見られることにも注意しておきたい。

懐良親王の生涯

弘和元年（一三八一）六月、今川了俊・頼泰によって、菊池氏の拠点隈府城《わいふ》（熊本県菊池市）、そして後征西将軍宮の居所染土城《そめつち》（同菊池市）がついに陥落させられた。その後、後征西将軍宮や武朝たちは、金峰山の「たけの御所」、宇土城（同宇土市）、八代の高田御所（同八代市）などを転々としながら抗戦し続けることになる。

一方の懐良は筑後矢部の山中にあったが、この頃、二人の間で何らかの軋轢が生じていた。弘和二年八月二十四日付の「長慶天皇勅書写《ちょうけい》」（「五条家文書」）によれば、長慶天皇は後征西将軍宮に対して、孔子《こうし》や魏徴《ぎちょう》といった先哲の言葉を引用しながら軽はずみな行動を改めて「毎事欽慎《まいじきんしん》」するように誡め、懐良からの許しが得られるかは、今後の振る舞いにかかっていると諭している。この対立の背景として、戦況の悪化にともなう居所の移転により、両親王の間で意思疎通を図ることが困難になったことが考えられる。

同年十一月、宗金《そうきん》（五条良遠）から伊予の河野通直《みちなお》のもとに書状が出されているが、そこには懐良の「御悩」のために専使を遣わしてきたことを謝している。藤田明氏は、筑後矢部―伊予の往復に要する日数から考えて、この年の八・九月のころから懐良は病の床に臥せており、五条良遠らが看護していたとしている。そして、翌弘和三年三月二十七日、親王は筑後矢部にて薨じている。享年は五十五歳であった。

幼くして父母と別れ、九州の地を踏んでから約四十年の時が経っていた。

懐良に与えられた使命、「帝都」の回復という後醍醐の悲願を達成することは叶わなかったが、独立性や自立性を求める九州武士たちを束ねて勢力結集の核となるという役割は十分に果たし得たと思われる。だが、懐良親王の心のうちは複雑だったのではないか。正平二十四年（一三六九）以降、父母の供養のため、懐良は経典を自ら書写して寺社へ納めている。その二年後には、先に見たように宗良親王に厭世的な和歌を贈っていた。当時、征西府は全盛期を迎えていたものの、懐良の心中では、神仏への信仰、世俗から離れたいという思いが日々募っていたのではないだろうか。ただ、それでも最後まで九州の「統治者」としての自覚を失うことはなかった。

懐良親王の墓　熊本県八代市

森氏が「全国規模でみると、征西将軍宮懐良親王率いる九州南朝軍は南朝勢力の屋台骨として役割を担った」と指摘されるように、全国的な南朝勢力の衰退のなかで、九州にあった南朝勢力こそが中央の南朝を支えていたのである。また、懐良が明から「日本国王」として認められたという事実は、その後、明との通交を望んだ足利義満の前にことごとく立ち塞がり、正式に明から「日本国王」に封じられるまで約三十年の年月を要した。

以上のように、懐良親王の波瀾に満ちた生涯は、南北朝という動乱の時代に大きな影響を与えたのである。

（三浦龍昭）

【主要参考文献】
石野弥栄『中世河野氏権力の形成と展開』（戎光祥出版、二〇一五年）
川添昭二『今川了俊』（吉川弘文館、一九六四年）
川添昭二「「鎮西探題」足利直冬―九州における観応政変―」（同編『九州中世史研究』第二輯、文献出版、一九八〇年）
川添昭二「鎮西管領斯波氏経・渋川義行」（渡辺澄夫先生古稀記念事業会編『九州中世社会の研究』渡辺澄夫先生古稀記念事業会、一九八一年）
川添昭二「後征西将軍宮発給文書考」（『古文書研究』一九号、一九八二年）
菊池康貴「後征西将軍宮の研究」（『史林』第九九巻第二号、二〇一六年）
橋本雄『ＮＨＫさかのぼり日本史　外交編［七］室町』（ＮＨＫ出版、二〇一三年）
藤田明『征西将軍宮』（熊本県教育会、一九一五年。後に、一九七六年、文献出版より復刻）
三浦龍昭『征西将軍府の研究』（青史出版、二〇〇九年）
村井章介『アジアのなかの中世日本』（校倉書房、一九八八年）
村田正志「南朝関係　五条家文書の研究」（同著『村田正志著作集』第二巻、思文閣出版、一九八三年）
森茂暁『懐良親王―日にそへてのかれんとのみ思ふ身に―』（ミネルヴァ書房、二〇一九年）
山内譲「瀬戸内の海賊衆の果した役割」（『歴史と人物』一四九号、一九八三年）
山内譲「南朝の海上ネットワーク―伊予国忽那島と忽那氏」（同『中世の港と海賊』法政大学出版局、二〇一一年）
山本隆一朗「南北朝内乱と九州」（大庭康時・佐伯弘次・坪根伸也編『武士の拠点 鎌倉・室町時代』高志書院、二〇二〇年）

菊池武光——征西府軍の中心となった〝九州将軍〟

一族の歴史的使命

全国的に劣勢に立たされていた南朝方だったが、懐良《かねよし》親王を中心とする九州南朝軍だけは幕府方を圧倒し、そこに強大な勢力を築き上げることに成功している。その立役者ともいえるのが菊池《きくち》武光《たけみつ》であった。

菊池氏は、肥後国北部の菊池郡を本拠とする武士団である。その出自について、弘和四年（一三八四）の菊池武朝《たけとも》（武光の孫）申状《もうしじょう》には、「中《なか》の関白《かんぱく》（藤原《ふじわらの》）道隆《みちたか》四代の後胤《こういん》」の則隆《のりたか》に始まるとしている。この藤原北家《ほっけ》を起源とする説は長い間信じられてきたが、現在では否定されている。事実としては、大《だ》宰権帥《ざいごんのそち》の藤原隆家《たかいえ》（道隆の子）の第一の郎等《ろうとう》（従者）が則隆であった。

ただ、そうした一族の歴史が信じられていたことは大きな意味をもっていた。川添昭二氏によれば、武光のころには、菊池氏の家系が大宰権帥を代々つとめた「中の関白家」の後裔という家伝は確固たるものになっており、菊池氏にとって大宰府を掌握し、全九州に号令することは「歴史的使命」であったとしている。

博多合戦と「肥後守」補任

鎌倉時代の菊池氏については、治承・寿永の乱の際、菊池隆直《たかなお》が平氏方として戦ったことで鎌倉幕府から一貫して抑圧され、そのため率先して討幕に加わり、南北朝期でも南朝方を支え続けた、と考えられてきた。ところが小川弘和氏によると、菊池氏は幕府から厚遇され肥後国の筆頭在庁《ざいちょう》の地位を保ったこと、また、幕府中枢の北条一門とも繋がりをもち、鎌倉末期には少弐《しょうに》・大友《おおとも》両氏に迫る地位にあったことなど、従来の見解に大幅な修正を加えられている。

菊池氏が有力な御家人だったことは、菊池武房《たけふさ》らの活躍が描かれている「蒙古襲来絵詞《もうこしゅうらいえことば》」からもうかがうことはできるが、彼の孫の武時《たけとき》は、元弘三年（一三三三）、博多にあった鎮西探題《ちんぜいたんだい》北条英時《ひでとき》を襲撃している。これ以前、護良親王や後醍醐天皇は九州の武士たちへ討幕を命じており、それに応じたものとみられる。三月十三日、武時はかねてから共闘を約束していた少弐貞経《さだつね》・大友貞宗《さだむね》に使者を遣わし探題討伐を呼びかけたが、両者ともに時期尚早と判断し動かなかった。そのため単独で探題館を急襲している。奮戦したものの衆寡敵せず、武時とその子頼隆《よりたか》は犬射馬場《いぬいのばば》で戦死し、弟の覚勝《かくしょう》が率いた七十余人も探題御所内で討ち取られている。瀬野精一郎氏は、このときの少弐・大友氏の菊池氏に対する裏切り行為への怨念が、南北朝時代六十年における菊池氏の行動を支える原動力となり、九州における南北朝動乱の原点であったとされている。

ところで、先の指摘のように、菊池氏が幕府から厚遇されていたとすれば、なぜ武時は離反に踏み切ったのか。この点について、小川氏は得宗権力が傘下の勢力の期待・要望に応えられなくなっていたこと、そして異国合戦以降の東国御家人の九州下向・定着にともなう地域構造の変動など、同時代的状況のなかで解く必要性を説かれている。

さて、元弘三年五月二十二日、鎌倉幕府は滅亡し、同月二十五日には鎮西探題北条英時も自害している。六月になると後醍醐天皇による建武の新政が開始される。「菊池武朝申状写」（「菊池古文書」）によると、楠木正成は、菊池武時を「忠厚もっとも第一」と主張したとする。そのため嫡子武重《たけしげ》は「肥後守《ひごのかみ》」に任じられた。菊池氏ではかつて隆直が「菊池権守《ごんのかみ》」と称されたが、正式な任官はこれが初めてであり、大変名誉なことであった。なお、同じような立場で国司に任用された新田義貞（上野・越後・播磨）、楠木正成（摂津・河内）や名和長年（伯耆・因幡）が、その最後まで後醍醐方であり続けたことを思うと、この「肥後守」補任は、その後の菊池氏の帰趨を決定するうえで重要な意味をもったと考えられる。

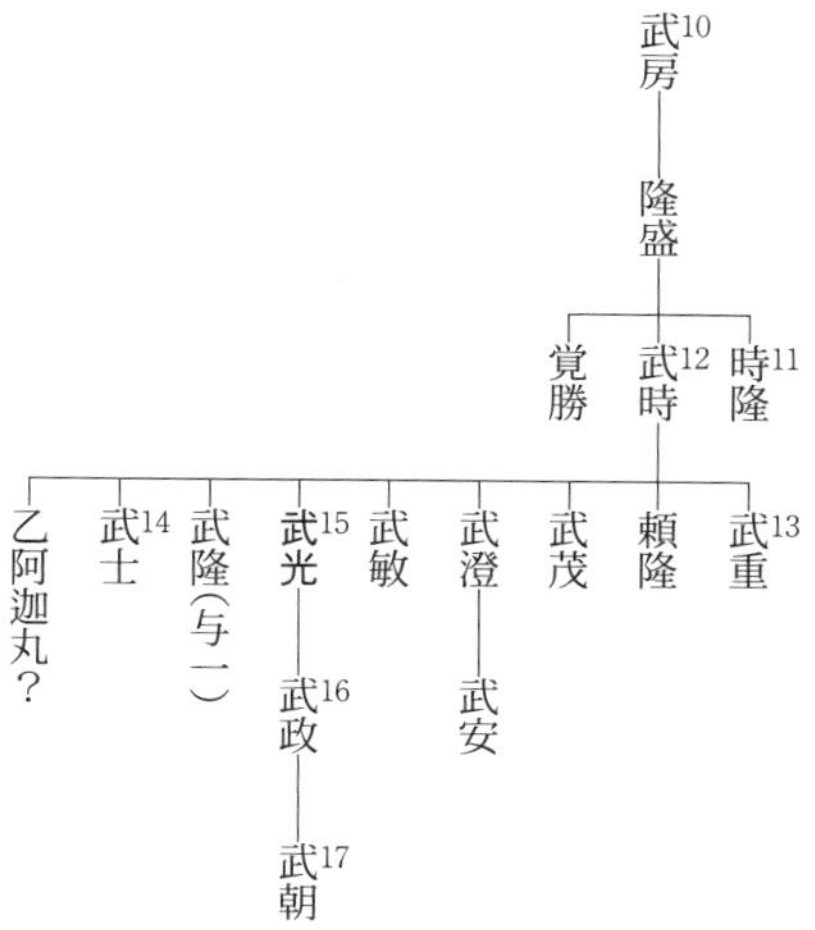

菊池氏略系図　※数字は、菊池氏当主歴代順

菊池一族の結合と低迷

菊池氏では、各庶子家の自立を前提として、一族が協力し合って惣領を盛り立てて戦乱を乗り切ろうとする一族一揆の体制をとっていた。それがよくわかるのが、延元三年（一三三八）七月二十五日付「菊池武重起請文」（「菊池神社文書」）である。これは「菊池家憲」とも呼ばれ、現存する最古の血判状として著名である。その第一条には「天下《てんか》の御大事《おんだいじ》」は惣領武重が決定し、第二条では「国務《こくむ》の政道《せいどう》」（国内の政務事項）は内談衆《ないだんしゅう》の議定を優先することが定められている。このように惣領と有力庶子家の集まりである内談衆とが権限を分け合って一族の団結を図ろうとしていた。そして、惣領と庶子とを結び付ける精神的支柱の役割を果たしていたのは曹洞宗瑩山派《けいざんは》の禅僧大智《だいち》であった。

延元三年から興国年間にかけて、菊池氏の惣領・庶子の寄進状・起請文・請文などが多く残されている。そこにはある一つの特徴が見られる。

・「武略を天道《てんどう》に守りて、長く本朝《ほんちょう》の鎮将たらん、仍って忠を朝家《ちょうか》に致して」
・「弓箭《きゅうせん》の家に生て、朝家に仕ふる身たる間」
・「君のおんため、当家のため」

こうした記述は、戦前、盛んに喧伝された南朝への忠誠を貫いた「忠臣」「勤王」という菊池氏のイメージとぴったりと重なる。ただ広瀬良弘氏が指摘されるように、それらの文書の作成に「大智の指導が相当になされた」ことには注意しなければならない。どこまで実体を表しているのかについては慎重に判断する必要があるだろう。

その後、惣領と庶子との間の起請文などはみられなくなる。その理由として、菊池氏の惣領権が武光のときに確立し、惣領と庶子との関係性が安定したためだと考えられている。そこで大智を中心とした一族の結合は不要となった。それでは武光自身に「朝家」のためという意識はあったのか。こちらについても史料がないため確証を得ることができない。ただ、孫の武朝の申状では「当家代々三百餘歳忠義」とあり、誇張されている可能性もあるが、そうした意識はある程度一族内に伏在していたといえよう。

延元三年末頃から翌年七月までの間に菊池武重は病死したとされるが、ここから菊池氏の低迷期が始まる。武重の遺跡を継いだのは弟の武士《たけひと》であった。ただ、彼は年若くまた病弱だったこともあり、代わって兄の武茂《たけもち》や武敏《たけとし》が実際の軍事活動を行っている。だが興国四年（一三四三）三月、豊後国守護の大友氏泰《うじやす》の軍勢によって「菊池城」＝深川城（熊本県菊池市）が攻められるなど、幕府方の勢いに押されつつあった。

こうしたなか、武士は一族を統率していくことの困難さを痛感したのか家督を譲与することを思い始めた。翌年正月十一日付の武士から大智へ宛てられた書状には、兄武重の遺言に任せて兄弟一族中からふさわしい者を選び、家督を継がせることをほのめかしている。また、年未詳十月二日付の譲状（以上、「広福寺文書」）によると、乙阿迦丸《おとあかまる》を養子として家督を譲与するが、もし発願《ほつがん》を破るようなことがあれば兄の与一《よいち》（武隆《たけたか》）に譲ることに決めている。その後、武士は引退し出家した。

武士に代わって家督を相続した乙阿迦丸について、一般的には武光と同一人としているが、別人と見なす見解も出されている。花押が明確に異なること、後述するように、興国四年には武光の軍事活動が見え、このときにはすでに元服していた可能性もあり別人のようにも思われる。

以上のように、惣領武士の下で菊池氏は閉塞した状況に陥っていた。そのなかで現れ出たのが菊池武光であり、その背景として、森茂暁氏は「一門の中から決断力と実行力に富む有望な人材」が求められたとしている。

菊池武光の台頭

武光の生年については、元徳元年（一三二九）ごろとされている。これは武光が後に仕えることになる懐良親王の推定される生年と同じである。生まれは菊池ではなく、肥後南郡の豊田荘（熊本県城南町）で「豊田十郎」を称していた。

この近隣には、阿蘇氏の有力一族恵良惟澄《えらこれずみ》の本拠の甲佐《こうさ》社領があった。興国四年（一三四三）、惟澄は精力的な軍事活動を行っており、主に肥後国内を転戦していた。そのなかで若き日の武光もともに戦ったことが知られる。同年五月、田口向城（熊本県甲佐町）で河尻《かわじり》・詫磨《たくま》以下と合戦し、その後も惟澄とともに少弐頼尚《よりひさ》軍と数回合戦している。このように、武光と惟澄の二人は早くから関係をもっていた。

正平元年（一三四六）七月五日、武光から惟澄に書状（「阿蘇家文書」）が出されている。これは現存する武光の発給文書として最も古いものである。その内容は、惟澄が訴えていた阿蘇社の末社郡浦社の社領のことだった。ここはもともと阿蘇氏惣領の宇治惟時《うじこれとき》のものであった。武光は、筑後にいた懐良親王の側近五条頼元《ごじょうよりもと》のもとまで赴き、この惟時跡の所領を一時的な料所にはしない旨の確約を得たという。武光と惟澄はともに一族内の庶子ながら惣領権の獲得を目指す同盟関係にあった。

武光の希望が叶えられたのは翌年十一月である。頼元から惟澄に宛てられた書状には、「今度菊池家事、武光同じく勅約の綸旨を下され候」（「阿蘇家文書」）とあり、武光は「勅約」の綸旨を賜っている。問題はその中身だが、惣領であった兄武重が任じられていた「肥後守」の地位ではないかとされている。この吉野朝廷からの内諾をもって惣領の地位を周囲の者たちに認めさせようとしたのだろう。

懐良親王の肥後入国

延元三年（一三三八）九月、征西大将軍として懐良親王が派遣されることになった。当初の目的地は肥後国阿蘇であったが、興国三年（一三四二）五月になってようやく薩摩国に到着している。谷山城（鹿児島市）に入り、以後、守護島津氏と合戦を繰り広げた。その間、阿蘇氏への誘引を頻繁に行っているが、なかなか北進の目処は立たなかった。

肥後に向けて親王たちが出発したのは、正平二年（一三四七）十一月の末である。先に述べたように同月、武光は「勅約」の綸旨を得ていた。おそらくこのことが関係しているのだろう。相変わらず阿蘇氏では惣庶間の対立が続き、惣領の宇治惟時は煮え切らない態度をとっていた。懐良たちは阿蘇氏に見切りをつけ、武光に頼ることを決めたのではないだろうか。親王一行は、翌年正月二日に宇土《うと》（熊本県宇土市）に到着し、同月十四日には御船御所《みふねごしょ》（同御船町）に入っている。そして二月中旬、武光に擁されて菊池（同菊池市）に移った。ただ、それを報じる文書には「将軍宮、この間、菊池に御逗留」（「阿蘇家文書」）とあり、すぐに筑後に進発することも書かれている。したがって、この菊池入りは大宰府へ向かうための一時的な滞在と考えていた可能性もあるだろう。

こうした動きに対して幕府方も警戒を強め、鎮西管領一色道猷《いっしきどうゆう》やその息直氏《なおうじ》等が肥後に進軍してきたため、南朝方の筑後進出はうまくいかなかった。結局、正平十六年八月に大宰府に入るまでの十三年半、この菊池御所を本拠として九州経略を進めていくのである。

正平四年九月二十六日付の「征西将軍宮令旨写」（「阿蘇家文書」）によると、北進のため肥後・筑後の軍勢を召集しているが、「南郡」については「肥後守武光」を使者として遣わすと記されている。武光が「肥後守」と記されるのはこれが初見である。またこの「南郡」とは、緑川より南の宇土・益城《ましき》・八代《やつしろ》以下を指すので、惟澄の本拠地である益城郡も含まれていた。懐良たちは菊池武光のほうを、征西府の軍事面の中核に据えようと考えていたのである。

ただ、それでも惟澄の軍事力に頼るところは大きかった。いつからかはっきりしないが、合志幸隆《こうしゆきたか》に奪われていた「菊池本城」（深川城）を奪回するため武光は惟澄の協力を仰いでいる。そして同年十月、まず外城を破却し、さらに翌年三月に六日間昼夜戦い続け、ようやく幸隆を没落させた。こうした実績により、武光の惣領としての地位はいっそう固まっていった。

観応の擾乱と筑後進出

貞和五年（一三四九）九月、足利直冬《あしかがただふゆ》の下向により、九州の諸勢力は、南朝方、幕府方（鎮西管領）、そして足利直冬方に三分されることになった。直冬方は急速に勢力を拡大し、翌年には筑前の守護少弐頼尚も与同している。

当初から直冬方は幕府方との対立に集中しており、南朝方とは協調的姿勢を保った。その関係が変化するのは、観応二年（一三五一）である。南朝方は、当時立場を失っていた一色道猷と協力し直冬の勢力拡大を阻止することにした。同年八月ごろから肥後国内で南朝軍と直冬軍との戦いが始まり、十月には南朝方の筑後進出が見られる。ちょうどこのころから、武光に関する史料が増加し、配下の武士たちから提出された軍忠状へ署判を行っている。これは軍功を認める行為であり、武光がそれらの合戦で軍事指揮をとっていたことがわかる。懐良親王を擁した武光は、肥後一国を超え、九州各地の武士たちを率いる立場になったのである。

また、この他の武光の活動として注目されるのが、敵方諸将との政治交渉の窓口となっている点である。例えば、正平六年（一三五一）十月二十九日付「菊池武光書状写」（「大友家文書録」）を見ると、幕府方の田原貞広《さだひろ》に対し、「一色範氏《のりうじ》（道猷）殿の処遇については、吉野朝廷にまで名が聞こえている者なので注進し許容していただく」ことを約束している。この後、足利直冬と少弐頼尚、宇治惟時や島津伊久《これひさ》の南朝帰参にも武光は関わっていた。先に指摘したような、菊池氏と少弐氏との関係性を踏まえると、こうしたことに武光が関与していたことには留意しておく必要があるだろう。

針摺原の戦い

正平七年（一三五二）二月、足利直義《ただよし》が死去すると、南朝方は一方的に和議を破り、京を占領した。九州でも南朝方と一色方との連携は解消される。養父を喪った直冬から離反する武士は増加し、同年十一月十二日、筑前国椿《つばき》・忠隈《ただくま》（福岡県飯塚市）の合戦で直冬軍は一色軍に敗れている。その後、直冬は九州を脱出し長門へ逃れ、南朝に降参した。京での風聞では、同月二十五・六日、菊池武光はとり残された少弐頼尚を助けるため大宰府に向かい、少弐・菊池の連合軍は一色軍を打ち破ったと伝える（『園太暦』）が、これにはやや疑問が残る。というのも一色方の武士の軍忠状には、十一月二十四日の「宰府合戦」で少弐頼尚の軍勢は敗れ、浦城《うら》（同太宰府市）に逃げ込み、十二月一日から一色直氏の軍勢が同城へ攻め寄せたことが書かれている。以上のことから考えると、武光の救援や少弐方の勝利は誤報だった可能性もある。

正平八年正月、武光の兄武澄《たけずみ》は肥前に進入し一色範光《のりみつ》を攻めている。武澄は一族のなかで武光と並ぶ官名（肥前守《ひぜんのかみ》）を称しており、武光の下、菊池武士団の副将・補佐役の地位にあったという。その後、武光は浦城に攻囲されていた少弐頼尚を「後巻」するため大宰府へ向かった。そして二月二日、大宰府南方の筑前国針摺原《はりするばる》（福岡県筑紫野市）で、菊池武光・少弐頼尚の連合軍と一色道猷軍とが激突し、この戦いで一色軍は大敗している。『太平記』（巻三十三）によると、このとき頼尚は武光の救援に感謝し、「今から後の子孫七代にいたるまで、菊池の人々に向かって弓を引き、矢を放つこと」はないという「熊野の牛王《ごおう》」（起請文）を記したとする。のちに大保原《おおほばる》合戦で約束を違え自らに敵対した少弐氏を辱めるためにそれを用いた話が載せられている。ともあれこの戦いにより、九州の戦況は南朝方の優位が決定的となった。

筑前・肥前・豊後・豊前征伐

正平十年（一三五五）は、長きにわたる鎮西管領一色氏との戦いの勝敗が決した年になった。同年八月、懐良親王は武澄以下を率いて肥前へと向かっている。武澄の軍勢は国府の占領に成功し、千葉胤《ちばたね》泰《やす》の籠もる小城《おぎ》城（佐賀県小城市）を落としている。この後、さらに筑前・豊後・豊前へと転戦し、幕府方をことごとく破っていく。まず十月二日、筑前より豊後国日田（大分県日田市）へ向かい、その後、本陣を豊後国府（同大分市）に移す。ここで大友氏時は南朝方へ降っている。さらにそこから豊前に入り、城井《きい》城（福岡県築上町）にあった宇都宮頼綱《うつのみやよりつな》も帰順している。最後に筑前国植木（同直方市）を経て博多に入っている。これらの一連の合戦により、筑・豊・肥の六ヵ国、つまり北九州一帯の平定を成し遂げたのである。

その最中の十月、一色道猷・直氏の二人は九州から長門へ逃れている。道猷の九州経営は二十年にも及んだが、ここについに放棄せざるをえなくなった。翌年、道猷は失意のうちに帰京している。ただし、直氏は長門の厚東《ことう》氏を頼って再挙を図った。正平十一年十月には筑前まで進出したが、菊池氏の軍勢に敗れてふたたび長門に退いている。そして翌々年の春、直氏も上京しており、『太平記』（巻三十三）によれば、九州の武士たちは「皆宮方ニ従ヒ靡《なび》キ」、残るは日向国の守護畠山直顕《はたけやまただあき》だけになったという。

ところで、武光は肥後国司と守護の両方を兼ねており、彼の関係文書をみていると、それまで軍事関係が中心だったのに比べて、正平十二年頃から統治に関する文書が増加している。具体的には、守護としての立場で所領の引き渡し（遵行《じゅんぎょう》）を命じている。肥後国内では阿蘇社領に関するものが多く、その実態については、本書の四〇四頁以下に詳しい。この他、肥前と筑前の守護でもあった。

一方、国司としての活動では、肥後国の大社である藤崎八幡宮《ふじさきはちまんぐう》（熊本市）の造営に関わっていることが注目される。鎌倉期以来、同社の造営の費用は国内の荘園・公領に賦課される段米《たんまい》（一国平均役《いっこくへいきんやく》）をもって賄われていた。また、同国一宮の阿蘇社の神事造営も、国衙米《こくがまい》や棟別銭《むなべっせん》の賦課・徴収によって行われた。杉本尚雄氏は、菊池氏が肥後守であったことは、「阿蘇氏大宮司家をして、決定的に反菊池としない点で、有効であった」と指摘している。

日向・豊後遠征

先に述べたように、九州における幕府方の勢力は畠山直顕だけとなっており、武光は日向への遠征を決行したとされる。ただし、このことについては史料がほとんどなく、実際にあったのかどうか疑問視する見解もある。そこで少しこの問題に立ち入ってみたい。

『太平記』（巻三十三）によると、正平十三年（一三五八）十一月十七日、菊池武光は五千騎を率いて肥後を出立する。その後、豊後の大友氏時が裏切って武光の帰路を塞ごうとしている。だが武光は動揺することなく、畠山直顕の子がいる日向国三俣《みまた》城（宮崎県都城市）を十七日昼夜攻め続け落城させた。畠山父子が深山の奥へ逃げ籠もったため、武光は颯爽と肥後に引き返した。そして、大友を退治するため豊後へ向かっている。関連史料としては、同年十二月二日に日向の名刹大慈寺《だいじじ》（鹿児島県志布志市）に出された菊池武光の禁制（「大慈寺文書」）が唯一のものである。もともと大慈寺は畠山直顕の保護を受けており、ここで新たに軍勢の狼藉を禁止する禁制を得たということは、このとき武光軍が日向方面まで進出したことを裏付けるとする。

それでは事実はどうだったのか。なかなか難しい問題だが、豊後での南朝方と大友軍との交戦は一つの手がかりになるだろう。正平十三年十二月、大友氏時はふたたび幕府方へと転じ、「筑後宮」（懐良）の軍勢が豊後に攻め寄せたことは一次史料で裏付けられる。そして翌年三月、いったん帰国した懐良は再度豊後へ進軍しているが、こちらには「筑後宮并武光」とあって、武光は懐良に同行したことがわかる。そして四月には高崎城を攻囲している。以上のことから考えると、十二月の時点では武光と親王が別行動を取っていた可能性は高く、二方面（武光―日向：懐良―豊後）で作戦を展開していた可能性もあるだろう。したがって、武光の日向遠征は事実としてもよいのではないだろうか。

大保原合戦（筑後川の戦い）

正平十四年（一三五九）四月、大友氏に続いて少弐頼尚も南朝方から離反し、大宰府を進発した。そこで五月、武光たちは豊後から撤退し、いよいよ頼尚との長年の因縁に決着をつけるべく戦場に赴く。この両軍による筑後川《ちくごがわ》の戦い（大保原合戦）は、日本三大合戦の一つに数えられている（ちなみに他の二つは、川中島の戦いと関ヶ原の戦い）。

合戦の経過は『太平記』（巻三十三）に詳しい。まず七月、少弐頼尚は懐良親王たちを迎え撃つため味坂荘（福岡県小郡市）に陣を敷いた。宮方は、懐良親王・洞院《とういん》権大納言以下の公家たち、新田一族・菊池武光以下の軍勢で、三手に分かれて高良山《こうらさん》（同久留米市）などに陣取った。同月十九日、菊池側が先に仕掛け、筑後川を渡ると少弐方は大保原（同小郡市）まで退いた。そこから両軍のにらみ合いとなり、この間に、菊池軍は先述の少弐頼尚の起請文を掲げて挑発したという。そして八月六日の夜、菊池勢の夜討ちが決行され、少弐方は大混乱に陥った。夜が明け、第一陣の武光の子息武政《たけまさ》が突入し、頼尚の子息頼高《よりたか》（直資《なおすけ》の誤り）を討ち取っている。ただ、菊池勢でも菊池武明《たけあき》以下が戦死したという。

第二陣も両軍入り乱れての乱戦となった。そして第三陣は懐良親王、新田、菊池武光の軍勢であった。ここでは少弐軍が優勢で、懐良は三ヶ所の矢傷を負った。公卿たちや新田一族は身を挺して親王を守り大勢が討ち死にした。ここで奮戦したのが武光である。「いつのために惜しむべき命ぞや」と味方の軍勢を叱咤激励し、自ら真っ先に駆け入り、乗馬を射られながら十七度も敵軍に攻め入った。十二時間に及ぶ戦闘で両軍合わせて五千人以上が戦死したため、少弐軍は大宰府へ撤退し、菊池軍も優勢であったものの消耗が激しく、追撃することなく肥後国へ戻ったという。

以上が『太平記』でのあらましである。ただ、これはあくまで軍記物語なのでそのすべてを事実とすることはできない。それでは一次史料から見るとどうなのかというと詳しいことはよくわからない。というのも関係文書が非常に少ないのである。参戦した武士たちの軍忠状は、南朝方が一通、幕府方は五通だけである。ただこのなかには「丑の刻より同七日の巳の刻に至り」（「木屋文書」）との記述も見られ、実際には八時間余りの戦闘であったことがわかる。また漆原徹氏は、幕府方の軍忠状に共通するある特徴を見出している。それは末尾に起請文言（「もしこの条偽り申し候はば、八幡大菩薩の御罰を罷り蒙《こうむ》る」）が記されていることである。通常、自らの軍忠の申告内容については証人（大将、一族、軍奉行《いくさぶぎょう》）を立てて申請するが、この戦いではその確保が困難なほど幕府方は苦戦した状況だったのではないかと述べている。

なお、戦場となったのは筑後川の支流大刀《たち》洗川《あらいがわ》と宝満川《ほうまんがわ》の流域であった。この地域には同合戦に関する史跡が数多く残されているが、最も有名なのは大刀洗川であろう。これは合戦後、武光が血糊のついた刀を小川で洗うと川の水が真っ赤にそまったという話から付けられた名であるという。筑後川の戦いが世に広く知られるようになったのは、江戸時代後期の史家、頼山陽《らいさんよう》の有名な詩によるところが大きいが、それには「帰来河水に笑って刀を洗えば、血は奔湍《ほんたん》に迸《ほとばし》って紅雪を噴く」とある。現在は太刀洗公園として整備され、武光の銅像が建てられている。

この合戦で少弐方が敗れたという情報が京都に届いたのは十月二日ごろであった（『延文四年記』）。将軍足利義詮は慌てふためき、翌月には、「鎮西宮并武光以下の凶徒」追討を命じる後光厳天皇の綸旨の下付を北朝に申請している。

少弐氏を逐い大宰府へ

正平十六年（一三六一）二月、老齢の少弐頼尚に代わり実質的な軍事指揮を執っていた子息冬資《ふゆすけ》は軍勢を率いて、大宰府を発ち青柳（福岡県古賀市）に陣を敷いた。また七月五日、少弐頼国《よりくに》は肥前から筑前に向かい細峯城《ほそみね》（福岡市）に入っている。一方、五月ころから武光は懐良親王を奉じて日向で幕府方となった島津氏と戦っていた。ただ、こうした少弐氏の動きを警戒し肥後へ帰国している。そして七月、いよいよ大宰府へ向けて進軍を開始し、まず少弐頼国や松浦党《まつらとう》の本陣細峯城・飯盛城（ともに福岡市）を攻め、油山（同市）へと追い込んだ。『太平記』（巻三十六）には、菊池武顕《たけあき》が「山伏《やまぶし》・禅僧《ぜんそう》・遁世者《とんせいしゃ》」

などを使い内通者の情報を流したため、少弐軍は疑心暗鬼となりあっけなく飯盛城は落城してしまった話が載せられている。八月六日、武光は油山を攻め頼国を没落させている。翌日には少弐冬資、そして豊後から来援にきた大友氏時のいる青柳の陣を攻め立てた。少弐軍はここも堪えきれず、その後も武光の追撃に遭い敗走を重ねている。武光は手を緩めることなく、同月十六日には守護代を遣わし豊前国規《き》矩《く》郡（福岡県北九州市）の少弐方の残党も退治している。

そしてついに懐良たちは大宰府へ入り、ここに征西府が置かれた。いよいよ九州南朝の最盛期が始まったのである。菊池氏にとってもこの大宰府入部は大きな意味をもっていた。大宰府を掌握し、全九州に号令するという「歴史的使命」を達成したのである。川添氏は、「菊池氏歴代に脈打つ大宰府府官の血が大宰府回復を求めつづけさせたのであり、それが武光にいたってついに実現をみた」と述べている。

一方、少弐頼尚は豊後に逃れて大友氏のもとに身を寄せている。同年十二月の書状などから出家（法名「本通」）していたことが知られ、その後の彼の政治的行動はほとんど見られない。

長者原の合戦の勝利

大保原の戦いでの敗戦以降、劣勢となっていた幕府勢力を回復するため新探題斯波氏経《しばうじつね》が派遣されることになった。康安元年（一三六一）七月から九月の間に氏経は京を出発し、大船八艘に兵を分乗させ、新田・今川《いまがわ》・岩松《いわまつ》などの諸氏を率いて豊後国に向かった。そして十月三日に到着している。

『太平記絵詞』に描かれた長者原合戦　国立歴史民俗博物館蔵

斯波氏経は大友氏時の支援を受け九州経営を開始した。康安二年八月、氏経と氏時は豊前に兵を進め、宮方の守護又代官を討ち取り、豊前一国はほとんど幕府方となった。そこで九月、武光は豊後府中まで進軍し、大友氏の本城高崎城（大分市）に近い万寿寺《まんじゅじ》に陣を敷いた。十四日、突然、武光は万寿寺を出立し、敵方には肥後菊池に帰ると思わせておいて筑前へと向かっている。そして二十一日、武光軍と斯波氏経・大友氏時・少弐冬資軍とが長者原《ちょうじゃばる》（福岡県粕屋町）で激突した。この戦いは『太平記』（巻三十八）に載っているため著名であるが、確たる史料はほとんどない。『太平記』や『北肥戦誌《ほくひせんし》』などの二次史料でも合戦の経過にかなりの食い違いが見られる。ただ、菊池軍が勝利したのは動かないようである。この戦いを通して、少弐氏の勢力をさらに削減し、斯波氏経にも大きな打撃を与えることに成功したのである。

その後、十一月、少弐冬資は宗像《むなかた》大宮司氏俊《うじとし》と一緒になってふたたび筑前国香椎《かしい》（福岡市東区）・大隈《おおくま》（福岡県粕屋町）まで進出してきたが、武光はそれも迎え撃ち破っている。そしてすぐさま斯波氏経のいる豊後国へ向かい国内の諸城を攻めた。翌年閏正月、氏経が阿蘇惟村《これむら》に宛てた書状（「阿蘇家文書」）では、菊池武光がいまだ豊後に留まっており、大友氏時に合戦のことを催促するがなかなか応じてくれないと述べている。そうした状況を打開するため、氏経は周防国の大内弘世《おおうちひろよ》を頼ることにした。

もともと弘世は足利直冬方に属していたが、貞治二年（一三六三）ころになると周防・長門の守護職を条件として幕府方に転じている。そこで同年の春、弘世は九州へ渡り豊前国に攻め入った。ただ同年五月二日付の「島津師久《もろひさ》申状写」（「薩藩旧記」）によると、この戦いで武光軍に勝利し喜んでいたところ、ほどなく弘世は帰国してしまったという。これにより打つ手がなくなった斯波氏経は、ついに周防国府へと逃れ、ついで上京している。しばらくして探題職も解任された。

大宰府征西府の陥落

この後、武光に関する史料は極端に少なくなる。軍事的な活動としては、正平二十一年（一三六六）四月に豊前国岩隈《いわくま》城（福岡県みやこ町）・伊田《いだ》城（同田川市）を、翌年七月に香春《かわら》城（同香春町）の少弐冬資軍を攻めていることは確認される。藤田明氏によると、この戦いに破れた冬資は上京し、建徳元年（一三七〇）の末まで在洛していたとする。

統治的なものとしては、肥前・肥後国の守護として、寺社の造営、遵行に関わる文書が数通見られるのみである。このことに関して森氏は「不思議といわざるをえない」とされ、「正平末年のころ、菊池武光は、何らかの理由で社会的活動の第一線よりすこし身を引いていたと思われるものの、完全に引退していたわけではなく、武家方にはなお敵軍の総帥とみなされていた」と指摘している。

これまで多くの戦場を駆け巡ってきた武光の最期の相手は、名将今川了俊《りょうしゅん》であった。応安四年（一三七一）二月、新たな探題となった了俊は京都を発して、九州下向の途についた。了俊は焦ることなく万全の準備を整えながら進軍している。同年七月、先遣隊として了俊の子息義範《よしのり》が豊後高崎城に入っている。そこで武光の子武政《たけまさ》はこれを攻め、さらに八月六日、武光も伊倉宮《いくらのみや》を奉じて合流し、以後、同城を攻め続けた。その間、十一月、了俊の弟頼泰《よりやす》が長門から肥前国上松浦呼子津（佐賀県唐津市）に上陸。十二月十九日には、了俊も豊前門司《もじ》（福岡県北九州市）に渡り、ついに九州へ上陸した。そうした状況を見て、文中元年（一三七二）正月、武光は大宰府への撤退を決めた。結局、高崎城の攻囲戦は四ヶ月に及び、百回以上攻め込んだものの城を抜くことはできなかった。

同年二月、肥前方面の今川頼泰は同国烏帽子嶽《えぼしだけ》（佐賀県伊万里市）に陣を敷き、菊池武政が一昼夜攻めたものの敗れている。同時に了俊も筑前へと進み、大内弘世・少弐冬資の助力を得て同国多良倉《たらくら》・鷹見嶽《たかみだけ》城（福岡県北九州市）を陥れている。それに対し、武光も筑前方面へ出陣したことは知られるが、劣勢を挽回することはできなかった。四月八日、了俊は、大宰府北の佐野山《さのやま》に陣を敷いて攻囲した。そこからさらに慎重に事を進め、筑後から頼泰の軍勢が合流するのを待って総攻撃を仕掛けた。そして八月十二日、とうとう大宰府は陥落している。史料はないが、おそらく菊池武光は、懐良親王を奉じて高良山へと逃れたと思われる。

そして翌文中二年になると、突如として子息菊池武政の書状が現れ、そのなかには悲観的な文言が見られる。川添氏によると、これは父武光が病に倒れたか、またはすでに没していたためではないか、とされている。そして「菊池総系図」によると、同年十一月十六日、武光は没したと伝えられている。享年は四十五歳であった。この間、かなり急なことであったので、あるいは了俊軍との戦いによる戦傷がもとで亡くなったのではないかとも考えられている。

征西府軍の「九州将軍」

なぜ、菊池氏は一貫して南朝方に立ち続けたのか。一つには建武政権での肥後国司への抜擢が影響しているだろう。さらに菊池氏の家伝にともなう「大宰府志向」、少弐氏への対抗意識もこれまで指摘されてきたところである。ただしこの点については、父武時の命を奪った仇敵でありながら、少弐頼尚の南朝帰参を仲介し、浦城でも救援するなど、少弐氏に対して相容れないような強烈な意識があったと言い切れるかは難しいところである。

菊池軍の強さについて、菊池千本槍や菊池十八外城などの伝承も残されているが、本項で見てきたように、武光の個人的力量によるところは大きかった。『太平記』で描かれている武光の戦場での活躍は目覚ましい。断片的な一次史料を繋ぎ合わせても、各戦線へ一族を適切に配し、機を見て軍を転じ敵の本拠をつき、合戦で勝利した後には一気加勢に追撃するなど、その軍事的才能を垣間見ることができる。

征西府軍に武光なくしては、九州南朝の全盛期が到来することはなかったであろう。「菊池系図」には、武光のことを、二十余年にわたり「九州静謐の武功」を挙げた「九州将軍」であったと記されている。まさにその称にふさわしい存在だったといえる。

ただ、それにしても晩年の武光については謎が多い。なぜ征西府の全盛期に彼は一線を退いたのだろうか。思い合わせてみると、ちょうどそのころ、長年、因縁のあった少弐氏との戦いにほぼ決着をつけている。あるいはこのことも関係しているかもしれないが、それをはっきりと語ってくれる史料は残されていない。

（三浦龍昭）

【主要参考文献】

阿蘇品保夫『菊池一族』（新人物往来社、一九九〇年）
阿蘇品保夫「菊池一族史の再検討」（『乱世を駆けた武士たち』熊本日日新聞社、二〇〇三年）
漆原徹「起請文言を持つ軍忠状」（『古文書研究』第五五号、二〇〇二年）
小川弘和「中世肥後国府と菊池氏」（『総合科学』二四号、二〇一八年）
小川弘和「中世菊池氏の虚と実」（熊本県立美術館編『菊池一族の戦いと信仰』菊池川二千年の歴史展実行委員会、二〇一九年）
川添昭二「菊池氏の大宰府戦略」（「新・熊本の歴史」編集委員会編『新・熊本の歴史』三、熊本日日新聞社、一九七九年）
川添昭二『菊池武光』（戎光祥出版、二〇一三年。初出一九六六年）

工藤敬一「菊池氏」(『日本の名族―一二　九州編Ⅱ』新人物往来社、一九八九年)
志方正和「菊池氏の起源について」(同著『九州古代中世史論集』志方正和遺稿集刊行会、一九六七年。初出一九五九年)
杉本尚雄『菊池氏三代』(吉川弘文館、一九六六年)
瀬野精一郎「九州少弐・菊池氏　宿命の対決」(『歴史と人物』一四九号、一九八三年)
平泉澄『菊池勤王史』(菊池氏勤王顕彰会、一九四一年)
広瀬良弘「禅僧大智と肥後菊池氏」(同著『禅宗地方展開史の研究』吉川弘文館、一九八八年)
藤田明『征西将軍宮』(熊本県教育会、一九一五年。後に、一九七六年、文献出版より復刻)
森茂暁「南北朝時代の菊池氏―征西将軍宮懐良との関係を中心に―」(熊本県立美術館編『菊池一族の戦いと信仰』菊池川二千年の歴史展実行委員会、二〇一九年)
森茂暁『懐良親王―日そへてのかれんとのみ思ふ身に―』(ミネルヴァ書房、二〇一九年)
山口隼正『南北朝期九州守護の研究』(文献出版、一九八九年)

恵良惟澄——分裂した阿蘇大宮司家

戦いに明け暮れた日々

正平三年（一三四八）九月付の「恵《え》良《ら》惟澄《これずみ》軍忠《ぐんちゅう》状《じょう》」（「阿蘇家文書」）をみると、南北朝時代の数多くの武将のなかで、恵良惟澄ほど戦いに明け暮れた者はいなかったのではないかと思ってしまう。軍忠状とは、合戦の後、武士たちが恩賞を申請するために手柄などを上申した文書であるが、この軍忠状は何と左右二・二メートルにも及ぶ長文である。その最後に、惟澄は十五年の間に「大小数百度」の合戦に臨み、討ち取った「凶徒」は数千人、その間に自身七ヶ所の傷を受け、討ち死にした親類や若党は百余人であったと記している。

惟澄は、阿蘇山の南側、南郷谷《なんごうだに》にある恵良（熊本県南阿蘇村）を本貫地とする阿蘇氏の庶子である。その出自ははっきりとしないが、阿蘇氏の惣領、阿蘇大宮司家の宇《う》治《じ》惟時《これとき》の娘婿であったとされている。

阿蘇氏は阿蘇神社の神主家で、十二世紀前半には武士団化しており、惣領の大宮司家をトップとして、その下に恵良・坂梨《さかなし》・上島などの庶家があった。いわゆる源平の争乱では、同国の菊池《きくち》隆直《たかなお》とともに平家方に加わったとして、乱後、鎌倉幕府によって大宮司惟泰《これやす》は解任されている。そして、阿蘇本末社領全体の預所職《あずかりどころしき》には北条時政《ほうじょうときまさ》が任じられた。以後、北条氏の支配が阿蘇社領・大宮司職に及ぶことになる。

建武の新政と多々良浜の戦い

そんな阿蘇氏にとって大きな転換点となったのが建武の新政期である。元弘三年（一三三三）三月十三日、阿蘇大宮司の惟直《これなお》は鎮西探題襲撃という菊池武時の計画に加わった。これを機に、北条氏の支配から脱することを試みたのであろう。だがこの挙兵は失敗に終わり、武時は敗死、同月二十五日には、北条氏一族の規矩高政《きくたかまさ》によって阿蘇大宮司館が放火されている。そんななか、四月二日に伯耆国の後醍醐天皇から綸旨が、同月二十九日には足利高氏（尊氏）から討幕を呼びかける密書（「髻《もとどり》の文《ふみ》」）が前大宮司宇治惟時に出されている。惟時がそれに応じることはなかったが、五月二十五日、少弐・大友・島津氏らに攻められ鎮西探題は滅亡した。

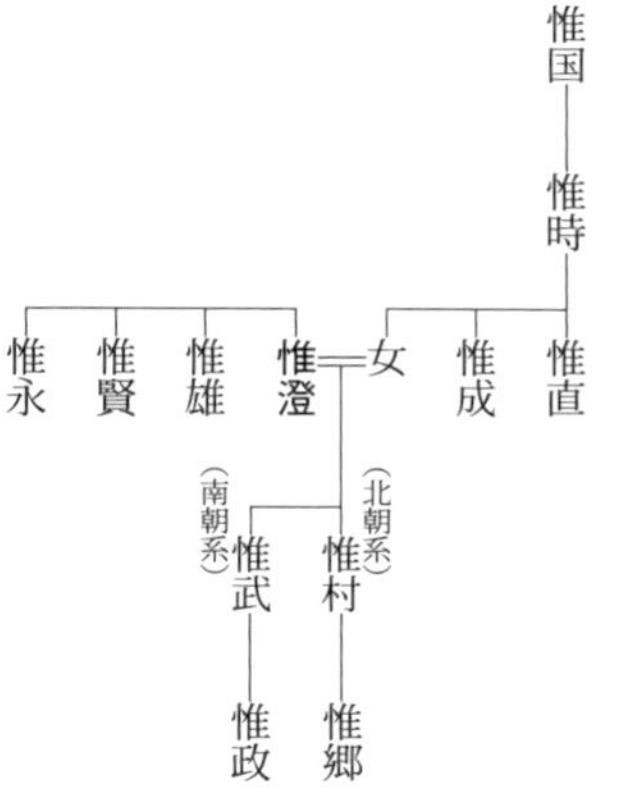

恵良氏略系図

建武政権における論功行賞では、阿蘇氏に対して手厚い恩賞が与えられている。大宮司の惟直には、阿蘇郡全域の支配権に加え、国内の有力三末社（甲佐《こうさ》・健軍《けんぐん》・郡浦《こうのうら》）の支配権、豊後国大佐井《おおざい》郷（大分市）・筑前国下座《げざ》郡（福岡県朝倉市）などが給付され、肥後国において阿蘇氏は菊池氏に次ぐ第二の政治勢力となったのである。

後醍醐天皇による建武の新政はさまざまな問題を抱え、建武二年（一三三五）七月の中先代の乱を契機とした足利尊氏の政権離反によって崩壊する。以後、建武政権軍と尊氏軍との戦いが全国的規模で展開される。阿蘇氏では前惣領《そうりょう》の惟時が上京しており、建武三年五月、後醍醐が比叡山に逃れた際には神器（八咫鏡《やたのかがみ》）を運ぶという重事を託されている。後年、懐良親王が征西大将軍として九州に派遣されるが、森茂暁氏によると、後醍醐にとって九州制覇の在地のキーパーソンは宇治惟時であり、彼が懐良の庇護者として選ばれた理由は、早い時期から軍事を通した固い絆が存在したためとされる。ただこの直前、惟時には大きな不幸が訪れていた。それは子息二人の戦死である。同年三月、筑前国多々良浜《たたらはま》の戦いで菊池軍に加勢した大宮司惟直と弟の惟成《これなり》は足利軍に敗れ自刃している。二人の死は、こののち阿蘇氏内部で争いが生じる一因となった。

なお、恵良惟澄もこの戦いに加わっていたがなんとか窮地を脱している。このとき、惟澄が用いたと伝えるのが太刀「蛍丸《ほたるまる》」である。その名は、惟澄のみた夢（激戦でぼろぼろに刃こぼれした刀に蛍が群がり元通りになった）に由来する。この伝承は、宝永七年（一七一〇）成立の『菊池軍記』で取り上げられている。太刀は阿蘇神社に宝刀として秘蔵されていたが、太平洋戦争後の混乱期に失われ、今に至るまで行方不明となっている。

肥後国内外を転戦する

この後の惟澄の行動については、冒頭で紹介した「恵良惟澄軍忠状」によって知ることができる。まず建武三年（一三三六）八月、菊池武敏《たけとし》と幕府方の今川助時《いまがわすけとき》が戦った唐河（熊本県菊陽町）の合戦で惟澄は先駆けしている。その後、阿蘇氏の拠点、阿蘇郡南郷城（熊本県南阿蘇村）で一色頼行《いっしきよりゆき》の代官を追い落とし、数十人を討ち取っている。さらに筑後国へ進み豊福原（福岡県八女市）の合戦でも先駆けし、その際には乗っていた馬を切られている。ただ、こうした惟澄の活躍にもかかわらず、肥後国内の南朝方は徐々に弱体化し、何とか踏みとどまったのは菊池と八代《やつしろ》の勢力ぐらいであった。

延元二年（一三三七）も数多くの合戦で奮戦する。まず二月、惟澄はわずか五十人余りを率いて益城郡の砥用《ともち》（熊本県美里町）・小北・甲佐（以上、同甲佐町）・堅志田《かたしだ》（同美里町）を攻撃している。いずれも阿蘇社の末社甲佐社の社領で、惟澄にとって「命を賭して守るべき一所懸命の本領」（『新甲佐町史』）であった。翌月には、同郡の豊田荘（熊本市・宇城市）へ攻め入り、幕府側の守護少弐頼尚《しょうによりひさ》の家人饗庭《あえば》宣兼《のぶかね》が率いる数百騎と戦う。惟澄は乗馬を切られ「徒武者《かちむしゃ》」となりながらも戦い続け、数十人を討ち取った。そして四月には、鎮西管領一色道猷《どうゆう》の率いる軍勢と犬塚原《いぬづかばる》（熊本県御船町）で交戦、菊池武重《たけしげ》と協力し道猷の舎弟頼行を討ち取っている。一息つく間もなく、六月には矢部山（同山都町）で数百人を討つ。その後、南郷城で坂梨子惟長《これなが》以下の数十人を討ち取る。そして七月には津守城《つもり》（同益城町）を落とし、今度は守富庄（熊本市）へ向かい敵方を追い落としている。これらの矢部山以下は、すべて惟澄および阿蘇氏・阿蘇本末社領であり、その回復を目指して戦っていたのである。

延元三年（一三三八）はしばらく平穏であったが、十月、少弐頼尚が数千騎を率いて惟澄の本城ともいえる甲佐城（熊本県甲佐町）に攻めてきた。惟澄はわずか三十余騎で城外に「懸出」したという。ただ、その後すぐに反撃に転じる。まず、郡浦で一色道猷の代官を討ち、次に南郷城で仁木義長《にきよしなが》の代官の甥立田十郎以下の数十人を討つ。さらに、日向国との国堺の野尻《のじり》城（同高森町）を落とし、高知尾《たかちお》一族等を味方に付けている。そして小国《おぐに》郷（同小国町）で合戦し、続いて玖珠《くす》・日田《ひた》の豊後国人等を迎え撃ち、大友一族の野津宮内卿以下の数百人を討ち取ったという。

以上、かなり詳細に彼の三年間の軍事活動を辿ってみた。この間、惟澄は絶え間なく戦っており、その相手は鎮西管領一色道猷、肥後国守護少弐頼尚、その代官などであった。戦場となったのは、自らの拠点の肥後国益城郡内が中心で、阿蘇本社領、末社（甲佐・健軍・郡浦）領の回復のために戦っている。このことについて稲葉継陽氏は、惟澄は一貫して南朝方として行動したことはよく知られているが、それは「勤王思想」というより、自らの領主権の維持、在地領主としての利害貫徹のための行動であったと説かれている。

北朝系大宮司との対立と南朝方からの誘引

興国二年（一三四一）八月には、市下八郎道恵という者が南郷城に立て籠もったため合戦となっている。市下道恵は、阿蘇氏一族庶子家の中の最年長者であった。これより先、建武三年（一三三六）三月、多々良浜の戦いに勝利した足利尊氏は、阿蘇氏を味方に引き入れるため後醍醐方の惣領家とは異なる大宮司の擁立を考えた。尊氏側から候補者の推薦を持ちかけられた道恵は、阿蘇氏の有力庶家坂梨氏から孫熊《まごくま》丸《まる》を担ぎ出し、四月五日、尊氏の下文により孫熊丸は大宮司に補任されている（北朝系大宮司）。

これに対して、上洛していた前大宮司宇治惟時も帰国後、大宮司に復職した（南朝系大宮司）。それ以後、二人の阿蘇大宮司が対立していた。惟澄は南朝系大宮司側に立ち、宇治惟時とともに何度か南郷城に攻め入ったが、この合戦でついに市下道恵・孫熊丸以下、六十余人を討ち取ったのである。これにより北朝系大宮司は消滅したが、阿蘇一族の中では新たな対立が生じた。これまで共通の敵のためにまとまっていた惣領宇治惟時と庶子家の代表となった恵良惟澄、この二人の間で争いが起こるのである。

興国三年五月、伊予忽那島《くつなじま》（松山市）での三年を経て、懐良親王一行はようやく薩摩国に到着した。それを告げる令旨副状が、惟時・惟澄の二人に出されているが、この二通の文書はまったくの同文であった。懐良たちは二人に対して等しく期待を寄せている。一方、翌月に出された後村上天皇の綸旨は、宇治惟時宛が八通、恵良惟澄宛はわずか一通であった。惟時には、建武新政時に付与された阿蘇本社領、三末社（甲佐・健軍・郡浦）領に加え、肥後国隈牟田《くまむた》庄（熊本市）、同国守富庄の地頭職、薩摩国守護領の支配も認めている。だが、惟澄には肥前国曾禰崎《そねざき》庄地頭職（佐賀県鳥栖市）が与えられただけであった。

このように、後村上天皇（吉野朝廷）側が惣領の宇治惟時を重視していたことは明白だった。

懐良たちは薩摩国谷山《たにやま》（鹿児島市）を御所として在地武士たちを味方とし、幕府方の守護島津氏との抗争を繰り広げている。ただ、その間も阿蘇氏へ働きかけている。結局、親王の薩摩在国は五年半に及んだが、現存している令旨や親王側近たちの書状のほとんどが宇治惟時・恵良惟澄の二人に宛てられている。だが、この間の二人の動きは対照的である。惟澄が一貫して南朝側に立ち、自らの勢力拡大を図ったのに対し、惟時の去就は定まらなかった。興国四年には惟時が「敵方」（幕府方）となったため、惟澄は益城郡の矢部城を押し取っている。興国五年閏二月の五条頼元《ごじょうよりもと》の書状には「自分のことよりも惟澄のことを大事に思っている」とあり、惟澄に対して相当に配慮している。ただし恩賞に関しては、近いうちに懐良親王が肥後へ入国するので、そのとき最優先に沙汰するとの約束だけであった。その後、同年十月には、惟澄から惟時がまた「朝敵」に属したとの報告があった。

こうしたこともあり、懐良側としては惟澄への期待が高まっていった。興国六年正月と二月、惟澄に益城郡の砥用山と矢部山を兵粮料所《ひょうろうりょうしょ》として与えている。ただ八月以降、再び惟時への誘引が始まる。その令旨では、元弘以来、惟時が「老躰」を顧みず忠節に励んできたこと、両息（惟直・惟成）の討死には比類のない手柄とし、もし味方となれば本領を安堵して新恩を与えることを約束している。この後、惟時には綸旨も出され、帰参を条件にやはり本領や恩賞地の安堵を約している。一方の惟澄に宛てられた綸旨では、彼が以前から望む「惟時跡の本領・新恩等」は「一同の時」に沙汰するとしている。

以上のような、阿蘇氏に対する南朝（吉野朝廷）や懐良側の対応について、森氏は「どちらかといえば惣領惟時を代表格にすえ、一族まるごと南軍に組織しようという両得主義に立っている」とする。ただ、こうした南朝・懐良側による惣領宇治惟時への優遇は、それまで軍忠に励んでいた惟澄にとって大いに不満を募らせるものだっただろう。こうした状況で、懐良側からは惟澄に「一同」に恩賞を与えることを繰り返し約束している。これは、惟澄・惟時のどちらかを優遇することなく、いずれ「皆一緒の時」に恩賞を行うと伝えることで、惟澄の抱いていた不満や不信感を少しでも払拭しようとしたのだろう。

惟澄を支えた者たち

正平元年(一三四六)七月五日、菊池武光から恵良惟澄に自筆の書状が出されている。そこには「身(武光)が訴訟は、ただ同じ所望」とあり、さらに「社務(宇治惟時)の跡」を「かりそめの料所(一時的な料所)」としないよう、五条頼元に何度も申し入れたとある。当時、武光と惟澄は似たような境遇にあり、一族内の庶子ながら惣領の立場を望んでいた。これより先、興国四年(一三四三)、惟澄は武光とともに田口(熊本県甲佐町)の向城《むかいじろ》で河尻《かわじり》・詫磨《たくま》氏以下の軍勢と合戦している。この頃の菊池氏は惣領の交代が相次ぐなど低迷が続き、そのなかで台頭してきた武光は、肥後国内の合戦で惟澄の協力を仰いでいる。崎山勝弘氏は、このときの両者の関係について対等もしくは惟澄のほうが武光に対し主導的な立場にあったとしている。

正平二年になっても惟時の去就ははっきりせず、先んじて肥後へ入っていた中院義定《なかのいんよしさだ》はその態度を「うらめしく候」と記している。一方の惟澄は、南朝方として戦い続ける。同年八月には、少弐頼尚や大友孫次郎〈近地景能〉らの軍勢と戦い退けている。その翌月、惟澄は申状と希望する所領のリストを征西府〈九州南朝の政務機関〉に提出し、彼自身と一緒に戦ってきた者たちへの恩賞を要求している。惟澄の希望は、惣領の宇治惟時が支配していた所領の獲得と大宮司になることであった〈この申状ではすでに「阿蘇大宮司」を自称している〉。以下、「一族分」として弟の惟賢《これかた》・惟永《これなが》、阿蘇一族の庶子上島惟《これ》頼《より》など十二名、さらに「他門分」四名の記載がある。この者たちが惟澄の軍事活動を支えていたわけだが、彼らにも個々の事情があった。その多くは、祖父や親父の所領をめぐり兄弟や一族間でもめており、惟澄に頼ることでその争いに決着をつけようとしていたのである。惟澄が自らの軍事力を維持し続けるためには、そうした武士たちの所領紛争を解決してやる必要があった。

だが、征西府側の対応はまったく彼らを満足させるようなものではなかった。多くは拒否され、特に肥後国内の要求は通らなかった。ひとまず料所として与えられたのは、他国〈豊後国・日向国〉分に限られた。また、惟澄自身の要求もやはり「一同御沙汰の時」という約束だけであった。これに不満を覚えた惟澄は五条頼元に対し、吉野朝廷への恩賞請求を求めている。頼元はこれを拒むことはできず、吉野朝廷へ直接の恩賞の沙汰をお願いしている。

ただその一方で、征西府側では密かに惣領の惟時を招いていた。同年十月七日の令旨では、惟澄の軍忠は「神妙」だが、惟時の功績には及ばないとしている。そして、惟時の津守・矢部・砥持の知行を「内々」に認めている。これらは惟澄が合戦を通して得た兵粮料所であり、それを惟時が帰参すれば安堵するというのである。

この頃になると露骨に惟時を優遇しているが、それは懐良親王の肥後入国が目前に迫っていたためであった。同年十一月の末、ようやく薩摩を出発、翌年正月二日、肥後国宇土津《うとつ》（熊本県宇土市）に到着している。そして惟時へ使者を遣わし、馳参するように告げている。同月十四日、親王一行は宇土から御船《みふね》御所（同御船町）に入り、ここでようやく惟時も参会した。ただ、阿蘇氏内部の対立や惟時の消極的な態度からか、懐良たちは当初目論んでいた阿蘇を拠点とせず、二月中旬、菊池武光の館に入っている。

一時的な関係修復と日向国「吏務職」

正平三年（一三四八）三月、それまで無位無官であった恵良惟澄が「筑後権守」に任じられている。ただし、同日の綸旨によると、彼が望んだ日向国守護職はすでに別人に与えており別国を追って沙汰すること、また、惟時に返還した社領の代替地については相応の土地を沙汰するよう懐良親王に命じたことが書かれている。つまり、惟澄の官職以外の要求は退けられたのである。

そして同年六月、惟澄は起請文を提出している。そこには「大との（宇治惟時）」に「ふちう・はらくろ（不忠・腹黒）」のことはしないと、伊勢大明神・阿蘇大明神以下に誓っている。ついに惟澄は、惣領の惟時に忠誠を誓って従属することを受け入れたのである。こうして、二人の関係は一時的には修復された。惣領惟時が一族をまとめ、その下で庶子の惟澄が実際の軍事活動を行う、それこそ懐良たちが望んでいた体制であった。ただそれもつかの間、同年九月二十八日、鎮西管領一色道猷は阿蘇社に願文を出しており、幕府方から阿蘇氏への接近が見られる。五条頼元は、惟時が一色道猷のもとへ見参したことを聞き「無念」と記している。ただこの後も、やはり惟時はその去就をはっきりさせることなく、懐良側からも引き続き令旨が出されている。

貞和五年（一三四九）九月、九州の政治情勢に大きな変化を与える出来事が起こった。京都での観応の擾乱のあおりを受け、足利直冬《ただふゆ》が肥後国に下着したのである。直冬は到着後すぐに宇治惟時へ書状を出し、阿蘇社に願文を納めている。

その一方で惟時は南朝側とも連絡をとり、同年十月には後村上天皇から本領・新恩地を安堵されている。また、同日に惟澄へも綸旨が出され、惟時に同心すべきことを命じ、日向国守護職の替わりに同国の「吏務職《りむしき》」（国司職）を与えている。惟澄はこれ以前から阿蘇の東隣、日向国北部の山間部の高知尾勢と連携をとっていた。同国の守護職を希望していたのは、日向方面へ進出することで活路を見出そうとしていたのかもしれない。

こうしたなか、またもや宇治惟時が「朝敵」に属したという情報が懐良側に届けられた。一方の惟澄は、正平五年（一三五〇）三月、高知尾勢を率いて「菊池本城」（深川城）に入っていた合志幸隆《ゆきたか》を追い落とすなどの手柄を挙げている。さらに、日向国高知尾荘（宮崎県高千穂町・日之影町・五ヶ瀬町・諸塚村）の敵も退治している。このように依然として、征西府の軍事面において惟澄は有力な存在だった。ただ正平四年九月、懐良は肥後・筑後の軍勢を召集する際、肥後守であった菊池武光に南郡（肥後南部地域）の軍勢の取りまとめを命じており、菊池氏と阿蘇氏の力関係は徐々に変化しつつあった。

宇治惟時が南朝に帰参

観応元年（一三五〇）七月、今度は足利尊氏より阿蘇社領一円が惟時に安堵されている。ただそのわずか四ヶ月後、惟時は南朝方になったとして、阿蘇・健軍・甲佐・郡浦等の社領地頭職、筑前下座郡・豊後国大佐井庄・同国日田庄（大分県日田市）等の地頭職、島津豊後守（実忠《さねただ》）の跡を安堵する令旨が出されている。ところが、同月に直冬方からも惟時に軍勢催促状が出されており、三勢力の間にあって相変わらずはっきりとした態度を示さなかった。

これまで、目まぐるしい惟時の去就について詳述してきたが、そもそもなぜ彼はそのような行動をとったのか。森氏は、惟時は伝統的な惣領中心の族的結合を維持したいという考えに固執し、①惣領の自分が政治的な立場を明確にすることで生じる一門の分裂を避けようとする意志、②子息二人を足利軍との合戦（多々良浜の戦い）で失った悔恨の念、③一門のなかでとびぬけて最長老だったこと、などに基づく「強い自己規制」が働いていたと指摘している。

そこで注目されるのが、正平六年（一三五一）二月十八日付の「宇治惟時譲状写」（「阿蘇家文書」）である。惟時は、先の阿蘇社領以下について、代々の証文を添えて孫子丞丸（宇治惟村《これむら》）に譲与している。

この丞丸とは、恵良惟澄と惟時の娘との間の子であった。このことに関して森氏は、惟時が惟澄を飛び越して嫡孫惟村を一族の中核としたのは、一門の分裂を避け、ゆるぎない安泰を期待したためだと述べている。なお、ここで惟時は南朝の正平年号を使用しているが、一ヶ月後には直冬方から豊前での軍功を賞されている。

ただその後になると、惟時は南朝の重臣たちへしきりに使者を遣わし、阿蘇社領の安堵、阿蘇社の興行などを求めている。その背景には、九州の政治情勢の変化があった。それまで優勢だった直冬の勢力に翳りがみられ、直冬方とは次第に距離を取り始めたのであろう。また、征西府内における阿蘇氏と菊池氏の立場の変化も関係していた。この頃、菊池武光は、肥後国司・守護として征西府の軍事力の中核となっており、懐良側は菊池氏への依存度を高めていた。それに比して、阿蘇氏のほうはそれまで目立っていた惟澄の活動も見られず、懐良側からの期待は低下していた。こうした状況に対する危機感から、惟時は懐良側ではなく南朝（吉野朝廷）を頼り、なるべく有利な条件を引き出し南朝方に帰参しようとしたのではないだろうか。結局、惟時と南朝との交渉は約一年続いたが、惟時の要求はなかなか成就しなかった。その原因は、惟時の南朝帰参が「自称」だった点にあり、これまでのような曖昧な態度ではもはや通用しなくなっていたのである。

惟時死去後の惟澄

ついに宇治惟時は南朝方として軍事行動を起こした。正平八年（一三五三）、菊池武光の指揮のもと、筑前国飯盛城《いいもり》（福岡市西区）の一色直氏《なおうじ》を攻めるため博多に赴いている。その後の惟時に関する史料は残されていないが、かなりの高齢だったこともあり、まもなく亡くなったとされている。

惟時の没後、惟澄の立場はどうなったのか。先に家督を譲り受けた丞丸は惟澄の子息であったことから、惟澄がその後見として権力を握ったとも思われるが、そのような状況にはなかったようである。というのも、惟時が亡くなった正平八年以後の約三年間、惟澄の発給・受給文書はまったく確認されない。

惟澄の立場を考えるうえで、正平八年六月二十四日付の「後村上天皇宸筆」（「五条家文書」）は重要である。後村上は五条頼元に対し、「その堺（九州）での錯乱」の噂に関して「恵良已下の悪行」は明らかであるが、いったん「和順」するように勧めている。詳細は不明だが、征西府首脳部と惟澄の間で何らかの確執が生じていたのだろう。また、正平十一年六月の「恵良惟澄申状案」（「阿蘇家文書」）によると、惟時他界後の三・四年間は知行が混乱しており、特に庶子の土田惟基《つちだこれもと》が「惣領や一族知行の村々」まで競望しているような状況であった。

正平六年頃を境として征西府から恵良惟澄への文書は激減し、正平八年以降はほぼ断交状態となっていた。従来の研究では、この間、阿蘇氏は惣領宇治惟時が死去、惟澄も消息を追えないほど存在感を失う。その間隙をぬって菊池氏が台頭し、征西府の軍事面を担っていくとされる。それではなぜ、惟澄は急速に存在感を失ったのか。その理由の一つとして、彼の軍事行動が基本的には阿蘇社領の維持・回復にあり、肥後国内もしくは東隣の日向国高知尾方面が主だったことも影響しているのではないか。もしかすると、この頃の征西府の勢力拡大の方針と惟澄の考えにはズレが生じていた可能性もある。また、上記のような惣領惟時の南朝帰参、征西府首脳部との確執、そして惟時死後の阿蘇氏内部の混乱していた状況なども要因として挙げられよう。

恩賞地をめぐる確執

そして、その根底にはやはり恩賞への不満があった。先の惟澄の申状案では、これまで数多くの感状や恩賞の綸旨・令旨を拝領したが、いまだ一ヶ所の支配も実現していないと訴えている。これ以後の惟澄に関する史料は恩賞地をめぐるものが大半である。

その一つ、甲佐社領の守富庄は惟澄の兵粮料所であったが、幕府方の河尻広覚が南朝方へ帰順したため地頭職を半分ずつ分け合うことになった。ところが、河尻側はそれに従わなかった。そこで征西府は、正平十三年（一三五八）八月、肥後国守護の菊池武光に河尻広覚の子息七郎の代官による濫妨《らんぼう》を停止し、惟澄に土地を引き渡すように命じている。武光は守護代（菊池武貫《たけつら》）に宛てて遵行状を出し強制的に執行しようとしたが、やはり河尻側は応じなかった。それどころか、河尻七郎は異議を申して「城郭」を構えたという。

この「城郭」というのは、今日のわれわれが思うような立派な石垣のお城ではなく、稲葉氏によると、塀で周囲を囲み矢倉を立てる程度のものであった。ただ、これを設けることは「当知行《とうちぎょう》」、つまり現在の自分の支配を近隣に主張する意味合いが込められていた。こうした事態は鎌倉後期からよく見られたが、地域社会における自己の所領拡大を目指す在地領主どうしの争いと、南北朝の分裂にともなう上級権力（南朝や幕府）の分裂とが結びつき、十四世紀の内乱は全国的に継続することになったと指摘されている。

結局、年貢の半分だけを河尻方より惟澄に支払うことになったが、それもなかなか実行されなかった。征西府に対する惟澄の不信感はさらに強まったと思われる。そのためか、この間の大保原《おおほばる》の戦いをはじめとする九州の南朝方の合戦に惟澄が参戦することはなかった。

念願の阿蘇大宮司補任

正平十五年（一三六〇）三月十三日、阿蘇社に大きな災いが降りかかる。それは、この日の深夜に起こった火災である。柳田快明氏によると、阿蘇一族の長老である惟澄にとって火災の事後処理こそが喫緊の課題で、征西府の動向は二の次だったと述べられている。このときの正式な大宮司は惟澄の子息惟村であったが、彼は幕府方に属していた。そのため翌年二月、懐良親王の令旨により、阿蘇社の社務職と社領を惟澄に安堵している。注目されるのは、惟澄のことを「大宮司殿」と呼んでいる点で、ついに正式な阿蘇大宮司として認められたのであった。ここには惟澄を大宮司にして阿蘇氏の勢力をまるごと自勢力に取り込もう、という征西府側の意図があったことは間違いない。ただその一方で、惟澄としても火災からの復興のため自ら大宮司となり、征西府に働きかけるほうが得策だと判断したのではないだろうか。

さっそく同年六月、大宮司惟澄は阿蘇社領（肥後国小河郷〈熊本県宇城市〉・郡浦荘〈同宇土市〉）の回復のため、宇土道光《どうこう》や名和顕興《あきおき》の押領停止を求める訴訟を起こしている。名和顕興は、後醍醐の寵臣・名和長年の孫であった。顕興の代官は小河郷で「要害」を構えているが、これも先の「城郭」と同様のものである。菊池武光の命を受けた守護代と使節は現地へ臨んでいる。一度目は顕興が異議を申し立てたが重ねて命令が下り、ようやく郡浦社側に引き渡された。ところがその後、顕興の代官は多くの者を引き連れ郡浦社の雑掌《ざっしょう》に刃傷《にんじょう》し、神人《じにん》たちを殴打するという事件を起こしている。また、郡浦荘においても宇土道光の代官が「城郭」を構え、郡浦社への引き渡しを拒むという、まったく同様の事態が起きている。侵害された権利や名誉は、自らの実力によって保持・回復する「自力救済」という考え方が強かったこの時代、自らの所領に関して上級権力から文書を入手し、正当な権利を得たとしても、その知行の実現はなかなか容易ではなかった。

一方、幕府方の大宮司阿蘇惟村は豊後・肥後国守護の大友氏時《うじとき》と連携しており、延文六年（一三六一）二月、将軍足利義詮は肥後国守護職の補任を条件として惟澄を誘引している。しかし、惟澄はそれに応じることなく一貫して南朝方の立場を保ち、結局、幕府側は阿蘇惟村のほうを同国の守護とした。

惟澄の最後の置文

正平十六年（一三六一）七月、菊池武光は筑前国へ進出し、八月六日、少弐氏の軍勢を打ち破り、ついに懐良親王たちは大宰府に入った。以後、征西府の全盛期、大宰府征西府時代が始まる。ところでこの出陣の最中、武光から恵良惟澄に書状が出されている。それは守富庄の年貢に関するものであった。このようなことが戦陣で沙汰されるのは極めて稀であり、征西府側が惟澄を重視していたことがうかがえる。

その後になると、惟澄に関する史料はほとんど残っていない。彼の最後の文書は、正平十九年七月十日付の置文と譲状である。自らの死期が近いことを悟った惟澄は、長子惟村に家督を譲ることにした。なぜ、幕府方にあった惟村を自らの後継者に選んだのだろうか。そこでこの置文を読み解いてみよう。

まず、このたび惟村が幕府方から南朝方となったので跡を嗣がせることを決心したとする。それに反発（「逆心」）したのが弟の惟武《これたけ》である。惟武は「武」という一字を菊池武光からもらい受けるなど、老齢の惟澄の代官として南朝方で活動していた。惟澄は病床の自分を見捨てた惟武を「不孝の罪」としている。ただ惟澄の見立てでは、一族の年配の者たちが若年の惟武をそそのかしたのだという。そこで、もし惟武が過ちを認め思い直せば、惟村は扶持を加え、後々はお互いに思いやってほしいと記している。ここには惟澄の父としての優しさ、子を信じたい親の気持ちがよく表れている。また、この置文には右手が動かなくなったため「手印」を押すとある。このことについて阿蘇品保夫氏は、少し前に患った脳溢血の後遺症ではないかとされている。長年にわたる合戦での無理がたたったのであろうか。

　そして同年九月二十九日、惟澄はついに没する。その最期に彼は何を思ったのだろうか。やはり二人の子息のことがもっとも気掛かりであっただろう。もしかすると、自身が長い間その地位をめぐって争った義父宇治惟時のことを思い出していたのかもしれない。惟澄が長年振り回されることになった惟時の曖昧な態度は、ひたすら阿蘇一族の分裂を避けるためであった。惟澄の最後の望みも同じだったのではないだろうか。

　ただ、そうした願いも空しく、惟澄の死後、阿蘇氏は幕府方の阿蘇惟村と南朝方の阿蘇惟武とに分裂する。惟澄の死から一ヶ月もせずに征西府側は惟武への家督相続を認め、正平二十年三月には惟武を正式な大宮司に補任している。一方の惟村は、幕府方の大宮司として活動を続ける。この後も二人の対立は続き、それぞれが大宮司職を世襲した。二つに分裂した大宮司家の対立が解消されるのは、南北朝合一からさらに約六十年も経った宝徳三年（一四五一）であった。

（三浦龍昭）

【主要参考文献】

阿蘇品保夫『阿蘇社と大宮司』（一の宮町、一九九九年）

稲葉継陽「十四・十五世紀の甲佐」（甲佐町史編纂委員会『新甲佐町史』甲佐町、二〇一三年）

崎山勝弘「征西府の肥後国支配―菊池氏と阿蘇氏との関わりをめぐって―」（今江廣道編『中世の史料と制度』続群書類従完成会、二〇〇五年）

杉本尚雄『中世の神社と社領』（吉川弘文館、一九五九年）

春田直紀「建武の新政と南北朝内乱」（宇土市史編纂委員会編『新宇土市史』通史編第二巻中世・近世、宇土市、二〇〇七年）

三浦龍昭『征西将軍府の研究』（青史出版、二〇〇九年）

森茂暁『皇子たちの南北朝―後醍醐の分身』（中央公論社、一九八八年）

森茂暁『懐良親王―日そへてのかれんとのみ思ふ身に―』（ミネルヴァ書房、二〇一九年）

柳田快明『中世阿蘇社と阿蘇氏―謎多き大宮司一族』（戎光祥出版、二〇一九年）

あとがき

　近年の南北朝期研究の進展にともなってか、書店に足を運べば足利尊氏をはじめとする室町幕府の歴代将軍や、執事・管領などに関する書籍が、絶えることなく書棚に並んでいる。しかし、南朝の人物に関するものは、ほとんどお目にかかることはない。あったとしても、後醍醐天皇、護良親王や北畠親房、楠木正成といった、いわばメジャーどころばかりである。

　そもそも、南朝研究自体が戦前の皇国史観に基づいた視角から脱却し、本格的に着手された始めたのがこの四半世紀くらいの話である。タイトルに「南朝」を冠した南北朝期研究者の手による書籍が、数としては少ないものの日本史コーナーに並ぶようになったのもごく最近（早くても十五年ほどまえ）のことではないだろうか。

　そうした中で、南朝の武将、及び武将に限らず南朝方の軍勢を率いて戦場を駆け抜けた公卿や親王を含む総勢31人の事績について、12名の研究者が南北朝期研究の最新の成果をふまえて分担執筆したのが本書である。

　南朝の武将は、筆者が担当した楠木正成・正行、名和長年など、いまだに南朝の「忠臣」という評価でのみ語られ、顕彰されることも多い。ここで忠臣史観の是非を問うつもりはないが、近年の南朝研究で明らかになった諸事実は、こうした見方だけにとらわれず、個々の人物についてもより豊かな実像を描くことを可能とした。

したがって、本書で語られる各武将の人物像も、後世に創作されたにすぎない美談や理不尽な古くさい思想に基づいた理想像を排除して、確かな史料と新たに解明された史実からできる限りの範囲でそれぞれの実像に迫ることを目指したものである。

そのため、本書を手に取った読者が、「推し」の人物の華やかな活躍を期待してページを開いたときに、意外と地味だったり、ヒールな面ばかりが見えたりして思っていたイメージとあまりにも違いすぎるという感想を抱くかもしれない。だが、それこそが私たち歴史学者の面目躍如であり、日頃の地道な研究成果を一般社会に広く伝えられる喜びに繋がっていると理解していただきたい。

とはいえ、本書で取り上げた人物には、執筆に際して南朝研究そのものの難しさの原因でもある関連史料の少なさに悩まされたり、先行研究を戦前にまで遡らねばならないものもあり、苦労された執筆者も多かったと思われる。加えて、本書の執筆期間には、いまだに猛威を振るう「コロナ禍」の影響があった。

各執筆者への依頼は、二〇一九年十二月に行われたが、年が明けると新型コロナウイルス感染症の脅威が懸念されはじめ、それは瞬く間に私たちの当たり前だった日常生活を破壊した。図書館や史料館などは一斉に閉鎖となり、いままで容易に手に取ることができていた書籍・史料を一切見ることができない状況が続いた。本書の執筆者の多くも、数ヶ月にわたって資・史料を収集できずになかなか執筆を進められなかったであろう。それでもこうして本書を世に送り出すことができたのは、執筆者各人の努力の賜物であり、編者の一人としてここに感謝申し上げる。

などと、偉そうに編者面をしてはいるが、本書に採用する人物の選定や執筆者各人への依頼といった大事なことの多くは、もう一人の編者である亀田俊和氏と編集担当の丸山裕之氏にご尽力いただいた。この場を借りてお二人にも謝意を表したい。

最後に、本書が書店に並んで読者の皆さんの目にふれる頃には、世間がいまより少しでもマシな状況になっており、やがては多くの方が本書を片手に各武将の「聖地巡礼」を気兼ねなく実現できる日が一日でも早く訪れることを強く願う次第である。

二〇二〇年十二月

生駒孝臣

【執筆者一覧】（掲載順）

亀田俊和　別掲

生駒孝臣　別掲

駒見敬祐

一九八七年生まれ。現在、埼玉県立文書館学芸員。

【主な業績】「鎌倉公方の発給文書」（黒田基樹編著『鎌倉府発給文書の研究』戎光祥出版、二〇二〇年）・「鎌倉府の権力構造と棟別銭」（『駿台史学』一六八、二〇二〇年）・「応安大火後円覚寺造営における室町幕府と鎌倉府」（『鎌倉』一二四、二〇一八年）

滝尻侑貴

一九八六年生まれ。現在、八戸市立図書館主事兼学芸員。

【主な業績】「中世南部氏と周辺領主―南部桜庭合戦と南部晴政・東政勝書状―」（『東奥文化』八六、二〇一五年）、中村隼人・滝尻侑貴・野田尚志「江戸の南部屋敷（２）―盛岡藩南部家江戸上屋敷の研究２―」（岩手県文化振興事業団埋蔵文化財センター『紀要』三八、二〇一九年。担当部分：三章五節）、「南部氏の正月行事にみる領主関係」（久保田昌希編『戦国・織豊期と地方史研究』岩田書院、二〇二〇年）

大薮海

一九八二年生まれ。現在、お茶の水女子大学基幹研究院人文科学系准教授。

【主な業績】『室町幕府と地域権力』（吉川弘文館、二〇一三年）、「室町幕府―権門寺院関係の転換点―康暦の強訴と調停・幕府―」（中島圭一編『十四世紀の歴史学―新たな時代への起点―』高志書院、二〇一六年）、「康暦の強訴終結後の混乱と南都伝奏の成立」（『お茶の水史学』六二号、二〇一九年）

中根正人

一九八六年生まれ。現在、国立大学法人筑波技術大学職員。

【主な業績】『常陸大掾氏と中世後期の東国』（岩田書院、二〇一九年）、「応永の乱と「足利義氏」」（『ヒストリア』二六九、二〇一八年）、「室町前期の東国南朝勢力―元中年号の検討を通じて―」（『日本歴史』八二六、二〇一七年）

谷口雄太

一九八四年生まれ。現在、東京大学文学部研究員。

【主な業績】『中世足利氏の血統と権威』（吉川弘文館、二〇一九年）、『室町期東国武家の「在鎌倉」』（鎌倉考古学研究所、二〇二〇年）

牡丹健一

一九八六年生まれ。現在、神奈川県立平塚湘風高等学校教諭。

【主な業績】「部垂城跡とその周辺―水陸交通からみた部垂城の位置―」『茨城大学中世史研究』八号、二〇一一年」、「悲劇の征夷大将軍となった護良親王」（関口崇史編『征夷大将軍研究の最前線』、洋泉社、二〇一八年）、「紀伊国飯盛城合戦の実像―六十谷定尚の考察を中心に―」（悪党研究会編『南北朝「内乱」』岩田書院、二〇一八年）

花岡康隆

一九八三年生まれ。現在、長野県小海高等学校教諭。

【主な業績】『信濃小笠原氏』（戎光祥出版、二〇一六年、編著）、「信濃高梨氏の「国衆」化」（『戦国時代の大名と国衆』戎光祥出版、二〇一八年）、「応永～永享期における信濃村上氏の動向と室町幕府」（『信濃』七〇巻五号、二〇一八年）

花田卓司
一九八一年生まれ。現在、帝塚山大学文学部准教授。
【主な業績】「南北朝期室町幕府における守護・大将の所領給付権限―守護・大将発給の宛行状と預状の分析を中心に―」（『古文書研究』六六号、二〇〇八年）、「観応・文和年間における室町幕府軍事体制の転換」（『立命館文学』六二四号、二〇一二年）、「鎌倉初期の足利氏と北条氏―足利義兼女と水無瀬親兼との婚姻を手がかりに―」（元木泰雄編『日本中世の政治と制度』吉川弘文館、二〇二〇年）

三浦龍昭
一九七五年生まれ。現在、大正大学文学部准教授。
【主な業績】『征西将軍府の研究』（青史出版、二〇〇九年）、「「征西将軍府」は、独立王国を目指していたのか？」（呉座勇一編『南朝研究の最前線』朝日新聞出版、二〇二〇年）、「南朝の地方戦略と征西将軍府」（『七隈史学』二二号、二〇二〇年）

萩原大輔
一九八二年生まれ。現在、富山市郷土博物館主査学芸員。
【主な業績】『謙信襲来』（能登印刷出版部、二〇二〇年）、『武者の覚え　戦国越中の覇者・佐々成政』（北日本新聞社、二〇一六年）、「前田利長菩提所の成立過程」（早島大祐編『中近世武家菩提寺の研究』小さ子社、二〇一九年）

【編者略歴】

亀田俊和（かめだ・としたか）

1973 年生まれ。京都大学大学院文学研究科博士後期課程修了。博士（文学）。

現在、国立台湾大学日本語文学系助理教授。

主な著作に、『室町幕府管領施行システムの研究』（思文閣出版、2013 年）、『南朝の真実』（吉川弘文館、2014 年）、『高師直』（吉川弘文館、2015 年）、『高一族と南北朝内乱』（戎光祥出版、2016 年）、『足利直義』（ミネルヴァ書房、2016 年）、『征夷大将軍・護良親王』（戎光祥出版、2017 年）、『観応の擾乱』（中央公論新社、2017 年）などがある。

生駒孝臣（いこま・たかおみ）

1975 年生まれ。関西学院大学大学院文学研究科博士課程後期課程日本史学専攻修了。博士（歴史学）。

現在、花園大学文学部専任講師。

主な著作に、『中世の畿内武士団と公武政権』（戎光祥出版、2014 年）、『楠木正成・正行』（戎光祥出版、2017 年）、「楠木正成は、本当に〈異端の武士〉だったのか？」（呉座勇一編『南朝研究の最前線』朝日新聞出版、2020 年）などがある。

南北朝武将列伝《なんぼくちょうぶしょうれつでん》 南朝編《なんちょうへん》

2021 年 3 月 1 日初版初刷発行
2021 年 8 月 10 日初版 3 刷発行

編　者　亀田俊和　生駒孝臣
発行者　伊藤光祥
発行所　戎光祥出版株式会社
〒 102-0083 東京都千代田区麹町 1-7 相互半蔵門ビル 8F
TEL：03-5275-3361（代表）　FAX：03-5275-3365
https://www.ebisukosyo.co.jp
印刷・製本　モリモト印刷株式会社
装　丁　堀 立明

ISBN：978-4-86403-380-0